KB179995

서울
리뷰 오브
북스

Seoul
Review of
Books
2023 가을

11

지난 8월 20일, 러시아의 달 착륙선 루나 25호가 착륙을 앞두고 궤도를 이탈하면서 달 표면에 충돌했다. 이름에서 알 수 있듯 이번 착륙선은 지난 세기 냉전 시대를 화려하게 장식했던 구소련의 달 탐사 프로그램 루나의 명맥을 잇는다. 루나는, 미국의 달 탐사 프로그램 아폴로와 함께, 열전이 멈춘 뒤에도 계속된 국가 간 경쟁과 패권 다툼, 냉전의 또 다른 이름이었다.

그러나 루나와 아폴로는 더 이상 시대를 대변하는 주요 키워드로 작동하지 않는다. 최근 들어 우주 경쟁은 다강 구도로 재편되고 있다. 중국, 인도, 이스라엘, 일본, 아랍에미리트, 그리고 우리나라가 달 탐사에 뛰어들었다. 다강 구도에서 특히 눈에 띄는 것은 중국의 우주 굴기다. 중국은 2007년 시작한 달 탐사 임무 창어 시리즈를 다섯 차례나 성공시켰고, 향후 달 남극에 과학 기지도 건설할 계획이다. 달 탐사뿐 아니라 경제, 문화 등 다양한 측면에서 중국의 약진이 두드러지는, 신냉전 시대를 우리는 맞이하고 있다.

《서울리뷰오브북스》(이하 《서리북》) 11호에서는 정전 협정 70주년을 상기하며 냉전과 신냉전 사이를 다루는 텍스트를 읽는 특집을 마련했다. 냉전의 기원과 종식, 그리고 냉전이 남긴 것에 대해 돌아보고자 함이다. 특집 리뷰에서 김민재는 우주 경쟁이라는 틀 안에서 냉전과 신냉전 사이를 잇는 인물, 중국의 우주 탐사 프로그램에서 빼놓을 수 없는 과학자이자 로버트 오펜하이머를 연상케 하는 매카시즘의 희생양이었던 첸쉐썬의 이야기를 읽는다. 김학재는 한국전쟁의 기원에 대한 논쟁을, 백승욱은 한국전쟁에 '항미원조'라는 색을 덧입히는 중국의 문화 콘텐츠와 시진핑 체제의 방향성 사이의 관계를 탐독한다. 우동현은 냉전의 종식이라는 역사적 사건의 흐름을 지구사적으로 조명하는 역사학자의 시선을 빌려 냉전사를 다각적으로 살펴본다. 김주희는 냉전 시대 한미 동맹의 군사화된 환경에서 조성된, 기지촌과 같은 동맹의 낡은 유산을 살펴본다. 권보드래는 이념 대결의 시대에 문제적 문학 작품을 출간하기 위한 첩보전과 선전전을 흥미롭게 풀어낸 소설을 읽는다. 하나의 주제를 다각도에서 조명하고 다층적으로 분석해 보는 것이 특집 서평의 묘미라면, 이번 호도 틀림없다.

창간 이래로 편집위원들은 《서리북》과 같은 서평지의 수명은 언제까지일까를 고민해 왔다. 영상물도 숏폼이어야 생존하는 시대에 책을 깊게 읽고 서평까지 읽을 독자가 얼마나 있으며, 《서리북》이 그들에게 가닿을 수 있을까 미심쩍어하는 마음을 품기도 했다. 그런데 멈추지 않고 지속하는 것에는 그 자체가 지닌 힘이 있다. 존재론적 고민을 품고 조금씩 그러나 끊임없이 변모하며 유연하게 전진하는 것에는 더 큰 힘이 있다. 돌이켜 보면 《서리북》은 디자인에서부터 필진의 구성, 광고, 서평이거나 서평이 아닌 코너의 변주에 이르기까지 다양하게, 조금씩, 그리고 꾸준히 진화해 왔다. 눈에 띄는 듯 아닌 듯 그런 변화를 지속할 수 있었던 것은 어느 그릇에 담아도 빛나는 글을 기고해 주신 그간의 모든 필자들과, 고심하며 빚어낸 《서리북》을 아껴 읽어 주시는 독자들 덕분이다. 《서리북》의 새 장이 열리기를 기다리며, 함께해 주시는 많은 분들께 감사드린다.

편집위원
심채경

차례

북&메이커

리뷰

문학

중국 로켓의 아버지 첸쉐썬

thread of the SILKWORM

아이리스 장 지음 — 이정훈 옮김

역사인

한국전쟁의 기원 1 해방과 분단 체제의 출현 1945~1947

브루스 커밍스 지음 김범 옮김

현대의 고전 16

글항아리

한국전쟁의 기원 2-I 폭포의 굉음 1947~1950

브루스 커밍스 지음 김범 옮김

현대의 고전 16

글항아리

한국전쟁의 기원 2-II 폭포의 굉음 1947~1950

브루스 커밍스 지음 김범 옮김

현대의 고전 16

글항아리

항미원조 중국인들의 한국전쟁

백지운 지음

창비

"그의 말대로 '학문에서는 경계와 멈춤이
없어야(knowledge is boundless)' 한다."

◀ 26쪽, 김민재 「신냉전 시대, 파란만장한 첸쉐썬의 인생에서 무엇을 배울 수 있을까」

"과거에도 그랬듯이, 현재에도 전쟁에 대한
역사 연구는 어떤 역사적 시점에서 정치적
대립의 산물이다."

▲ 37쪽, 김학재 「냉전의 역사 서술은 어떤 균형점을 향하고 있는가?」

"'한국전쟁', '조선전쟁', '6·25 전쟁'이라고
부르는 이 역사적 사건을 '항미원조'로
지칭할 때 그 함의는 달라진다."

▶ 42쪽, 백승욱 「중국 시진핑 시대의 방향을 읽어 낼 핵심어 '항미원조'」

"『깨진 약속의 승리』는,
한마디로 평가하자면, 그간 소련이
어떻게 붕괴했는지에 과도하게
초점이 맞춰진 종래의 냉전
후반부 역사 서술을 지구사적으로
혁신하는 쾌거라고 할 수 있다."

▶ 56쪽, 우동현 「승리하는 비결」

The Triumph of Broken Promises Fritz Bartel

Harvard University Press

동맹의 풍경

주한미군이 불러온 대한민국 질서의 탄생

엘리자베스 쇼버 지음 정희진 기획·감수·해제 강경아 옮김

나무연필

"책의 영어 제목이
'기지의 조우(Base Encounters)'이듯,
저자는 한미 동맹의 군사화된
환경에서 주한미군과 무수히
이질적인 존재들의 스침을 다룬다."

◀ 75-76쪽, 김주희 「낡은 것은 가지 않고 새것도 아직 오지 않은」

우리가 간직한 비밀

라라 프레스콧 장편소설 | 오숙은 옮김

휴먼앤북스

"라라 프레스콧은 『닥터 지바고』를
'냉전의 책'으로서 주목한다."

▶ 86쪽, 권보드래 「『닥터 지바고』와 냉전의 비밀」

"인문학적 입장에서의
과학에 대한 접근은
근본적으로 한계가 있을
수밖에 없다."

▶ 148쪽, 권석준 「사유 방식으로서의 과학
공부, 그리고 그 한계」

"아무리 냉정해지더라도 현실에 대한
명쾌한 분석 나아가 제도의 개선 방안을
제시하기에는 현실이 너무도 어렵고
복잡하다고 반문할지 모른다. 하지만 그에
대한 답은 이미 반문 형태로 준비되어 있다.
우리는 왜 그깟 연구라는 걸 하는 것일까?"

▲ 180쪽, 김두얼 「분노, 열정, 아쉬움」

"웃음이 유전될 수 있다면 웃음을
자아내는 환경도 역시 유전될 수 있다."

◀ 189쪽, 정우현 「유전 vs. 환경, 무엇이 웃음을 닮게 하는가?」

"한국과 같은 규모와 지정학적 위치를
 갖는 국가의 역사 서술에서 외세를
 '차단'하려는 자세는 과연 바람직한
 것일까. 그것은 혹시 또 하나의 '외세
 콤플렉스'의 표현은 아닐까."

▶ 203쪽, 박훈 「'친○개혁'의 주체성과 한국 근대사 서술」

韓國史研究叢書12
親美開化派研究
韓哲昊
國學資料院

東學農民蜂起와 甲午更張
柳永益 著
一潮閣

甲午更張研究
柳永益 著
一潮閣

우리말이 국어가 되기까지
──
김민수 구술
최경봉
김양진
이상혁
이봉원
오새내
지음
푸른역사

"김민수라는 국어학자의
 목소리를 통해, 해방 직전부터
 1950-1960년대까지
 우리 말과 글에 대한 연구와
 정책이 어떻게 변모해
 왔는지를 생생히 들려주는
 소중한 책이다."

◀209쪽, 박진호 「한 국어학자가 경험한, 우리 말과
글에 대한 연구와 정책의 역사」

EDIBLE ECONOMICS
장하준의 경제학 레시피
장하준 지음
김희정 옮김
부키

"어떤 대상에 대한 비판은 그 대상에 대해
 온전히 이해한 사람에게 더욱더 의미가
 있다. 대상을 전혀 모르는데 비판부터 접하면
 잘못된 선입견이 생기기 마련이다. 경제학
 입문서로서는 자극적이다."

▶ 227쪽, 박선영 「입문자에게는 자극적인, 정치적인 미식」

일러두기

1 《서울리뷰오브북스》에 수록된 서평은 직접 구매한 도서로 작성하는 것을 원칙으로 합니다.

2 《서울리뷰오브북스》에서 다루기 위해 선정된 도서와 필자 사이에 이해 충돌이 발생하는 경우, 주석에서 이를 밝히는 것을 원칙으로 합니다.

3 단행본, 소설집, 시집, 논문집은 겹낫표 『 』, 신문 및 잡지와 음반은 겹화살괄호 《 》, 단편소설, 논문, 신문기사 제목은 홑낫표 「 」, 영화, 음악, 팟캐스트, 미술작품은 홑화살괄호 〈 〉로 묶어 표기했습니다.

4 아직 한국에 번역 출간되지 않은 도서를 다룰 경우에는 한국어로 번역한 가제와 원서 제목을 병기했습니다.

냉전과 신냉전 사이

서울
리뷰 오브
북스

钱 学 森

중국 로켓의 아버지 첸쉐썬

《난징의 강간》을 쓴
아이리스 장의
첫 번째 저서

thread of the SILKWORM

" 유인우주선 성공, 달 탐사 계획, 그리고 …
신흥 항공우주 강국 중국의 기틀을 닦은 남자 "

역사인

『중국 로켓의 아버지 첸쉐썬』
아이리스 장 지음, 이정훈 옮김
역사인, 2013

신냉전 시대, 파란만장한 첸쉐썬의 인생에서 무엇을 배울 수 있을까

김민재

우주 과학의 불모지 중국에서 로켓을 만들어 내다

2022년 6월 21일, 우리나라는 한국형 발사체 누리호의 2차 시험 발사에 성공했다. 이로써 이른바 '스페이스 클럽'에 가입하며, '자국 위성'을 '자국 발사체'를 통해 '자국 발사장'에서 우주로 보낼 수 있는 우주 로켓 자력 발사국에 이름을 올렸다. 이 기세를 몰아서 올해에는 1.5톤급 실용 위성을 지구 상공 600-800킬로미터 태양 동기 궤도에 직접 투입하는 실용 발사에도 성공했으며, 2025년 5월부터 4-6차 발사가 예정되어 있다. 현재 1톤 이상의 위성을 쏘아 올릴 수 있는 국가는 우리나라를 포함한 미국, 러시아, 중국, 일본, 유럽연합, 인도 등 7개국뿐이다. 경제적으로 성장한 선진국이나 강대국들의 독자적인 분야임을 짐작할 수 있다. 실제로 천문학과 항공 우주 공학 분야는 국가의 경쟁력이 정상에 올라야 하며, 오랫동안 폭넓은 투자가 보장되어야 가능한 미래 산업으로 평가받고 있다.

　　최근 천문학 및 항공 우주 공학계에서 중국의 성장세가 매섭다. 사실 중국의 천문·우주 분야 투자는 하루 이틀 일이 아니다. 중국은 이미 1990년대 초반부터 선저우(神舟) 유인 우주 탐사 계획에 착수하며 중국 독자의 국가 우주 기구인 중국 국가항천국(CNSA)을 설립했다. 2010년에는 톈궁(天宮) 프로젝트를 시작하며 유인 우주정거장을 건설하기 시작했고, 2022년 11월에는 선저우 15호가 우주정거장의 핵심 모듈 톈허(天和)와 성공적인 도킹을 해내며 독자적인 우주정거장 완성과 거침없는 우주 굴기 본격화를 세상에 공표했다. 이 기세를 몰아서 독자 개발한 우주망원경 '쉰톈(巡天, Xuntian)' 또한 올해 말 발사될 예정이다. 중국이 항공 우주 공학 분야에서 미국과 견줄 만한 우주 선진국이 되기까지의 긴 여정에는 '중국 로켓의 아버지'로 불리는 첸쉐썬(錢學森, Qián Xuésen)의 역할이 매우 컸다. 1960년 당시 중국의 저우언라이 총리는 첸쉐썬을 미국에서 데려오기 위해 10여 차례 협상을 진행했으며, 마오쩌둥도 전폭적으로 그를 지지하며 모든 연구 환경을 제공했다. 그 결과, 첸쉐썬은 중국의 낙후된 발사 기술을 최소 20년 앞당기고, 중국의 과학 기술을 선진국 수준으로 끌어올릴 수 있었다.

세 천재의 운명이 정치적 이데올로기에 의해서 달라지다

『중국 로켓의 아버지 첸쉐썬』의 저자는 중국의 로켓 천재 첸쉐썬이 주인공으로 등장하는 거대한 스케일의 대하드라마를 그려 내고 있다. 그리고 그의 굴곡진 일대기를 통해 정치와 과학이 얼마나 복잡하게 얽힐 수 있는지 극적으로 묘사하고 있다. 또한, 첸쉐썬의 인생을 독일 프로이센(현 폴란드 비엘코폴스키에 주) 왕국에서 태어나 바이마르 공화국과 나치 독일을 거치며 결국 미국으로 망명한 '로켓 공학의 아버지' 베르너 폰 브라운(Wernher von Braun)의 인생과 대비하며, 다소 가혹했던 그의 인생을 정직하고 담백하게 그려 낸다. 한편, 다른 천재 과학자 테오도르 폰 카르만(Theodore Von Kármán)과

1940년대 초, 30대의 첸쉐썬.(출처: 위키피디아)

의 인연, 그리고 미국과 중국의 우주 로켓 개발사를 기반으로 독자들에게 계속 질문을 던지며 이를 통해서 우리나라가 배워야 할 점을 명확하게 드러내고 있다.

첸쉐썬은 중국 항저우 시에서 청나라의 국민으로 태어나 중화민국(Republic of China, 현 대만)의 국민으로 상하이 자오퉁 대학에 진학했다. "첸의 일가는 학구적이고 꿈이 컸으며, 중국 문화와 서양 사상 모두에 양다리를 걸치고 있었다. 부유하고 귀족적이었지만 (……) 첸의 가족은 유일한 자녀인 첸쉐썬이 뛰어난 학자가 되어서 사회에 공헌하기를 바랐다."(20쪽) 바로 이 점이 신의 얄궂은 장난에 첸쉐썬이 휘말렸을 것이라 짐작할 수 있는 대목이다.

첸쉐썬은 청나라 말기 외세 배척 운동이었던 의화단 운동의 후폭풍으로 청나라가 미국에 지불하게 된 배상금 중 일부를 통해 만들어진 미국의 '경자 배상 장학금(Boxer Indemnity Scholarship Program)' 수혜자로 선정되었고, 이를 통해 1935년에 미국의 매사추세츠 공과대학교 석사과정에 진학한다. 첸쉐썬은 학위를 마치고 보다 이론에 충실한 캘리포니아 공과대학교(이하 칼텍)로 적을 옮기는데, 1936년 칼텍 대학원생 프랭크 맬리너(Frank Malina), 잭 파슨스(Jack Parsons) 등과 함께 로켓 동아리를 만든다. 이 로켓 동아리는 로켓 실험 특성상 요란한 파괴 행적을 보인 탓에 "자살특공대"(8장) 라는 별명이 붙는다. 이는 첸쉐썬의 찬란하지만 폭풍 같았던 인생이 시작됨을 알리는 신호탄이었다. 동시에 그를 과학자로서 성공시켜준 미국의 뼈아픈 실수가 시작되는 대목이기도 하다.

첸쉐썬의 박사과정 지도교수 테오도르 폰 카르만은 나치를 피해 미국으로 망명한 헝가리-유대계 공학자 중 한 명으로 그 당시 미국 항공 역학의 최고 권위자였다. 첸쉐썬이 활동하던 로켓 동아리의 잠재력을 알아본 폰 카르만은 우주 공학이 당시 미국에서 비주류 분야였음에도 동아리를 정식으로 학교 연구소에 편입하며, '제트 추진 연구소(Jet Propulsion Laboratory)'라는 이름을 붙인다. 2차 세계대전이 시작되었을 때 로켓 무기의 중요성을 인식한 미 군부는 제트 추진 연구소를 적극 지원하기 시작했는데, 복잡한 계산을 매우 빠르고 정확하게 처리하는 것으로 유명했던 첸쉐썬은 이때부터 미국 로켓 개발에 없어서는 안 될 핵심적인 역할을 맡기 시작한다. 첸쉐썬은 실제로 모하비 사막에서 고체 연료 미사일을 시험하며, 미국 로켓 공학의 아버지 로버트 고다드(Robert H. Goddard)에 이어 미국 내 로켓 실험을 성공시킨 과학자 중 한 명이 되었다. 그는 또한 2차 세계대전 중 폰 카르만의 추천으로 미국 정부의 1급 과학자로 이뤄진 연합군 과학 고문단 단원이 된다. 첸쉐썬은 나치 독일에서

1949년 1월 11일 눈 덮인 제트 추진 연구소 행정동의 모습.(출처: NASA, JPL Archive)

미군으로 투항해 온 폰 브라운을 직접 심문하며 나치 독일의 V-2 A4 로켓을 직접 조사했고 이를 통해 독일의 로켓 기술을 습득한다. 이때 폰 카르만은 그의 지도교수였던 루트비히 프란틀(Ludwig Prandtl)과 재회하는데, 저자는 이를 통해 세대를 아우르는 천재들의 운명에 정치적 이데올로기가 얼마나 큰 영향을 끼칠 수 있는지 강조한다. 독일의 나치 집권은 실제로 프란틀에게 수많은 시련을 안겨 주었는데, 가장 큰 시련 중 하나가 프란틀의 가장 똑똑했던 제자 폰 카르만이 나치의 압박을 이기지 못하고 1929년 미국으로 망명한 사실이기 때문이다. 나치를 싫어했지만 독일을 사랑했기에 조국을 변호하는 입장에 설 수밖에 없었던 프란틀은 이런 상황을 매우 안타까워했다고 한다. 반면, 이때까지 첸쉐썬은 미국의 동맹국이며 2차 세계대전 연합국의 일원이었던 중화민국 출신이었기에 큰 어려움 없이 미국의 기밀 연구인 로켓 연구를 이끌며 800페이지에 달하는 항공 로켓 기술의 바이블 『제트 추진(Jet Propulsion)』이라는 책까지 저술한다.(190쪽) 이처럼 "승승장구"(14장)하던 그의 인생은 갑작스럽게 가혹한 운명을 맞이하는데, 그의 운명을 결정지은 것 역시 다름 아닌 정치적 이데올로기였다.

자국의 과학자들조차 수렁에 빠뜨린 '매카시즘'

1940년대 후반 미국에서 반미 활동 조사위원회를 창설한 하원의원 새뮤얼 딕스틴이 소련과 내통한 간첩임이 확인되었고, 프랭클린 루스벨트 미국 대통령의 측근이었던 앨저 히스 역시 간첩임이 밝혀지며 미국 사회는 큰 충격에 빠진다. 이러한 공포는 1950년 2월 소련 스파이에게 포섭된 로젠버그 부부(Julius and Ethel Rosenberg)가 원자폭탄 정보를 소련에 넘겼다는 간첩 혐의를 받고 사형당하면서 극에 치닫는다. 이에 미국 내 공산주의자를 색출해 내려는 이른바 '매카시즘(McCarthyism)'이 사회를 엄청난 속도로 잠식하기 시작했다. 그리고 미국의 매카시즘 광풍은 수많은 과학자를 하나둘씩 무너뜨린다. 1947년과 1949년 미국 영주권과 시민권을 신청했던 첸쉐썬 역시 예외가 아니었다.

1949년 말 그의 조국 중화민국이 중화인민공화국(People's Republic of China, 현 중국)에 패하며 중국이 공산화되었고, 이어진 한국전쟁에서 중국이 미국과 적국이 되었다. 때마침 연방수사국(FBI)은 칼텍 내 마르크스-레닌주의 모임의 책임자이자 공산당원이었던 시드니 웨인바움(Sidney Weinbaum)을 체포했다. 그리고 첸쉐썬은 웨인바움이 그의 추천으로 연구소에 들어온 화학자였다는 이유로 보안 허가를 박탈당하며 관여된 모든 군사 기밀 연구에서 제외당한다. 이에 격분한 첸쉐썬은 중국행 비행기표를 끊었고, 이민국은

1950년 첸쉐썬의 추방 청문회. 왼쪽에서 두 번째 자리에 첸쉐썬이 앉아 있다.
(출처: *Los Angeles Times* Photographic Collection)

공항에서 기밀문서를 은닉한 혐의로 그를 기소하며 수하물을 압수한다. 보안 코드가 들어 있다고 의심되던 비밀스러운 문서는 검사 결과 대수표(table of logarithms)로 밝혀졌지만, FBI는 이미 첸쉐썬이 보안에 위협이 된다고 판단하며 그를 구금한 상태였다. 이에 그를 대신하여 중국 정부는 물론이고 중국 과학원, 중국 과학자 동맹 등의 단체들의 잇따른 성명이 시작되었으며, 심지어 그의 미국 동료 과학자까지도 구명 운동에 나서기 시작했다. 2주 후 칼텍의 리 두브릿지(Lee Alvin DuBridge) 총장이 사건을 중재하고 나서야 첸쉐썬은 구금에서 풀려난다. 미 해군부 차관 댄 킴볼 역시 첸쉐썬이 미국 정부의 과학 자문 위원회에서 근무하며 미국의 전쟁 수행을 도왔으며, 미 육군의 탄도 미사일 유도 기술 개발은 물론 원자폭탄 개발 계획인 맨해튼 프로젝트에도 참여했다는 사실을 바탕으로 그가 공산주의자가 아님을 잘 알고 있었다. 하지만 첸쉐썬이 미국의 안보에 직결되는 기술에 관해 너무 많은 것을 알고 있었다는 점과 그의 조국에 관한 강한 애정은 상황을 더 악화시키며, 이후 5년 동안 그와 그의 가족은 미국 정부의 감시와 부분적인 가택연금 상태에서 살아야 했다. 첸쉐썬은 이때부터 본격적으로 귀국에 대한 강한 의지를 내비치기 시작했다. 벨기에에 사는 처제를 통해 "귀국할 수 있도록 힘써 달라"(284쪽)고 담뱃갑에 쓴 탄원 쪽지를 전달한 점을 보면 그의 마음이 이미 차갑게 돌아섰음을 알 수 있다.

그의 인생 두 번째 승승장구가 펼쳐지다

한국전쟁이 끝난 후 미국과 중국은 한국전 미군 포로 송환을 주제로 협상을 시작했는데, 중국 측은 놀랍게도 "첸쉐썬을 언급한 성명을 발표"(305쪽)하며 중국 공산화 이전에 미국으로 건너간 중국 과학자들의 송환을 주장했다. 미국 자국 내에서도 과학자들을 적국에 보내는 것은 어리석은 짓이라는 비판이 팽배했지만, 여기서 또 한 번 미국의 실수가 반복된다. 미국 측에서 첸쉐썬 박사 및 다른 과학자들이 몇 년간 최신 연구에 참여할 수 없었기에, 그들이 가진 지식은 시대에 뒤진 것이라고 평가하며 어처구니없는 결정을 내린 것이다. 결국 첸쉐썬을 포함한 200명의 석·박사급 중국 과학자들을 미국 공군 조종사 등 고위급 포로와 교환하는 합의안이 도출되었다. 그리고 첸쉐썬은 미국에 대한 원한을 품으며 그의 조국으로 귀국한다. 킴볼 차관은 이런 상황이 훗날 미국에 뼈아픈 부메랑으로 돌아오리라 예측했지만 "첸쉐썬의 삶은 냉전이 가져온 가장 큰 역설 가운데 하나"(5쪽)로 자리 잡으며 돌이킬 수 없는 상황을 만들고 만다. 두브릿지 총장의 말대로 첸쉐썬은 미국의 매카시즘이 중국에 보낸 거대한 선물이 되었기 때문이다. 킴볼 차관 역시 훗날 이에 대해 '미국 역사상 가장 어처구니없는 짓'이라고 주장하며 '첸쉐썬은 나만큼이나 공산주의자가 아닌 사람이었는데 우리는 그를 몰아내 버렸다'고 평가했다.

　이때부터 첸쉐썬의 인생은 완전히 다르게 흘러간다. 자신을 키워 준 또 하나의 조국이자 제2의 고향이었던 미국에 대한 강한 적개심 때문이었을까. 그는 중국 공산당에 중용되며 1956년에 중국 과학 역학 연구소의 소장이 되었고, 1958년에는 중국 과학기술대학 창립에 공헌한다. 이듬해 1959년 8월에는 정식으로 중국 공산당에 입당했고, "영웅의 귀환과 환영"(23장)과 함께 그의 인생 두 번째 승승장구가 시작된다.

　마오쩌둥 주석이 첸쉐썬에게 당시 불모지였던 중국의 우주공학과 인공위성 산업에 대한 의견과 가능성을 묻자, 그는 장기간에 걸친 무조건적인 투자를 요구했다고 한다. 즉, 처음 5년은 공교육을 정비하고 기초 학문을 가르친 후, 다음 5년은 응용 학문을 가르쳐야 한다고 주장했다. 그리고 마지막 5년 내 기계 설계와 제작에 걸친 마지막 과정이 수행되어야 한다고 설명하며, 가장 중요한 점은 중간에 성과를 원하지 말고 인내심 있게 결과를 기다리는 것이라고 주장했다. 그의 천재성을 알아본 중국 정부는 미국에서 귀국한 중국 출신 과학자들과 함께 첸쉐썬에게 로켓과 미사일 프로젝트에 대한 전권을 준다. 그리고 과학기술 인력의 양성이라는 미래 사회를 책임질 과제 역시 맡긴다. 이미 미국에서 큰 프로젝트를 이끌며 성공한 경험이 있던 그는 순식간에 중국의 과학기술을 비약적으로 발전시킨다. 소련의 기술자들이 버리고 간 R-2 로켓을 기반으로 탄도미사일 둥펑을 제작하며, 이 성공을 기반으로 중국

1960년대에 생산된 첫 번째 둥펑 탄도미사일의 모형.(출처: flickr.com)

은 1970년 창정 로켓을 통한 동방홍 인공위성의 발사에 성공하면서 세계에서 다섯 번째로 '스페이스 클럽'에 가입한다. 이를 통해 중국은 우주 강국의 기틀을 다지며 항공 우주 공학계에서 다른 나라보다 최소 수십 년은 앞서갔다. 현재 우주 선진국들이 대부분 우주 공학의 선발 주자들인 점을 생각해 보면 첸쉐썬의 공헌과 미래를 볼 수 있는 안목이 중국을 현재의 패권 국가 및 강대국으로 만드는 데 일조했음을 알 수 있다.

　물론 그의 인생이 계속해서 순탄하게 흘러간 것은 아니다. 중국에서는 1966년부터 10년간 '옛것은 모조리 숙청'하자는 대규모 파괴 운동 '문화대혁명'이 일어나는데, 이로 인해 대혼란에 빠진 중국의 정치적인 상황은 첸쉐썬의 인생을 두 번째 세계사적 소용돌이에 빠뜨린다. 결국 또 한 번의 정치적·이데올로기적 사건은 첸쉐썬을 완전히 다른 사람으로 만들었다. 미국에서 20년간 머물렀다는 이유로 위기에 처할 뻔한 첸쉐썬은 교묘한 처신으로 이를 피해 갔으며, 역설적으로 본인이 가장 싫어하던 정치적인 상황에서 살아남는 친권력적인 행보를 보인다. 단적인 예로 칼텍 시절 첸쉐썬의 동료였던 첸웨이창(Qian Weichang)은 공산당 독재를 비판했다 수감되고 폭행을 당한 일이 있지만, 첸쉐썬은 공산당의 인권 탄압과 독재에 침묵하고 동조함으로써 계속해서 중국 정치사와 과학사의 최정점에 머무를 수 있었다. 이러한 행보를 통해 오랫동안 파격적인 대우를 받으면서 중국 국방 과학 발전에 자신의 역량을 집중하며 문화대혁명 당시 파괴될 뻔했던 중국의 우주 공학 분야를 지켜냈다는 긍정적인 평가도 존재하지만, 저자의 주장대로 민주화를 요구하는 민중들을 무자비하게 살상한 중국 공산당의 비인도성에 동조한 그의 체제 지향적 태도는 지탄받아 마땅하다. 이 때문에 이 시절의 첸쉐썬은 과학자이기보다는 정치인이었다는 비판이 함께 존재한다. 또한 첸쉐썬은 중국의 핵개발을 주도하며 세계에서 세 번째로 대륙 간 탄도미사일(ICBM)을 개발했는데, 그가 만든 무기가 제3세계의 독재 국가에 팔리며 세계 평화를 위협하고 있는 점 역시 저자는 강력하게 비판하고 있다. 사실 그가 중국에서 보인 체제 지향적인 행보를 두고는 평가가 분분하다. 옮긴이의 의견대로 미국에서 심각한 박해를 당하던 상황보다 훨씬 살벌했던 그 당시 중국에서의 생존을 위해 그가 무슨 짓이든지 해야 했다는 사실은 자명했기 때문이다.

신냉전 시대: 파란만장한 그의 일생에서 우리가 배워야 할 점은?

2차 세계대전이 끝나고 시작된 냉전(Cold War) 시대는 소련의 붕괴 전까지 자그마치 40여 년이나 계속되며 전 세계에 큰 위협을 가했다. 하지만 냉전 시대가 완전히 청산되기도 전에 또다시 새로운 냉전 시대가 시작되고 있다. 이른바 '신'냉전 시대이다. 주로 서방 세계와 중국 및 러시아 등과의 갈등으로 시작된 신냉전 시대는 이전의 냉전 시대와는 다소 다르게 서로 간의 교류를 통해서 경제적인 상호 의존도가 매우 높은 상황을 만들어 내고 있다. 즉, 21세기에는 전 세계가 시장 경제의 보편성을 공유하고 있기에 과거보다 제한적인 냉전 상황이지만, 국가 이익을 위해서 서로 간에 치열한 눈치 싸움이 벌어지고 있는 셈이다.

정치적 이데올로기의 희생양 첸쉐썬의 삶에서 우리가 배울 점은 무엇일까? 신냉전 시대에 우리는 첸쉐썬, 테오도르 폰 카르만, 그리고 루트비히 프란틀, 이 세 천재의 운명이 왜 달라졌는지 생각해 봐야 한다. 첸쉐썬은 원래 조용한 성격으로 연구만 하고 싶어 했던 소극적인 과학자였지만, 정치적 비극은 그의 삶을 송두리째 바꾸어 놓았다. 그의 지도교수 폰 카르만이 나치 독일에 의해

왼쪽부터 루트비히 프란틀, 첸쉐썬, 테오도르 폰 카르만.(출처: 미국 육군)

희생되었지만, 폰 카르만의 지도교수 프란틀이 제자의 비극을 막지 못했던 것처럼, 폰 카르만 역시 첸쉐썬이 매카시즘의 희생양이 되는 것을 막지 못했다. 또한, 그의 삶은 부끄러운 매카시즘 시대에 미국이 저지른 뼈아픈 실수 중 하나이기도 하다. 반미 활동 조사위원회는 무분별한 마녀사냥을 통해서 많은 훌륭한 과학자들의 연구 인생을 망쳐 놓았고, 그 가운데에 첸쉐썬이 있었다. 미국은 냉전 이데올로기에 휩싸여 자국에 도움이 될 천재 과학자를 내쳤고, 이는 반대 진영의 우주 굴기를 촉진하는 계기가 되었다. 실제로 그가 억울한 누명에 휘말리지 않았다면, 그리고 정치적 광풍이 없었다면 미국과 소련의 우주 경쟁 역사는 뒤바뀌었을지 모른다. 미국인의 가장 큰 치욕이라고 일컫는 '스푸트니크 쇼크'는 사실상 '나치 독일 출신의 과학자'들이 아닌 '순수 미국인 과학자'들이 인공위성을 개발해야 한다는 이유 때문에 일어난 어처구니없는 총체적인 난국과도 같은 상황이었다. 하지만 실제로 1958년 미국 최초의 인공위성 '익스플로러'를 통해서 미국인들의 자존심을 세워 준 것은 다름 아닌 '나치 독일 출신'에서 미국인이 된 폰 브라운이었다. 이처럼 과학과 공학 그리고 과학자와 공학자들의 미래는 그가 속한 사회의 방향에 따라 결정되는 경우가 대부분이다. 이들의 파란만장한 인생을 통해서 과학과 정치가 분리되어야 한다는 사실을 잘 알 수 있다. 과학은 지극히 현실적이다. 따라서 학문을 좌우하는 것은 온전히 학문 그 자체여야 한다.

　결과적으로 정치적인 이데올로기는 첸쉐썬이 조국의 과학기술 교육에 큰 힘을 쏟게 만들었고, 이는 중국의 미래를 바꾸어 놓았다. 이처럼, 현실적인 과학기술은 꽤 정직한 편이다. 국가적 역량을 온전하게 쏟아부어야 이루어지는 산업이며, 미래 교육과 함께 장기간의 인내심 있는 투자를 기반으로 보다 자유롭고 창의적인 사고, 발상이 필요한 숙원과도 같은 일이다. 첸쉐썬의 삶은 우리나라가 우주 강국이 되기 위해서 국가적 차원에서 체계적인 투자와 보다 효율적인 과학 인재 발굴과 양성이 철저하게 이루어져야 한다는 점을 보여 준다. 그리고 그의 말대로 '학문에서는 경계와 멈춤이 없어야(knowledge is boundless)' 한다. **서리북**

김민재
과학 칼럼니스트. 독일 하이델베르크대학교와 킬대학교에서 천체물리학 전공으로 석·박사를 마쳤다. 현재 영국 워릭대학교 물리학과 영국 왕립 학회 펠로우로 근무하고 있으며, 유럽우주국 MIDAS/Rosetta 프로젝트를 이끌고 있다. 한국과학창의재단 《사이언스타임즈》에서 과학 전문 기자로도 활동하고 있다.

📖 태양계를 탐사하는 데 사용한 주요 로켓들과 우주
발사체에 대한 정보를 포함하고 있다. 수많은 삽화와 내부를
그대로 보여 주는 단면도, 기타 여러 자료 등을 통해서
로켓의 역사와 성능에 대해 자세히 알 수 있다.

"현대적인 로켓 공학은 냉전 시대의 군비 경쟁에서 시작되어,
민주주의와 공산주의라는 두 정치 이데올로기의 대립
속에서 발전했다. 그러나 로켓은 파괴가 아닌 창조의 측면도
갖고 있어, 과학자와 공학자들은 지식 탐구를 위해 갈등과
반목을 뛰어넘어 서로 손을 잡았다." — 책 속에서

『로켓의 과학적 원리와 구조』
데이비드 베이커 지음
엄성수 옮김
하이픈, 2021

📖 새로운 우주 시대를 살아갈 청소년이 알아야 할 우주
개발을 다룬 책으로 부모와 자녀가 함께 읽기 좋다. 단순히
우주 개발이 무엇인지나 인류가 우주를 탐험해 온 역사를
소개하는 데 그치지 않고, 한 걸음 더 나아가 뉴 스페이스
시대에 새롭게 마주할 질문을 함께 고민한다.

"정치적인 이유가 우주 개발에 큰 몫을 했다면, 직접 로켓을
만들고 쏘아 올린 과학자들은 어떤 이유로 우주 개발에 힘을
쏟았을까요?" — 책 속에서

『생각이 크는 인문학:
우주 개발』
엘랑 심창섭 지음
이진아 그림
을파소, 2019

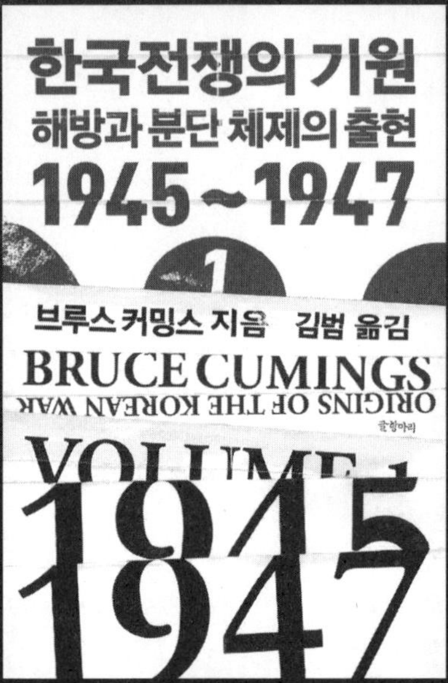

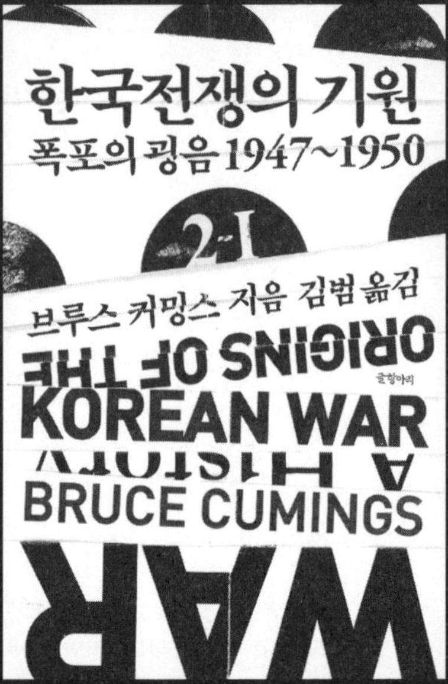

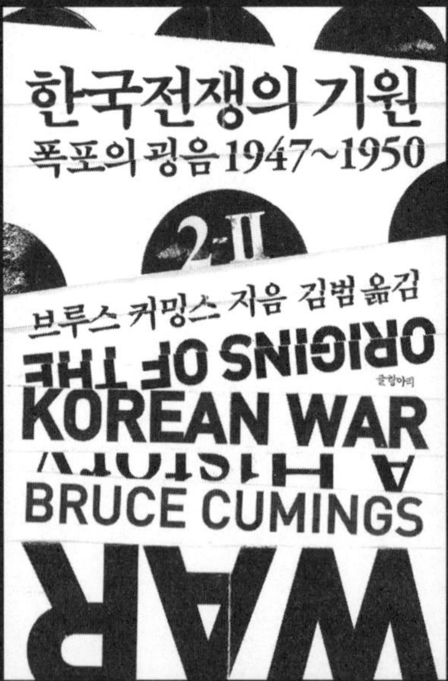

『한국전쟁의 기원』 1, 2-1, 2-2
브루스 커밍스 지음, 김범 옮김
글항아리, 2023

냉전의 역사 서술은 어떤 균형점을 향하고 있는가?:
한국전쟁의 기원에 대한 논쟁이 남긴 과제

김학재

한국전쟁을 기억하며 바라보는 러시아-우크라이나 전쟁

2022년 2월 24일 러시아가 우크라이나를 침공한 이후 1년 6개월이 지난 현재까지 전쟁이 지속되고 있다. 한 집계에 따르면 지금까지 민간인 약 9천 명이 사망했고, 우크라이나군 약 1만 명, 러시아군 약 2만 명이 사망한 것으로 추정된다. 전후에 전쟁 피해를 입은 우크라이나를 재건하기 위해서는 1조 달러(약 1,260조 원)가 들 것이라고 한다. 2001년에 발생한 9·11 테러로 지정학적 긴장이 크게 고조되었다가 다시 안정된 질서를 유지하고 있던 국제 사회는 약 20년 만에 도래한 큰 지정학적 위협으로 인해 국제 관계의 많은 변화들을 목도하고 있다.

　70년 전인 1953년 7월 27일 한국 역사상 가장 큰 지정학적 재난이었던 한국전쟁이 정전 협정(armistice agreement)으로 일단락되었다. 한국전쟁은 5천만 명가량이 사망한 것으로 추정되는 2차 세계대전이 끝나고 불과 몇 년 만에 발생한 전면전이었기 때문에, 당시 국제 사회는 큰 관심을 가졌다. 유엔 헌장의 규범에 따라 유엔이 개입하면서 여러 국가가 참전했으며 국제적인 협상을 통해 마무

1953년 7월 27일 마크 클라크 유엔군 사령관이 정전 협정에 서명하는 모습.
(출처: 미국 해군 박물관)

리된 것이었다.

　70여 년 전에 발생한 전쟁을 기억하며, 여전히 분단되어 있는 사회에서 새로운 전쟁을 바라보는 마음은 무겁다. 주변 국가들의 첨예한 지정학적 대립과 국가 내부의 균열과 갈등이 맞물려 발생한 전쟁은 더 참혹할 뿐 아니라, 끝내기도 어렵고 전쟁이 종식된 후에도 내부에 많은 상처를 남긴다. 그런 전쟁을 겪은 사회에서 새로운 전쟁 소식을 들으며 정전 협정 70주년을 맞이하고 있다.

정전 협정 70주년, 『한국전쟁의 기원』을 다시 읽다

1981년에 미국에서 출간되어 1986년에 한국에서 번역·출간되었던 브루스 커밍스의 『한국전쟁의 기원』 1권은 현대사 연구가 본격적으로 이뤄지지 못하던 당시의 한국 학계와 사회에 큰 충격과 영향을 준 연구서이다. 1990년에 출간된 2권은 한국어로 번역·출간된 적이 없었는데, 이번에 두 권 모두 새롭게 번역되어 출간되었다. 이로써 1권이 출간된 지 약 40년 만에 커밍스의 한국전쟁 연구가 온전히 한글로 번역·출간되어 더 많은 독자들에게 다가갈 수 있는 셈이다.

커밍스의 저서는 한국전쟁의 기원 문제에 대한 새로운 해석과 수많은 자료들을 제공한 연구서이다. 지금처럼 미디어와 정보통신이 발달한 사회에서는 러시아-우크라이나 전쟁에 관한 많은 사실들이 세계에 실시간으로 알려지고 있지만, 1950년 당시에는 왜 전쟁이 발발했고 누가 무슨 결정을 했으며 전쟁이 어떻게 전개되었는지에 대해 아는 사람들이 많지 않았다. 사료가 공개되고 역사 연구자들이 그 사료에 접근할 수 있게 된 후에야 사회 전체에 거대한 영향을 준 전쟁의 진실에 대해 더 많은 사람들이 알게 된 것이다.

이 글에서는 정전 협정 70주년이 되는 해에 새롭게 번역·출간된 『한국전쟁의 기원』을 소개하고 이 연구 이후 현재에 이르기까지 진행된 연구들을 통해 오늘날의 관점에서 한국전쟁과 정전 협정의 의미를 되짚어 보고자 한다.

'전쟁의 기원'을 바라보는 새로운 관점

한국전쟁에 대한 초기 연구와 공식 역사들은 1950년 6월 25일 북한의 전면적인 남침에 대한 이야기로 시작되었다. 냉전의 전개 과정에서 소련의 책임을 중시하고, 한국전쟁의 발발을 이오시프 스탈린의 지시에 따른 김일성의 실행으로 보는 초기 냉전사 연구들을 학계에서는 '전통주의'라고 부른다. 그런데 1960년대 후반부터 1970년대까지 미국에서 베트남전에 대한 반대 여론이 부상

브루스 커밍스 시카고 대학 석좌교수.(출처: 위키피디아)

하고 민권 운동이 일어나며 민주주의 수준이 높아지던 시기에 미
국의 책임을 좀 더 강조하는 일군의 학자들이 등장했다. 미국의 역
사학에서는 이런 흐름을 '수정주의' 혹은 '신좌파'의 역사로 부르
는데 커밍스의 연구는 이러한 1970-1980년대 미국 사회와 학계
의 흐름을 전형적으로 반영하는 연구이다.

　　커밍스의 연구는 '한국전쟁의 기원'에 대한 질문 자체를 문
제시하고, '전쟁의 기원'을 바라보는 기존과는 다른 관점을 제시
했다. 커밍스는 1권에서 기존 연구들은 주로 1950년에 누가 먼저
총을 쏘았는지, 누가 먼저 전쟁을 시작했는지에 관심을 두고 있지
만 이 연구는 한국전쟁의 기원을 "1945년부터 1950년까지 일어난
사건"(1권, 27쪽)에서 찾아야 하며 나아가 일제 강점기에 형성돼 한
국전쟁 이전까지 "한국에 특별한 흔적을 남겨놓은 세력에게서 찾
아야 한다고 생각한다"(1권, 27쪽)라며 자신의 관점을 제시했다. 2권
에서는 좀 더 직접적으로 다음과 같이 언급했다. "이념적 폭탄을

품은 '누가 한국전쟁을 시작했는가?'라는 질문은 그 자체가 적절하지 않다는 것이 내 판단이다. (……) 아무도 유발하지 않았고 모든 사람이 유발했다. (……) 누가 한국전쟁을 시작했는가? (……) 한국인들은 이런 질문을 멈춰야 한다."(2-2권, 342-343쪽)

　　매우 명확한 내용이지만 부연 설명이 필요하다. 어떻게 보면 1970년대 미국 학계에서 한국에 대한 관심은 크지 않았고, 소련과 북한이 일으킨 한국전쟁이라는 비극만이 기억되는 경향이 있었다. 하지만 커밍스는 전쟁의 기원을 1950년 6월 25일이 아니라 5년 전인 1945년으로 가져갔다. 그는 1945년에 한국이 일본의 식민 지배에서 해방된 후 미국과 소련의 점령 과정에서 분단되고 다국적인 신탁통치 구상이 무산됨에 주목했다. 한국전쟁이 발발하기 전에 일본 식민 지배, 해방과 독립, 미국과 소련이 참여하는 신탁통치나 좌우합작의 실패 과정이 있었음을 보여 주려 한 것이다.

　　커밍스가 이 책을 통해 소개한 방대한 미국의 사료들과 미국에서 이뤄진 한국과 동아시아에 대한 다양한 사회과학적 연구는 당시 한국 학계에 큰 영향을 주었다. 일본 식민 지배의 특징, 식민지 시기의 농업과 사회적 변화, 해방 이후 건국준비위원회와 조선인민공화국의 형성, 미군정의 점령 정책, 다국적 신탁통치안과 좌우합작, 1946년의 파업과 봉기, 북한의 개혁 과정 등은 커밍스 연구 전후 한국 현대사 연구자들의 중요한 연구 주제들이 되었다.

　　커밍스의 주장은 36년간의 식민 지배로 인해 한국 사회의 계급 구조에 지주-소작농 사이의 균열이 형성되었으며, 한국전쟁은 그러한 균열에 기반한 내전적 성격을 갖고 있었다는 것이다. 즉, 한국전쟁이 일본의 식민지 지배에서 기원한 "혁명적 내전이고 인민전쟁"(2-2권, 543쪽)이었다는 것이다.

　　다른 한편 커밍스는 미국과 소련은 다국적 신탁통치를 통해

1950년 유엔군 지프 트럭이 평양에서 철수해 38도선을 넘는 모습.
(출처: 미국 국립문서기록관리청)

국제 협력을 추진했으나 미국 정부가 국제적 협력보다는 봉쇄 정
책으로, '국제 협력주의'에서 '일국 독점주의'적 관점으로 정책 방
향을 전환하는 과정에서 남북한 분단이 현실화되었다는 점에서 분
단에 대한 미국의 책임이 있다는 점을 부각했다. 요컨대, 커밍스는
한국전쟁의 기원을 바라보는 프레임을 '1950년 6월 25일의 소련과
북한'으로부터 '1910-1945년의 일본 식민 지배와 1945-1947년의
군정을 실시한 미국'으로 전환하려 한 것이다.

국제 협력주의와 일국 독점주의 사이

2권에서 커밍스는 1권의 시각과 설명을 더 분명하게 강화하고 체
계적으로 보완하는 작업을 진행한다. 2권의 내용은 크게 두 부분
인데, 첫 번째 부분에서 그는 미국의 국제 정책 방향이 '국제 협력

주의'와 '일국 독점주의' 사이에서 어떻게 변화하고 타협했는지 역사적으로 살펴본다. 그는 특히 당시 중국을 전공한 역사학자로서 베트남전 반전 운동에 참여한 경험으로 미국의 대외 정책을 분석했던 프란츠 슈어만*의 분석 틀을 적극적으로 수용하며 재구성했다.

이에 따르면, 미국의 대외 정책 노선은 세 가지로 나뉜다. 먼저 사회주의 국가들과도 평화와 국제 질서를 위해 국제적 협력을 추구했던 우드로 윌슨과 프랭클린 루스벨트 그리고 딘 애치슨의 국제 협력주의, 두 번째는 미국의 이해관계를 우선시하며 국익 중심적인 팽창 정책을 추구했던 더글러스 맥아더와 공화당의 일국 독점주의, 마지막으로는 한국전쟁 전후 일종의 중도적 타협으로 형성된 '봉쇄' 정책이 그것이다. 커밍스는 '국제 협력주의', '봉쇄', 그리고 '반격'이라는 세 가지 개념으로 미국의 대외 정책 변화 과정이 한국에 미친 영향, 그리고 전쟁의 발발 및 전개 과정 전체를 설명하려 시도했다. 이렇게 역사학 연구를 수행하면서도 당시의 다양한 정치학, 경제학, 외교학 연구 성과들을 수용하고 평가하며 자신의 분석 틀을 정립하는 노력을 기울인 점은 큰 미덕으로 평가할 수 있다.

학문적 논쟁과 정치적 대립

이러한 커밍스의 연구는 많은 논쟁을 불러일으켰다. 특히 커밍스는 2권의 두 번째 파트에서 보다 직접적으로 한국전쟁 발발 직전의 상황을 여러 장에 걸쳐 검토하며 (14-18장) 1949년부터 남한과 북한 사이에 상호 교전이 있었고, 1950년 6월 25일 북한이 전면

---

* Franz Schurmann, *The Logic of World Power*(Pantheon Books, 1974).

남침한 것은 분명하지만 남한이 도발하여 유도했을 수도 있다는 해석의 여지를 남겨 두었다. 그는 이런 '남침 유도론'적인 입장을 이후의 저작*에서도 유지하고 있다.

하지만 이에 대해서는 이후 공개된 소련의 문서를 검토한 연구들**을 통해 김일성이 무력 통일을 하기 위해 스탈린에게 지원과 승인을 수차례 요청했고, 소련은 이를 거부하다가 결국 1950년 1월에 승인하고 중국도 동의한 것이 분명히 밝혀졌다.

한국전쟁과 같은 중요한 사건일수록 다양한 지적 협력과 논쟁들을 통해 역사적 진실에 대한 종합적인 그림이 만들어져야 할 것이다. 커밍스의 기여는 냉전이 지속되던 시기에 기존의 전통주의 연구에 대한 도전을 통해 수정주의적 해석과 관점의 균형을 추구한 것이었다고 평가할 수 있다. 그렇다면 오늘의 관점에서 수정주의적 해석은 어떤 의미를 가질까?

사실 학문적 논쟁은 더 넓은 정치적 대립과 연결된 경우가 있다. 한국전쟁만큼이나 논쟁적인 스페인 내전에 대한 역사를 다룬 『스페인 내전』을 집필한 앤터니 비버에 따르면, 스페인 전쟁 역시 전쟁의 기원을 둘러싼 논쟁에서 객관적 평가의 어려움이 있었으며 양쪽은 어떻게든 상대방이 먼저 전쟁을 시작했다는 것을 입증하려고 애썼다고 한다. 정치적 이념의 영향을 받아 국제전과 내전이 뒤엉킨 20세기의 전쟁들에서 특히 전쟁 발발을 둘러싼 논쟁이 심한 것이다.

하지만 지역적 차원의 갈등이 해소된 탈냉전 이후의 균형 상

---

* Bruce Cummings, *The Korean War: A History*(Modern Library, 2010).

** Kathryn Weathersby, "Korea, 1949-50: To Attack, or Not to Attack? Stalin, Kim Il Sung, and the Prelude to War", *Cold War International History Project Bulletin* 5, 1995, pp. 2-9.

태에서는 다른 해석이 이루어진다. 한편으로는 소련의 개혁·개방,
동유럽의 민주주의-시장 경제로의 체제 전환으로 귀결된 상황에
서 냉전 시기 소련의 책임은 분명히 기록되었다. 예를 들어 탈냉
전 시기에 『2차 세계대전사』를 집필한 존 키건에 따르면, 스탈린
은 미국의 핵무력과 2차 세계대전의 충격 때문에 유럽에서는 유엔
의 역할에 도전하지 않았다. 하지만 필리핀과 말레이 반도, 한반도
에서는 도전했고, 한국전쟁에 대한 소련의 승인은 그런 맥락의 하
나였던 것이다. 다른 한편, 전쟁 자체에 대한 유럽의 시선은 분명했
다. 즉 2차 세계대전의 고통은 '국민개병' 원칙으로 군대를 조직했
던 모든 유럽 국가들에게 큰 고통을 안겨 주었고, 그 고통은 전쟁
을 다시 벌인다는 생각을 정치 철학에서 쫓아낼 만큼 엄청났다는
것이다.*

　　이렇게 유럽에서는 탈냉전, 독일 통일, 유럽 통합이 이뤄졌지
만 동아시아는 아직 탈냉전 상태로 완전히 변화하지 못했다. 북한
의 핵 개발이 지속되고 있고, 남북 관계와 동아시아에서 탈냉전이
이뤄지지 못한 상황에서 최근 세계적으로도 지난 30여 년간 유지
된 탈냉전이라는 균형 상태에 변화가 발생하고 있다. 탈냉전 이후
개방적 민주주의를 유지하지 못하고, 유럽과 나토의 확장 속에서
국제적 지위가 약화된 러시아는 최근 우크라이나와 전쟁을 일으
킴으로써 평화로운 국제 질서에 위협을 가했다. 중국은 최근 한국
전쟁을 '항미원조' 전쟁으로 대대적으로 기념하고 있다.

　　과거에도 그랬듯이, 현재에도 전쟁에 대한 역사 연구는 어떤
역사적 시점에서 정치적 대립의 산물이다. 이러한 정치적 대립 구
도가 지속되고 서로의 입장 차이가 너무 큰 경우에는, 차이를 줄여

---

* 존 키건, 류한수 옮김, 『2차 세계대전사』(청어람미디어, 2007), 881-882쪽.

나가기 위한 깊은 지혜와 상호 간의 노력이 필요하다. 부디 옮긴이 김범의 오랜 노고로 새롭게 번역된 이 책의 출간이 최근 출간된 한국전쟁에 대한 여러 저서들과 함께 많은 독자들에게 읽히길 바란다. 그럼으로써 과거의 논쟁을 반복하는 것이 아니라, 더 나은 미래를 열어 가기 위한 창의적 해법이 도출되는 지적 논쟁이 이뤄지기를 기원한다. **서리북**

김학재
서울대학교 통일평화연구원 HK교수, 사회학 박사. 한국전쟁 정전 체제를 다양한 평화 체제들과 비교해 검토한 『판문점 체제의 기원』을 썼고, 「'통합'의 다양한 차원: 역사·비교지역주의적 관점」, 『2022 통일의식조사』(공저) 등 통일과 평화에 대한 연구를 하고 있다.

📖 키스 맥팔랜드 텍사스 A&M 대학 역사학 명예교수가
한국전쟁에 대한 2,600개 이상의 책과 연구 논문,
문서들의 목록을 간략한 내용 요약과 함께 덧붙여 정리한 책.
한국전쟁을 새롭게 연구하려는 후속 연구자들에게
큰 도움이 된다.

"한국전쟁에 대해 잘 알고 있는 사람은 누구나 이렇게
말할 수 있을 것이다. 우리가 한국전쟁에서 많은 교훈을
배웠더라면 미국은 베트남, 이라크, 아프가니스탄에서의
값비싼 실수들을 피할 수 있었을 것이다. 한국에서의 전쟁에
대한 상세한 검토를 통해 우리가 저지른 실수를 이해할 수
있게 되고 그것을 다시 반복하지 않게 되길 바란다."
— 책 속에서

The Korean War
Keith D. McFarland 지음
Routledge, 2009
2nd Edition

📖 한국 현대사 연구자로 해외 학생들을 대상으로
한국학을 가르치고 있는 박태균 교수가 쓴, 누구나 쉽게
읽을 수 있는 연구서.

"이 전쟁은 시작되어서는 안 될 전쟁이었지만 시작되었고,
끝나야 했는데도 끝나지 않은, 그러나 반드시 끝나야만
하는 전쟁이라고 본다. 그렇기 때문에 한국전쟁은 이 땅에
살고 있는 사람들이 반드시 알아야 하고, 극복해야만 하는
역사적인 사건이다." — 책 속에서

『한국전쟁』
박태균 지음
책과함께, 2005

중국인들의
한국전쟁

항미
抗美援朝
원조

백지운 지음

창비
Changbi Publishers

『항미원조』
백지운 지음
창비, 2023

중국 시진핑 시대의 방향을 읽어 낼 핵심어 '항미원조'

백승욱

현 시기 중국 이해를 도울 역작

백지운의『항미원조: 중국인들의 한국전쟁』은 현 시기 중국 이해에 큰 도움을 줄 역작이다. 한국 사회에서 '비판적 중국학'은 나름 오랜 계보와 역사를 가지고 있는데『항미원조』는 이 비판적 중국학의 수준을 확인시켜 준다. 또한 우리 사회가 안고 있는 문제들에 대한 탐구의 실마리를 찾고자 할 때 왜 중국 현대사에 질문을 던져야 하는지를 잘 보여 준 의미 있는 성과이다.

저자가 문학 연구자라는 배경을 가지고 있어 얼핏 이 책이 '항미원조(抗美援朝)'라는 주제를 다루는 중국의 드라마와 영화들에 대한 '문화 연구'적 접근이겠거니 생각할 수도 있을 것이다. 이 책이 항미원조라는 주제를 다룬 지난 반세기 동안의 중국 영화와 드라마를 주요 분석 대상으로 다루고 있는 것은 맞다. 그러나 그 접근에서 사회과학자들을 주눅 들게 할 정도로 엄밀하게 중국 공산당이 발표한 문헌을 검토하고 한국전쟁의 구체적 전투 상황을 연구한 중국, 한국, 미국 자료들을 치밀하게 상호 대조 분석해 자신의 논지를 뒷받침하고 있어 진정한 '다학문적 접근'이 무엇인지 모범을 보여 주고 있다. 이처럼 복합적이면서 치밀한 독해 전략을 취하는 이유는 항미원조를 지난 역사 속의 관심사로 읽어 내는 데 그치는 것이 아니라, 그 해석이 지금 왜 중요성을 띠게 되는지, 지금 중국 시진핑 체제의 방향성을 이해하는 데 왜 항미원조라는 핵심어가 중요해지는지를 설득력 있게 분석해 보여 주고자 하기 때문이다. '중국 측의 관점'을 세세하게 좇으며 이 전쟁을 분석하는 저자의 행보를 따라가다 보면 우리가 이 '한국전쟁'에 대해 무지했음을 알고 놀라움에 빠진다.

한국전쟁 대신 항미원조 전쟁이라 부르면 무엇이 달라지는가?

왜 항미원조가 문제가 되는지부터 살펴보자. '한국전쟁', '조선전쟁', '6·25 전쟁'이라고 부르는 이 역사적 사건을 '항미원조'로 지칭할 때 그 함의는 달라진다. 중국에서 이 전쟁을 ('조선전쟁'이라고 부르기도 하지만) '항미원조 전쟁'이라고 부르는 순간, 이 전쟁은 단지 한반도/조선 반도에서 벌어진 어떤 사건이 아니라 중국이 '주체'로 참여한 사건으로 전환된다. '미국에 대항해 조선을 지원한다'는 이 표현을 통해 전쟁의 주체는 '조선/한국'에서 '중국'으로 전환되며, 이 전쟁의 시발점도 전쟁이 발발한 1950년 6월 25일이 아닌 중국 지원군의 출병이 개시된 1950년 10월 19일로 바뀐다. 전쟁의 서사 또한 '중국 인민 지원군' 대 '미 제국주의' 사이의 전쟁으로 바뀐다.

단지 미묘하지만은 않은 이 명명 방식의 차이 때문에 항미원조 서사 부침의 역사는 중국 사회주의 건설 및 중국 공산당의 변천과 긴밀한 관계에 놓이지 않을 수 없다. 미국과의 관계를 어떻게 풀어 갈지, 조선과의 관계 그리고 그 반대쪽의 남한과의 관계를 어떻게 설정할지, 그리고 이 전쟁의 개시에 숨어 있는 소련과의 관계를 어떻게 자리매김할지, 마지막으로 항미원조가 이야기되면 피해 갈 수 없는 중국 내부의 정치를 어떻게 다룰지 모두가 문제적이다. 즉, 항미원조를 본격적으로 내세우기 시작하는 것도 문제이지만 이를 어떤 방식으로 발화하는가가 바로 정치적 발언이자 정치적 개입이 아닐 수 없다.

그렇기 때문에 중국에서 지난 70여 년간 이 항미원조 서사가 어떤 굴곡을 거쳤는지를 살펴보는 것은 중국의 국제 정치의 개입 방식과 국내 정치의 실천 방식을 이해하는 데 중요한 단서가 될 수 있다. 저자는 항미원조 서사가 공적인 표면에서 점차 수면 아래로 가라앉아 "냉궁에 유폐"(47쪽)된 오랜 시간을 지난 후 2010년대 이후 수면 위로 부상하고 2020년대에는 본격적으로 '주선율'(당과 국가가 지원하는 핵심 서사의 지위에 올라섰다는 의미)의 자리를 차지한 이유가 무엇인지 그리고 그 함의를 어떻게 이해해야 하는지 보여 준다.

영화 〈장진호〉가 보여 주는 시진핑 시대 항미원조의 새로운 서사

2021년 개봉된 블록버스터 대작 영화 〈장진호〉는 중요한 전환점이었다. 장진호 전투는 '바람 찬 흥남 부두'의 철수 작전을 연상시키는 출발점이고 전임 대통령도 이 철수의 혜택을 입었다고 말한 적이 있어 한국인들에게 나름 익숙할 역사적 사건이다. 그러나 흥남 부두는 기억해도 장진호 전투의 구체적 상황을 아는 한국인이 많지 않을 것이며, 중국에서도 장진호 전투는 '항미원조' 역사에서 중요성이 부여된 적이 없는 잊힌 사건이나 다름없었다. 중국에게 이 전투는 전혀 '승리'가 아니었고 중국 인민 지원군의 막대한 손실을 동반했기 때문에 굳이 기억을 끄집어낼 이유도 없었다. 그럼에도 장진호 전투가 시진핑 시대에 갑자기 부각된 이유는 한국 전쟁에서 오롯이 중국 인민 지원군이 미군과 전면전을 벌여 미군에 궤멸적 타격을 입힌 전투였기 때문이다. 장진호 전투가 주목받으면서 항미원조의 쓰라린 기억으로 중국인들에게 각인되어 있던 '상감령 전투'의 해석이 같은 이유로 고난의 비극에서 영웅적 서사로 함께 전환된 것도 항미원조 서사의 부활과 밀접하게 연관된다.

2020년대 항미원조 서사가 집중 부각될 뿐 아니라 그 중심에 장진호 전투가 놓이게 된 것은 시진핑 주석이 항미원조의 5대 전투를 "양수동의 초전, 운산성의 격전, 청천강의 총력전, 장진호의 악전 (……) 상감령의 혈전"(300쪽)으로 공식화하면서 앞서 승리의 역사로서 주목하지 않던 장진호 전투와 상감령 전투를 중요한 역사적 기억으로 불러냈기 때문이다. 서사 담론이 전환되자 장진호 전투의 노병 회고록이 등장하기 시작했고, 2011년 단편 다큐멘터리 영화 〈빙혈 장진호〉를 시작으로 장진호 전투의 역사를 복원하는 시도가 진행되어 왔다. 2021년 〈장진호〉와 2022년 〈장진호의 수문교〉는 앞선 이런 역사 서사 복원을 바탕으로 만들어졌지만 몇 가지 중요한 서사의 이동이 발생했다는 점에 주목해야 한다. 시진핑 시기 "당의 영도를 인민의 능동성보다 앞에 두는 흐름"(203쪽)이 부상하면서, 주된 서사는 중국 인민 지원군 대 미군의 대결이 되고, 이 전투에서 중공군이 보여 준 놀라운 결기를 미군 사령관의 목소리를 통해 전달하는 방식을 취하며, 동사와 아사로 많은 병력을 상실한 이 전투의 비참함을 조국 승리의 서사로 전환시킨 것이다.

저자는 여기까지 오는 굴절의 과정을 10년 주기의 항미원조 기념 언설과 그와 맞물려 각 시대를 대표하는 영상 작업을 통해 보여 준다. 1970년 항미원조 20주년 기념 시기부터 항미원조 해석의 언설은 바뀌기 시작했다. "겉으로는 미 제국주의에 대한 비판으로 요란했지만 실상은 '연미항소(連美抗蘇)'로 가는 포석이 곳곳에 주밀하게 배치되어 있었"(39쪽)음을 확인하고, 30주년인 1980년과 40주년인 1990년에는 기념 자체를 거의 생략하여 이 역사를 "냉궁에

영화 〈장진호〉(왼쪽)와 〈장진호의 수문교〉(오른쪽) 포스터.(출처: 다음 영화)

유폐"해 갔음에 주목할 수 있다. 이 유폐된 역사를 다시 끄집어낸 결정적 전환은 70주년인 2020년으로, "항미원조 전쟁의 정치적 상징성이 전면으로 귀환"(42쪽)했고, 이것이 보여 준 바는 "미중 공조 체제의 역사적 시한이 다했음을 의미"(43쪽)한다고 할 수 있다.

　　이런 역사적 배경의 분석을 통해 우리는 항미원조를 중국 현대사를 이해하는 주선율로 끌어올리고 그 중심에 장진호 전투를 배치하는 변화가 나타난 것이 시진핑 체제가 국내외를 대하는 방식과 관련해 중요한 함의를 보여 준다는 것을 알게 된다. 항미원조가 미묘한 주제였던 이유, 그리고 지난 70년간 중국이 그 발화에 세심한 신경을 쓰면서 이 서사를 다소 억눌렀던 이유는 항미원조가 분명 중국의 지정학적 위상을 부상시킨 사건임에 틀림없지만, 관련 국가들과의 관계 해석이 미묘한 쟁점이며 그 해석이 초래할 파장 또한 우려되는 부분이 적지 않았기 때문에 이 쟁점의 거론을 회피해 왔기 때문이라고 할 수 있다. 이제 그 태도에 중요한 변화가 발생했고 항미원조를 드러내 놓고 이야기하기 시작한 것이다.

　　또한 항미원조는 유럽의 냉전과 비교해 동아시아 냉전이 형성되는 특징을 잘 보여 준다. 이 전쟁의 개시와 종결 양쪽에서 그 특징이 관찰되며, 이는 중국 현대사의 독특성과도 관련된다.

얄타 협정과 항미원조

이 책을 이해하기 위해 2차 세계대전 이후 중국을 둘러싼 동아시아 국제 정세의 변동을 조금 검토해 보자. 우선 한국전쟁 발발을 1945년 2월 '얄타 협정'에서 형성된 미국과 소련의 협조 체제('얄타 구상')와 떼어서 보지 않는 것이 중요하다. 1949년 중국 건국은 이 얄타 합의에 반해서가 아니라 이 합의 '위에서' 이루어진 것이었다. 미국이 옌안 공산당에 우호적이었고, 소련 또한 장제스와 협력 관계를 수립하기 위해서라도 옌안을 유용한 카드로 쓰고자 했기 때문이었다. 그러나 동시에 이 건국은 얄타 구상에 '반한' 것이었는데, 얄타 회담에서 미국과 소련 모두 중국 내전을 '프랑스 모델'과 같은 방식으로, 즉 중국 공산당을 합법화해 연립 정부의 핵심 파트너로 만들고자 합의했지만, 이 구상이 무너졌기 때문이다. 소련은 중국이 얄타 합의에 균열 요인이 될까 우려하면서도 유럽에서 전개된 냉전의 대립, 즉 폴란드 단독 정부 수립, 마셜 플랜, 베를린 봉쇄로 이어진 불리한 정세에 맞서 동쪽에서 자국에 유리한 세력권 확보에 도움이 될 수도 있다는 생각에서 중국의 중요성을 점차 높게 보게 되었다. 미국 또한 프랭클린 루스벨트로부터 이어진 옌안에 대한 우호적 태도를 버리지 않고 1950년 초 애치슨 라인 시기까지 소련과 옌안을 갈라놓으려 했다. 항미원조는 이 관계의 연장에서 그리고 때로는 이 관계를 거스르며 발생한 것이었다.

　　1949년 말까지 동아시아 정세의 안정을 희구하는 소련과 중

1945년 2월 얄타 회담에 참석한 윈스턴 처칠, 프랭클린 루스벨트, 이오시프 스탈린.
(출처: picryl.com)

국 공산당의 입장은 일치했고 북한의 도발 계획에 반대했지만, 1950년 1월을 계기로 소련의 태도는 중국에 대한 전면 지원에서 북한에 대한 전면 지원과 중국 견제로 전환되었다. 중국의 태도 또한 한반도 전쟁 반대에서 전면 참여로 급속하게 전환되었는데, 소련에 대한 견제와 중국의 지정학적 위상 강화가 목표가 되지 않을 수 없었다. '항미원조'를 계기로 중국이 상대할 강대국은 이제 미국이 되었고 항미원조는 미국에 대해 '유일하게' 승리한 비서구 국가의 승리 서사를 제공해 주었다. 항미원조는 '반미 동맹'을 사회주의 이데올로기의 핵심으로 삼을 수 있는 서사의 출발점이 된다. 그렇지만 정작 중국은 미국과 전면 대립을 펼 의도가 있던 것도 아니고, 또 이후 리처드 닉슨의 중국 방문 역사가 보여 주듯 실제 미국과 대립을 길게 지속했던 것도 아니었으며, 소련 방식의 '확증 보복'의 군사적 대결로 나아갔던 것도 아니다. 항미원조는 북한에 대해서도 이 전쟁의 성격을 북한이 주체가 되어 미 제국주의에 항전한 전쟁이 아니라 중국 인민 지원군이 주인공인 전쟁으로 바꾸어 내기 때문에 불편한 서술이 되며, 남한에 대해서는 수교 이후 굳이 꺼내서 도움 될 것이 없는 서사로 "냉궁에 유폐"되지 않을 수 없는 서사가 된다.

중국이 새로운 국제 질서를 구상하기 이전까지 항미원조는 중국 스스로도 정리해 내기 어려운 난점을 늘 동반하고 있었다. 따라서 지금 항미원조가 주선율로 부상한다는 것은 '중화 민족의 위대한 부흥을 목표로 하는 시진핑 신시대'와 더불어 이 모든 관계에 대해 일정하게 정리된 노선이 수립되었기에 가능해진 것이라고 이해하는 것이 맞을 것이다.

항미원조를 통해 확인되는 당과 군의 모순

다음으로 항미원조 서사의 복잡성을 중국 국내 정세 속에서 살펴보면 두 가지 중요한 문제가 있음을 알 수 있다. 하나는 '펑더화이 문제'이고 다른 하나는 '인민 전쟁'이라는 문제이다.

'펑더화이 문제'란 인민 지원군 총사령관 펑더화이와 당주석 마오쩌둥이 항미원조 과정에서, 그리고 1959년 대약진 운동의 평가를 놓고 '루산 회의'에서 두 차례 대립한 것을 말한다. 이는 사실 중국 공산당의 역사에서 심각한 쟁점이다. 이는 당-군 관계의 문제, 즉 당 지도자가 군을 확실히 장악하고 있는지, 만일 그렇지 않다면 그 불안정성이 어떤 곤란을 낳을 수 있는지를 잘 보여 주기 때문이다. 항미원조 서사가 등장하면 어쩔 수 없이 현장 야전 사령

관인 펑더화이와 베이징에서 '큰 구상'을 펼치는 당 지도자 마오
쩌둥의 대립을 중요하게 다루지 않을 수 없다. 1950년 10월 초 한
국전쟁 참전 여부를 놓고 중국 공산당 중앙위원회 확대회의에서
격론이 벌어졌고 군 지휘부는 대체로 반대 의사를 표명했지만 마
오쩌둥은 강경하게 참전 의사를 관철했다. 참전 이후에는 지원군
이 어디까지 진격할 것인가를 두고 두 번 대립이 일어났는데, 소련
의 제공권이 작동할 수 없는 평양 이남으로 진격할 때 한 번, 그리고
38선을 돌파해 서울을 점령할 때 또 한 번 심각한 의견 충돌이 있
었다. 그다음에도 정전 협정 시기를 둘러싸고 대립은 지속되었다.

　이 문제는 단순히 강경한 마오쩌둥 대 현실적 판단을 한 펑더
화이의 대립만은 아니다. 이는 당 주석과 지원군 총사령관의 대립
인데, 이 대립이 격화되면 당이 와해될 수 있기 때문이다. 이제 펑
더화이 문제는 당의 군 장악 또는 최고지도자의 군 장악이라는 문
제로 비화되는데, 그것이 1959년 루산 회의의 대립에만 그쳤던
것이 아니다. 가장 심각한 대립은 1967년 문화대혁명의 정점에
서 벌어진 우한 '7·20 사건'이다. 이는 마오쩌둥이 우한 근처에 머
물고 있었음에도 우한 현지 군구 사령관 천자이다오가 마오쩌둥
과 중앙문화혁명소조의 지시에 반대해 현지에 파견된 중앙문화혁
명소조 조원 왕리를 강제로 감금하며 반기를 들었던, 내전으로 치
달을 수도 있는 사건이었다. 어정쩡하게 정리된 이 사건에 잠복한
위험성이 결국 1971년 인민 해방군 총사령관이자 마오쩌둥의 후
계자 지위에 있던 린뺘오의 '반역 사건'과 린뺘오 제거로 이어졌
다고 할 수 있다. 1976년 마오쩌둥 사후 덩샤오핑이 개혁·개방을
주도할 수 있던 데는 범시파 화궈펑 당주석을 옹호하는 왕둥싱 세
력을 누르기 위해 덩샤오핑이 리셴녠 등 군 핵심 세력의 동맹을 이
끌어 낼 수 있던 배경이 있었다.

　　마오쩌둥 집권기에서 덩샤오핑 시기까지 당이 항상 군권을 장악하고 있던 것은 아니었다. 이 문제와 관련해서도 '시진핑 신시대'는 나름의 해결책을 제시했다. 저자는 2020년 주선율 영화 〈압록강을 건너〉에서 마오쩌둥과 펑더화이의 대립을 이전과 다른 방식으로 그려 낸 데 주목한다. 앞선 시기와 달리 이 대립을 마오쩌둥의 관용으로 해결하고 군사 지도자는 마오쩌둥이라는 암시를 표명하면서, 이 문제를 '당의 전면 영도' 방식으로 해결해 내고 있다는 것이다. '중국몽'과 연계된 '강군몽'('중국몽'을 뒷받침해 어느 국가에도 지지 않는 최강의 군대를 만들겠다는 꿈)의 핵심적 측면 중 하나는 시진핑이 국가주석-당총서기-중앙군사위원회 주석이라는 세 지위를 가지는 것을 넘어서 앞선 어느 당 지도자도 가져 본 적이 없는 '연합 지휘 총사령관'이라는 네 번째 지위를 확보했다는 점이다. 이는 인민 해방군 총사령관의 지위이다. 결국 시진핑 주석은 마오쩌둥과 펑더화이의 대립을 스스로 마오쩌둥이자 펑더화이가 되는 방식으로 해소한 것이다.

시진핑 시대 애국주의가 소거하지 못할 질문들

두 번째 국내 문제는 이 항미원조가 '인민 전쟁'이라는 성격을 드러낼 수밖에 없을 때 불가피하게 동반되는 인민의 희생이며, 이 희생된 인민들을 어떤 주체, 어떤 목소리로 호명해 낼 것인가라는 곤란한 쟁점이다. 그 곤란함 때문에 그동안 '항미원조'는 희생자 숫자 공표 자체를 꺼린 채 주변을 맴도는 방식으로 역사적 서사를 구성했다. 이 곤란함을 보여 주는 사례로 저자는 '상감령 전투'(김화군의 '저격능선 및 삼각고지 전투')와 '빙조련(氷雕連, 장진호 전투에서 전투 자세로 얼어 죽은 58사 부대)'을 든다. 시진핑 시대 들어 항미원조가 주선율의 정리된 지위로 올라서면서 이 곤란했던 서사는 해결책을 찾은 듯하다.

장진호 전투 당시 중국 인민 지원군 포로들의 모습.(출처: 미국 해병대)

시진핑 시대 들어 중국은 항미원조의 희생자 숫자를 197,653명으로 공식적으로 공표하고, 이들을 '중화 민족의 위대한 부흥'을 위한 적절한 위치에 짜 넣는다. 빙조련의 서사 방식도 달라져서, 애잔함, 참혹함, 그로부터 연계되는 반전의 함의는 모두 사라졌다. 이제 〈장진호〉 시대에는 서사의 복잡성이나 이중성도 사라지고 애국주의의 단순 구도만 남는다.

　　그럼에도 이 애국주의적 항미원조는 모든 서사를 단일화하기 어려울 것이다. 겨울 전투에서 동복과 식량 보급을 제대로 받지 못한 고립된 인민 지원군 58사 172단 2영 6련 한 부대가 거총 자세로 얼어 죽은 빙조련과 전 부대가 궤멸되다시피 한 상감령 전투를 아무리 아름다운 애국주의로 포장해 그려 내더라도 인민들에게 이미 익숙한 상감령 전투의 애잔한 에피소드는 다른 의미 해석을 살려낼 수 있다. 그 희생에 대해 누가 책임을 지는가, 무엇을 위해 희

생해야 하는가라는 질문을 붙잡고 있기 때문이다. 위로부터의 서
사가 모든 것을 해결할 것처럼 보이지만, 균열이 발생할 때 멀리서
보면 아름다울지 모르는 빙조련의 시체들이 유령처럼 다시 일어
서 다른 목소리를 내면 중국은 어떻게 될까? 국가가 모든 것을 지
켜 줄 것이라고 말하기 위해 냉궁에서 끄집어낸 항미원조 유령이
과연 집권자의 편이기만 한 것일까? 백지운의 『항미원조』는 우리
에게 이 묵직한 질문을 남긴다. 서리북

백승욱
서울대 사회학과에서 박사학위를 받고 한신대 중국지역학과 조교수를 거쳐 현재 중앙대 사회학과
교수로 재직 중이다. 현대중국학회 부회장, 비판사회학회 회장을 역임했다. 저서로 『중국의 노동자와
노동 정책』, 『중국 문화대혁명과 정치의 아포리아』, 『생각하는 마르크스』, 『자본주의 역사 강의』,
『1991년 잊힌 퇴조의 출발점』, 『연결된 위기』(출간 예정) 등이 있다.

📖 미리 계획된 전쟁이 아니었던 한국전쟁이 국제 정세
맥락에서 불거져 나온 이유를 설명하며 항미원조라는
맥락에서 이 전쟁을 어떻게 이해할 수 있는지 다양한
1차 자료를 활용해 보여 준다.

"중국은 조선전쟁을 통해서 세계 강대국의 이미지를 확실히
회복하였다.(……) 그러나 1951년 초의 전략 결정의 실수(정전
협정을 끝낼 수 있던 기회를 스스로 포기한 것) 때문에 중국은 원래
피할 수 있었던 엄청난 대가를 치렀다."
— 책 속에서

『조선전쟁의 재탐구』
선즈화 지음
김동길 옮김
도서출판 선인, 2014

📖 중국 시진핑 체제의 특징을 앞선 시기 노선과 대비해
이해하고 더 나아가 이를 전후 국제 질서로서 얄타 체제의
해체라는 맥락에서 이해하고자 하는 책이다.

"중국 혁명(은) '얄타 구상'에 반하는 혁명이 아니라
그 구상 때문에 가능해진 혁명(이다.)(……) 중국의
입장에서는 항미원조가 국제적 위상을 상승시키는
계기였는지 모르지만 중국 국내에서 치러야 하는 대가는
적지 않았다. 그 귀결은 '1957년 체제'의 수립으로
이어졌(고)(……) 민주의 문제를 해결 불가능한 아포리아로
잠복시켰다." — 책 속에서

『연결된 위기』
백승욱 지음
생각의힘, 2023
(출간 예정)

THE TRIUMPH OF BROKEN PROMISES

THE END OF THE COLD WAR AND THE RISE OF NEOLIBERALISM

FRITZ BARTEL

승리하는 비결:
한 역사학 전공자의 냉전 지구사 신작 읽기

우동현

들어가며

2022년 2월 24일, 모두의 예상을 깨며 러시아가 우크라이나를 침공했을 당시 나는 상트페테르부르크에서 박사학위 논문 집필을 마무리하던 중이었다. 곧이어 시작된 서방의 제재와 국제 금융 체계에서의 추방으로 러시아 현지에서 외국 은행이 발급한 카드를 쓸 수 없었다. 별다른 수입원을 가지고 있지 않았던 나는 침공이 벌어진 직후, 부랴부랴 미국 달러를 인출했다. 돌이켜 보면, 이 선택은 옳았다. 카드 사용이 안 되니 생활을 이어 나가기 힘들었다. 구매할 수 있던 가장 가까운 날짜의 비행기표를 끊었으나, 모스크바와 서울을 잇는 직항편의 무기한 보류로 좌절했다. 간신히 카타르를 경유하여 귀국하는 방편을 찾았으나, 3월 중순에 걸린 코로나19가 4월 하순까지 몸에 남아 출발을 미뤘다. 우여곡절 끝에 5월 9일, 도하를 거쳐 간신히 인천에 도착했다. 2010년대 중반부터 거의 매해 방문한 러시아였으나, 더 이상 갈 엄두가 나지 않는다. 물론 우크라이나가 겪는 고통에 비하면 내가 겪은 고충은 아무것도 아닐 터이다. 좌우지간, 냉전사 전공자인 나는 이 경험을 통해 냉전기 철의 장막 너머 사회주의에서의 경제적으로 빈궁한 삶에 대해 약간이나마 체감할 수 있었다.

　　이러한 일을 겪기 했지만, 2022년은 나에게 매우 뜻깊은 해였다. 글로만 접하던 제재의 효과를 실제로 체험했을 뿐만 아니라, 전공에 대한 이해를 심화시킬 수 있는 좋은 기회를 얻었기 때문이다. 연초에 서양 학계는 역사학자 니콜라스 멀더의 『경제적 무기(*The Economic Weapons*)』에 주목했다. 미국 유수의 잡지들이 찬사를 아끼지 않은 이 책은 1차 세계대전부터 2차 세계대전 종전까지 제재라는 관념과 실천이 어떻게 형성됐는지를 다룬다. 이 책은 러시아에서 맛본 경제 제재의 먼 기원을 이해하게 도와주었다. 국내 모 신문에서 연재할 기회를 얻어 북한사를 냉전사와 접속시키는 데 가장 중요한 러시아 문서보관소에 소장된 북한 관련 데이터에 관해 기고할 수 있었고, 가을에는 광주과학기술원 '장기 냉전 구조' 프로젝트의 위촉연구원으로 근무하며 준비 중인 북한 에너지사에 관해 발표하기도 했다. 하지만 개인적으로 가장 기억에 남는 순간은 이 서평의 대상 도서인 『깨진 약속의 승리(*The Triumph of Broken Promises*)』를 읽었을 때였다.

냉전 지구사의 걸작

역사학자 프리츠 바텔의 2022년도 저작 『깨진 약속의 승리』는, 한마디로 평가하자면, 그간 소련이 어떻게 붕괴했는지에 과도하게 초점이 맞춰진 종래의 냉전 후반부 역사 서술을 지구사적으로 혁신하는 쾌거라고 할 수 있다. 미국과 소련은 물론, 서유럽과 동유럽의 현대사를 포괄하는 이 책은 우리에게 냉전이 어떻게 서구의 승리로 끝났는지, 사회주의 붕괴 이후 동유럽에 어떻게 자본주의적 민주주의가 들어설 수 있었는지, 지구적으로 어떻게 신자유주

1987년 12월 미하일 고르바초프 서기장과 로널드 레이건 대통령이 소련과 미국의 중·단거리
미사일을 폐기하기로 합의한 핵무기 감축 조약인 중거리핵전력조약에 서명하고 있다.
(출처: 로널드 레이건 대통령 도서관)

가 부상할 수 있었는지를 가독성 높은 서술로 설명한다. 즉 이 책
은 40년 넘게 벌어진 냉전에서 궁극적으로 서구가 이길 수 있었던
비결을 일러 준다.

후에 상술하겠지만, 이 책은 나와 같은 역사학 전공자뿐만 아
니라, 역사를 전공하지 않는 독자에게 적어도 네 가지 유익함을 선
사한다. 첫째는 오늘날 범람하는 '신냉전' 담론 속에서 냉전사에
대한 정확하고 깊이 있는 설명을 찾아보기가 굉장히 어렵다는 사
실과 관련이 있다. 일반적으로 회자되는 냉전사는 대개 미국과의
군비 경쟁에서 패배한 소련이 백기를 들었다는 지극히 단순화된
이야기의 반복이다. 이러한 현실에 불만을 가진 독자에게 이 책은
냉전 후반부에 관한 가장 수준 높고 종합적인 이해 방식을 제공한
다. 둘째, 이 책은 지금껏 분리돼 진행된 역사학 내 다른 분야의 연
구 성과를 굉장히 매끄럽게 연결한다. 소련의 종말과 신자유주의

의 부상을 하나의 서사로 종합하는 바텔의 저서를 통해 독자들은 두 사건이 복잡하면서도 긴밀히 연결된 하나의 지구사적 전개임을 볼 수 있다. 이 책은 '융합'이 강조되는 오늘날, 서로 다른 이야기를 어떻게 유의미하게 종합할 수 있는지를 알려 준다. 셋째, 바텔의 설명은 오드 베스타의 『냉전의 지구사』 이후 나온 냉전사 연구 중 탐구의 범위가 가장 넓다. 보통 일국이나 한 진영에 국한되기 쉬운 냉전사 연구의 어려움에도 불구하고, 바텔은 자본주의 진영과 사회주의 진영을 넘나들며 냉전의 종식을 지구사적으로 조망한다. 이러한 기획은 독자에게 역사적 사건을 둘러싼 여러 층위의 맥락을 볼 수 있게 도와주는 훈련을 제공한다. 넷째, 이 책은 전략적인 글쓰기가 자신의 논지를 독자에게 잘 전달하는 것은 물론, 중요한 포지션에 취직하는 데에 얼마나 중요한지를 보여 주는 하나의 모범이다. 특히 나는 영어권 학술장에서 한국·북한 역사 연구가 끊임없이 주변화되는 상황을 문제라고 보는데, 독일·폴란드·헝가리의 사례를 지역적·지구적 수준에서 다루는 이 책은 장차 한국·북한 관련 지식을 해당 학술장에 유통하는 데 필요할 여러 전략과 영감을 제공한다. 다시 말해, 이 책은 글을 쓰는 일과 밀접한 관계를 맺고 있는 이들에게 '승리하는 비결'을 알려 준다.

'약속을 깨는 정치'의 시대

책의 내용으로 들어가 보자. 이 책은 2018년 권위 있는 미국의 역사학 단체인 미국외교사학자협회가 수여하는 상을 받은 저자의 박사학위 논문을 증보한 것으로, 1973년 세계를 강타한 석유 파동부터 소련이 붕괴하는 1991년까지의 지구사를 서술한다. 서론과 결론에 더해 모두 2부 10장으로 구성된 책의 1부에서는 1973년부터 1985년까지 자본주의와 사회주의 양 진영이 지구적 경제 위기, 좀 더 정확히는 1970년대 이전의 고성장이 낳은 인플레이션이라는 후유증에 어떻게 대응했는지를 살핀다. 2부에서는 1980년대 중반부터 1991년까지를 군비 경쟁의 종말, 이념 경쟁의 종언, 국가 사회주의 정부들의 붕괴, 독일의 통일이라는 네 개의 핵심 주제를 통해 살핀다.

저서를 관통하는 바텔의 주장은 간단하다. 1973년 이전까지 자본주의와 사회주의 양 진영 모두 지구적 호황 속에서 국민에게 더 많은 것을 '약속하는 정치'를 펼쳤다. 이 흐름이 반전된 계기는 바로 욤 키푸르 전쟁, 또는 1973년 아랍-이스라엘 전쟁 이후 전개된 산유국들의 집단행동이었다. 이는 이스라엘을 돕는 자본주의 국가들에 대해 더 이상 석유를 공급하지 않고, 그때까지의 지구적 고성장을 이끈 연료를 감산하는 조치였다. 이후 석유 확보와 국내 인플레이션 문제를 해결하는 것이 국정의 제일 안건이 되면서 양 진영은 모두 경제적 규율을 집행한다. 책의 제목이 보여 주듯, '약속을 깨는 정치'가 시작된 것이다. 결과적으로, 자본주의 진영은 성공적으로 약속을 어기며 냉전에서 승리했고, 사회주의 진영은 결국 약속을 어기지 못해 체제가 붕괴했다는 주장이다.

바텔의 서술에서 가장 중요한 순간은 이야기가 시작되는 1973년 석유 파동이다. 저자에 따르면 석유 파동 이전까지 자본주의 진영은 중동 지방의 저렴한 탄화수소 연료, 즉 석유에 의존해 산업 경제와 대중 소비 사회를 발전시켰다. 한편 1970년대 초반, 미국 바깥에서 미화인 달러를 보유하고 있는 금융 세력, 즉 '유로마켓'이 국가 행위자만큼이나 중요한 지구적 행위자로 등장하기 시작했다. 이 금융 세력은 막대한 자금력을 바탕으로 1980년대의 '약속을 깨는 정치'의 시대에 들어와 세계를 좌우지하게 된다.

그렇다면 이 이야기에서 사회주의 진영은 어떻게 그려지는

가? 저자가 설명하는 것처럼, 사회주의 진영의 경제 규모는 자본주의 진영에 비해 압도적으로 작아 비교가 무의미할 정도였다. 자본주의 진영의 왕성한 발전을 따라갈 엄두조차 내지 못했던 대부분의 사회주의 지도자들이 국민에게 약속한 것은 경제적 번영이 아닌 경제적 안보였다. 배불리는 먹을 수 없어도, 굶게는 하지 않겠다는 것이었다. 모스크바가 제공한 값싼 가스와 석유가 이 약속을 지탱했다. 동시에 소련은 이를 바탕으로 동유럽에서 영향력을 관철해 일종의 완충 지대를 만들고 제국적 관계를 유지했다는 것이 바텔의 논지이다. 물론 랜들 스톤의 『위성들과 인민위원들(*Satellites and Commissars*)』을 보면 과연 스탈린 이후 소련-동유럽 관계를 제국주의적으로 규정할 수 있는지는 의문이 들지만 말이다.

1980년대에 들어와 사회주의 국가들은 자본주의 국가들과 비슷한 고민에 처한다. 가장 큰 문제는 산업 발전을 이어 나가게 할 투자는커녕, 여태껏 사회주의 일당 지배의 정당성을 부여한 사회계약, 즉 경제적 안보라는 약속을 유지하기에 자금이 턱없이 부족하다는 점이었다. 사회주의 국가들은 자본주의 국가들로부터 대출을 받게 되고, 변제의 전망이 점점 더 암울해지는 가운데 부채의 규모는 위기 수준으로까지 치닫는다. 마침 아프가니스탄 전쟁과 무기 수출 감소로 인해 재정적 여유를 상실해 가던 소련은 사회주의 진영을 견결하게 이어 주는 '약속'의 일환인 연료 보조금을 철회하며 동유럽에 더 많은 부담을 지웠다.

냉전의 종식과 신자유주의의 부상

내가 이 책에서 가장 흥미롭다고 생각한 부분 중 하나는 역사 행위자, 특히 최고 지도자들의 목소리를 통해 당대의 분위기를 생생하게 전달하는 지점이다. 후대의 갈리는 평가와 별개로, 각 진영의 지도자들이 냉전에서 승리하기 위해 고군분투하는 모습을 생생하게 그린다. 1970년대 후반부터 1980년대 초반을 지나며 신자유주의가 본격적으로 부상했다는 사실은 널리 알려져 있다. 책의 1부에 드러나는 것처럼, 미국의 레이거노믹스와 영국의 대처리즘 등 신자유주의의 전령들은 '약속하는 정치'를 폐기하고 2차 세계대전 이후의 고성장 회복이라는 명분과 경제 안정화(인플레이션 잡기)라는 현안을 내걸고 자본주의 체제 내에서 사회와 경제의 관계를 재조직했다. 페레스트로이카는 소련의 마지막 지도자 미하일 고르바초프가 내건 구호로, 러시아어로 개혁이나 재건을 의미한다. 흥미롭게도, 4장의 제목인 "자본주의의 페레스트로이카"라는 말은 1987년과 1989년 고르바초프와 영국 총리 마거릿 대처가 만나 서로에게 주고받았던 공감의 표현이었다.

신자유주의적 재편에 관한 이야기에서 자본주의 국가들의 사례는 심심치 않게 볼 수 있다. 그렇다면 사회주의 국가들은 어떠했는가? 바텔의 주장에 따르면, '약속하는 정치'는 소련의 값싼 석유와 가스로 지탱되던 사회주의 진영의 정당성 그 자체였다. 1980년대에 들어와 소련과 동유럽의 지도자들은 마르크스-레닌주의의 원칙을 어떻게든 유지하면서 어떻게 나름대로의 개혁을 추구할지 고민했다. 동유럽 국가 대부분이 부지불식간에 공유한 한 가지 획기적인 방안은 인민 스스로 '약속을 깨는 정치'에 투표할 수 있게끔 그들에게 유례없는 참정권을 부여하는 것이었다.

이때만 해도 사회주의 지도자들은 그러한 정치적 양보가 어떠한 결과를 가져올지 전혀 예측하지 못했다. 하지만 결과적으로 이 전략은 사회주의 체제를 추구하는 개별 국가들이 짊어져야 했던 압도적인 부채의 무게에 짓눌렸다. 소련은 미국과의 지구적 군비 경쟁을 축소하며 혈세의 누출을 막기 위해 안간힘을 썼고, 동유럽에 공급해 오던 연료에 대한 보조금을 대폭 줄였다. 돈 없이, 연료 없이, 상품 없이 존재할 수 있는 사회주의 체제는, 적어도 동유럽에서는 없었다. 더 이상 약속을 지킬 수 없게 된 사회주의 체제 안에서 그간 정치 참여를 제한당했던 인민들은 역량 없는 자국의 체제에 대한 기대와 믿음을 거두고 자본주의적 민주주의로의 급격한 이행에 대대적으로 동의했다.

　독자 가운데 누군가는 이와 같은 바텔의 서술이 너무나 당연한 이야기를 쉽게 하는 것은 아닌가 하는 질문을 던질 수도 있다. 결론부터 말하자면, 전혀 그렇지 않다. "이 책의 가장 모험적인 두 주장은 (……) 과거에 투영시킨 현재에서 얻은 회고적 통찰이 아니고, 다만 현재로 가져온 과거의 관찰일 뿐"(334쪽)이라는 저자의 표현은 서구 학계에서 좀처럼 찾아보기 힘든 겸양지덕의 표현이나, 그러한 과거 행위자들의 예리한 동시대 관찰을 한 권의 책으로 엮은 것은 칭찬받아야 마땅한 저자의 성취이다. 냉전의 종식과 신자유주의의 부상이라는 현대사의 중요한 두 단면을 엮어 명쾌한 서사로 풀어낸 이 책의 이야기는 실로 당연하게 들린다. 이러한 서사 창출 전략에 주목하면, 의외로 많은 것을 얻을 수 있다.

　일례로, 저자가 개념어를 다루는 방식을 들 수 있다. 이 책은 한국의 독자들에게도 익숙한 여러 개념을 간단명료하게 정리한다. 예컨대, 신자유주의는 "국가라는 경계를 초월해 재화와 자본의 자유로운 흐름을 증가시키고, 국민 국가 내부의 불평등을 증대시키며, 자국 시민들을 위한 경제적이고 사회적인 복지를 제공하는 과정에서 국가의 역할을 줄이려는 목적을 가진 정치 이념"(3쪽)이다. 이러한 설명에 엄밀함을 바라는 독자의 요구는 정당하지만, 이 책의 궁극적인 목적은 신자유주의와 같은 개념을 세밀하게 정의하는 데 있지 않다. 역사적 맥락 속에서 나름대로 개념을 정의하고, 그러한 개념들에 조응하는 역동적인 움직임이 철의 장막 양편에서 전개되고 있음을 보여 줌으로써, 바텔은 에너지, 금융, 경제적 규율이야말로 20세기 후반부 글로벌 정치·경제를 지배한 세 가지 힘이라는 자신의 주장을 성공적으로 증명한다.

냉전에서 승리하는 비결

앞머리에서 언급한 이 책의 네 가지 미덕에 대해 부연하고자 한다. 먼저 이 책이 명쾌하게 풀어내는 냉전에서 승리하는 비결과 그 비용은 한국이라는 공동체의 행보를 국제정치적으로 보려는 모든 이에게 귀중한 교훈을 건네준다. 한국이 이른바 '신냉전'의 틈바구니에 놓여 있다는 사실을 상기하자. 바텔이 보여 주듯, 석유 파동은 값싼 탄화수소 연료에 의지해 오던 사회에 개혁을 요청했다. 고도성장이 끝나면서 인플레이션이 극심해졌고, 산업·노동 분규가 터졌으며, 실업률은 천정부지로 치솟았다. 시의적절하게도, 더 적은 자원의 투입으로 더 많은 생산의 효율화를 달성하고자 하는 정책 입안자들과 기업가들은 국가의 개입을 줄이고 시장을 전적으로 신뢰하는 신자유주의에서 돌파구를 찾았다. 물론 폴 보커 미국 연방준비은행 의장의 초고금리 개혁은 인플레이션을 억제했으나, 유례없던 실업과 도산을 야기했다. 여기에 로널드 레이건의 감세 정책과 대규모 군비 확장이 시작되면서 미국의 국고와 군사력이 동시에 팽창하는 현상이 벌어졌고, 동시에 노동자들은 자본의 지배 아래 편입됐다. 바텔이 보여 주듯, 세계의 자금이 고금리를 좇아 대거 미국으로 몰리면서 그곳에 본부를 두고 있는 국제 금융 기구들의 영향력도 강력해졌다. 이것이 자본주의 진영, 특히 미국이 냉전에서 이긴 비결이었다.

    이 책이 서술하는 냉전 후반부의 역사에서 한국이나 중국 같은 동아시아 국가를 어떻게 위치시킬지에 대한 고민은 나와 같은 연구자들의 몫일 것이다. 하지만 식민지 경험을 가진 국가 중 극히 예외적으로 선진국 대열에 들어선 한국이 여태껏 일군 성취를 지키기 위해서는 어떠한 전략이 필요한지, 그리고 그러한 전략(경제적 규율)을 취했을 때 반드시 발생하는 비용이 사회 통합을 저해하지 않기 위해서는 어떤 정책을 만들어야 할지에 관한 고민은 우리 모두의 과제일 것이다.

역사를 엮고 넓게 해석하기

바텔의 저서가 보여 주는 것처럼, 서로 다른 궤적을 걸어온 연구를 종합하는 일은 쉽지 않지만 새로운 지식을 창출할 수 있는 가장 좋은 지름길 중 하나이다. 다시 강조하지만, 바텔은 냉전 후반부 사회주의권의 붕괴와 신자유주의의 부상을 탁월하게 종합한다. 한편 소련의 붕괴에 관한 가장 종합적인 서술은 스티븐 콧킨의 『회피된 묵시록(*Armageddon Averted*)』일 것이다. 미국의 권위 있는 시사 잡지 《애틀란틱 먼슬리(*Atlantic Monthly*)》가 "현대사 연구의 승리"라고 평가한 이 책은 외부의 힘이 작용해 소련이 붕괴로 치달았다는 상식을 거부하고 내부의 취약성과 모순으로 공산주의가 내파했다는 새로운 학설을 제시했다. 소련 출신 역사가 블라디슬라프 주보크의 『붕괴(*Collapse*)』는 콧킨의 연구와 궤를 같이하면서도 소련이 대내외적으로 받은 압력에 조금 더 무게를 둔다. 신자유주의의 부상과 관련해서는 각각 경제사와 지성사의 측면에서 질서이자 운동으로서의 신자유주의를 다루는 게리 거슬의 『신자유주의 질서의 흥망성쇠(*The Rise and Fall of the Neoliberal Order*)』나 퀸 슬로보디언의 『글로벌리스트(*Globalists*)』 등이 좋은 평가를 받고 있다. 바텔은 여러 국가의 문서고에서 발굴한 비밀 해제된 데이터를 면밀하게 검토한 뒤

1973년 석유 파동 당시 미국의 어느 주유소.(출처: rawpixel.com)

앞서 언급한 서로 다른 두 흐름을 종합해 냉전 후반부에 관한 독창적이면서도 충실한 서사를 만들어 냈다.

나아가 국경을 자유자재로 넘나들며 사회주의 진영의 파국적 운명을 유도한 자본의 운동을 그리는 이 책은 역사의 전개를 지구사적으로, 그리고 여러 맥락 안에서 해석하는 일의 중요성을 일깨워 준다. 2005년 출간 직후 냉전사 연구의 필독서로 거듭난 오드 베스타의 『냉전의 지구사』는 냉전사 연구의 영역을 전 지구적으로 확대할 수 있음을 선보이면서 많은 연구자에게 영감을 제공했다. 특히 그는 제3세계를 냉전사 연구의 주요한 무대이자 행위자로 격상시킨 독창적인 시도를 성공적으로 수행했다. 이러한 시도의 저변에는 저자가 갖춘 놀라운 언어 능력(노르웨이어·영어·중국어·러시아어·독일어·프랑스어·스페인어·포르투갈어)과 방대한 규모의 다양한 데이터에 대한 면밀한 검토가 자리한다. 베스타 이후 본격화된 냉전사 연구의 가장 촉망받는 추세 중 하나는 사회주의 진영과 제3세계 각국이 치른 독특한 냉전 경험을 재구성하고 그 지구적 함의를 드러내는 것이다. 이러한 흐름 속에서 출간된 오스카 산체즈-시보니의 『붉은 지구화(*Red Globalization*)』, 아르테미 칼리노프스키의 『사회주의적 개발의 실험실(*Laboratory of Socialist Development*)』, 제러미 프리드먼의 『무르익은 혁명(*Ripe for Revolution*)』 등은 소련을 중심으로 두면서도 냉전기 제3세계의 역동적인 지구적 위상을 역사학적 방법론으로 그려 낸다. 이들 책에 대한 번역이 시급하다.

바텔의 책이 주는 영감들

마지막으로 이 책은 글 쓰는 일을 전문적으로 하는 모든 이들에게 도움이 되는 전략과 영감을 제공한다. 바텔은 코넬대학에서 역사학으로 박사학위를 받았으나 현재 텍사스 A&M 대학 국제관계학과의 조교수로 재직 중이다. 『깨진 약속의 승리』는 자본주의 진영과 사회주의 진영을 가로지르며 냉전의 종식을 재구성하는 역사학 저작이나, 바텔은 자신의 학문적 관심사의 가장 앞머리에 미국 외교를 놓는다. 바텔과는 코넬대학 동문이면서 최근 하버드 경영대학에 취직한 마티아스 피비거라는 역사학자도 간략하게 살펴보자. 그의 첫 번째 저서인 『수하르토의 냉전(*Suharto's Cold War*)』은 영어권에서는 처음으로 인도네시아 현지 문서고 자료를 이용해 작성된 글로벌 동남아시아 냉전사 저작이다. 그런데 그의 첫 번째 학문적 관심사는 경제사이다.

　　우리는 이 역사학자들의 사례에서 무엇을 배울 수 있는가? 우선 자신이 탐구하는 주제가 무엇이든 간에 본인의 주제가 가진 중요성과 의미를 지구적·지역적·국가적 수준으로 확장하여 드러낼 수 있고 또 그렇게 해야 한다는 점이다. 바텔은 동독·폴란드·헝가리, 피비거는 인도네시아를 전공했지만, 두 역사학자의 글쓰기는 일국의 국경을 자유자재로 넘나든다. 다음으로 그들의 서술에서 중핵을 차지하는 미국의 존재를 빼놓을 수 없다. 어떤 냉전 국가든 (심지어 나의 전공인 북한마저도) 가장 강력한 냉전 제국으로 부상한 미국과 여러 맥락과 층위에서 관련을 맺고 있다.

　　이러한 사실을 염두에 두고 봤을 때, 바텔과 피비거는 각자 다른 지역을 주제로 하여 자국사를 탐구한 것이기도 하다. 눈치 빠른 독자라면 벌써 이해했겠지만, 자국사를 공부하면서 미국의 대전략에 중요한 위상을 가진 지역(바텔의 경우 중동부 유럽과 러시아, 피비거의 경우 동남아시아)에 전문성을 갖춘 이 학자들은 수월하게 취직했다. 더하여 그들의 위치는 미국의 대전략 수립·입안 과정에 가장 중요한 한 축인 역사적 지식을 공급하는 자리이다. 그렇기 때문에 이들의 역사학 연구는 단순히 과거를 재구성해 모종의 '교훈'을 찾는 일에 그치는 것이 아니고, 제국의 유지와 지구적 경영에 중요한 일부로서 자리매김하는 것이다. 바텔의 저서는 서양 학계에서 역량을 갖춘 연구자 한 명이 갓 시작한 커리어의 첫머리에 그치지 않고, 냉전을 추동했고 냉전을 종결시켰으며 신냉전을 치르는 미국에 중요한 지식을 왕성히 공급하는 일급 학자의 데뷔를 보여 준다고 할 수 있다.

　　한국 학술장의 냉전사 연구에 더 많은 관심과 전략적이고 물질적인 지원이 주어져야 하는 이유 한 가지를 간략히 언급하면서 글을 마무리하겠다. BTS로 대표되는 한류가 가진 연성 권력의 유효 기한은 그리 길지 않다. 세계 문화 시장을 주도할 비슷한 체급의 후속 예인이 나오리라는 보장도 없다. 그런데 문제는 영어권 학술장에서 한국의 인기가 그러한 한류에 기인한다는 점이다. 영어권 학술장에 한국·북한 관련 지식과 논의가 원활하게 유통되고 나아가 학술 연구의 중요한 일부로 인정받을 수 있도록 하는 중장기적 전략 입안이 시급하다. 그나마 빠르고 주효하며 쉬운 한 가지 방법은 한국 학술장의 강점인 한국 현대사 연구에 기초한 냉전사 연구를 영어권 학술지에 투고하는 것이다. 그러기 위해선 바텔의 책이 구사하는 글쓰기 전략 못지않게, 그와 같은 역량 있는 역사학 연구자를 키울 수 있는 물질적 지원이 가장 중요하다. 탁월하고 심도 있는 역사학 연구 논문 한 편이 나오는 데 가장 핵심적인 요소는 첫째도 둘째도 돈이기 때문이다. 하여 늦었지만, 책의 표현을 빌리자면, 이제라도 한국 학술장에서 역사학 연구의 지원에 관한 '약속하는 정치'가 시작되어야 하겠다. 그러한 약속이 만들어지기도 전에 '약속을 깨는 정치'가 팽배한 미래가 너무나 쉽게 그려진다는 점은 나의 기우일 뿐이길 간절히 바란다. **서리북**

우동현
카이스트 디지털인문사회과학부 조교수 및 원자력및양자공학과 겸임교수. 서울대 국사학과와 대학원을 졸업한 뒤 UCLA에서 과학기술사(북한·소련 관계사)로 박사학위를 받았다. *The Historical Journal*에 한국인 최초로 논문을 발표했다. 역서로 『체르노빌 생존 지침서』, 『플루토피아』, 『저주받은 원자』, 『전쟁의 유령』(출간 예정)이 있다.

📖 역사학적 렌즈를 통해 소련의 제3세계 대외 무역과 원조 정책을 분석한 책. '자급자족(autarky)을 추구한 전체주의 국가 소련'이라는 우리의 상식을 깨뜨리는 파격적이면서도 유의미한 해석을 제시하고 이를 역사 데이터에 대한 검토를 통해 증명한다.

"2차 세계대전의 종전부터 해체될 때까지 소련이 해외에 공여한 경제 원조 금액은 모두 합쳐 미화 680억 달러로 추산되고, 그중 410억 달러는 소련이 붕괴하기 전에 제공되었다. 이 액수는 같은 기간 미국이 이스라엘 한 나라에 제공한 액수에 불과하다." ― 책 속에서

Red Globalization
Oscar Sanchez-Sibony
지음
Cambridge University
Press, 2014

📖 인도네시아·칠레·탄자니아·앙골라·이란의 사례를 통해 지구적 남반부에서의 사회주의 건설사를 살피는 책. 공산주의 강대국에 경도되지 않고 독자적인 사회주의를 만들려고 한 이들의 이야기는 신냉전에서 대한민국이 승리하는 작업에 유용한 반면교사를 제공한다.

"소비에트식 중앙 통제 경제라는 모델이 냉전과 함께 사라졌을지라도, 사회주의, 심지어 마르크스주의를 내세우는 사회주의는 20세기의 후반부, (혁명이라는) 실험을 통해 반복되는 형식으로 계속 살아남았다." ― 책 속에서

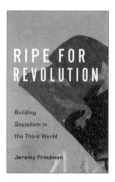

Ripe for Revolution
Jeremy Friedman 지음
Harvard University Press
2022

『동맹의 풍경』
엘리자베스 쇼버 지음, 정희진 기획·감수·해제, 강경아 옮김
나무연필, 2023

낡은 것은 가지 않고 새것도 아직 오지 않은:

포스트 냉전 시대 주한미군, 그 어색한 거리감

김주희

헤게모니적 동맹의 유산

'용산 시대'. 용산은 과연 새로운 시대를 이끄는 상징적 장소가 될 수 있을까? 윤석열은 대통령 후보 시절부터 10대 공약 중 하나로 대통령실 이전 및 청와대 해체를 내세웠고, 대통령 취임일인 2022년 5월 10일 용산의 국방부 청사를 대통령실로 재탄생시켰다. '대한민국 대통령실' 홈페이지에는 "용산 시대, 소통하는 대통령실"이라는 문구가 큼직하게 걸려 있다. 하지만 용산 지역을 둘러싼 역사와 기억에 대한 성찰 없이, 혹은 군사주의와 냉전 질서에 대한 비판적 재인식 없이, 소통이라는 키워드와 용산을 즉각 병치하는 바로 그 지점에서 불통이 시작되고 있는지 모른다.

　　한국의 역사에서 용산은 식민주의와 군사주의, 냉전 질서의 상징적 장소이다. 일본 제국주의 세력에 의해 조선이 병참기지화되어 가던 1908년 이래 용산의 역사는 외국군 주둔의 역사와 분리될 수 없었다. 식민지 시기 일본군의 사령부로 사용되던 용산의 군사 시설은 해방 직후 미군에게 그대로 인수되었고, 1945년 주한미군 사령부가 용산 기지로 이전하면서 용산은 그야말로 군사

1945년 9월 4일 미군이 촬영한 해방 직후 용산 기지. 당시에는 일본군이 사용하고 있었다.
(출처: 미국 국립문서기록관리청)

력을 앞세운 '한미 동맹'의 상징적 장소가 되었다. 그리고 한국전
쟁 직후인 1953년 10월 1일 조인된 한미상호방위조약에 의해
미군의 대한민국 영토 내 주둔에 대한 법적 근거가 마련되기에 이
른다. '조국 방위'를 '상호 협약'하는 이 군사 동맹 조약은 한국이
해외 국가와 맺은 최초이자 유일한 동맹 조약이다.

그러므로 이때의 동맹은 전사자 숭배를 통한 민족주의적 기
억의 동맹이면서 동시에 반공 결속을 통한 종속적 군사 동맹일 것
이다. 탈식민과 통일의 주도권을 미군에 건네주면서야 비로소 동
맹의 파트너가 될 수 있었던 남한 사회에서 동맹의 의미는 철저하
게 힘과 위계의 냉전 헤게모니에 관한 것이었다. 즉, 동등한 위치
에서의 연맹이 아니라 지배적 국가의 이익과 목적을 일방적으로
수용하는 패권적, 헤게모니적 동맹이라는 역설이 내포되어 있다.
2023년 한미 동맹 70주년 기념 미국 상·하원 합동회의 연설에서

윤석열 대통령이 "도움을 받는 나라에서 도움을 주는 나라"로 한국이 발돋움했음을 강조하며 동맹의 성공 사례로 언급한 것은 한국이 드디어 '힘센 형제들'의 블록에 속했음을 드러내는 거들먹거림이다. 한국 사회의 발전은 미국식 자본주의와 민주주의를 빛나게 해주는 동맹의 장식품으로 기능하고 있다.

　　한미 동맹의 경관을 지리적으로 완성이라도 하듯 1953년부터 용산에는 국방부 청사가 자리했다. 다양한 시민사회의 부정적 의견에도 '마침내' 이전하여 현재 대통령실로 사용되는 건물은 2003년 완공된 국방부의 신청사이다. 군부 독재 시절은 더욱 그렇거니와, 국방부 건물은 대대로 권위주의적 외관으로 정평이 나 있다. 현 정부는 기존 청와대를 "독재와 권위주의 권력의 상징"이라고 못 박았지만, '왜 용산인지'에 대한 토론도 없이 우리가 마주한 '용산 시대'는 헤게모니적 동맹 관계라는 냉전적 유산에 대한 기시감을 자아내기에 충분하다. 제복을 입고 거수경례를 하는 군인들은 시간이 지나 시커먼 양복을 입고 국궁(鞠躬)하는 고위직 남성의 육신으로 돌아왔다.

21세기 동맹의 풍경

'낡은 것은 가지 않고 새것도 아직 오지 않은' 포스트 냉전 시대 한미 동맹에 관한 인류학 연구서가 번역·출판되었다.* 오슬로대 사회인류학과 교수인 엘리자베스 쇼버가 쓴 『동맹의 풍경』이 그것이다. 책의 부제는 "주한미군이 불러온 파문과 균열에 대한 조감

---

* 이 글의 제목은 미국의 페미니스트 정치철학자인 낸시 프레이저의 책 제목을 변형한 것이다. 프레이저는 『낡은 것은 가고 새것은 아직 오지 않은』을 통해 헤게모니의 틈새에서 (정치적) 진보 세력이 (경제적) 신자유주의 세력과 결탁하여 '진보적 신자유주의'가 등장한 현실을 비판했다.

도"인데, 제목에서 알 수 있듯 이 책은 지난 70년 동안 '합법적으로' 한국에 주둔하며 동맹이라는 이름 아래 정치, 경제, 문화, 범죄, 사회 영역에 걸쳐 막대한 영향력을 발휘해 온 미군이 한국 사회에 남긴 흔적과 동시에 한국인들이 미군과 맺는 관계의 변화된 양상을 분석한 책이다. 동맹의 역학 관계가 이미 기울어져 있듯, 또한 부제에 붙은 '파문과 균열'이라는 단어를 통해 알 수 있듯, 저자는 미군이 한국 사회에 남긴 부정적 흔적에 초점을 맞춘다. 반미 감정, 반미 의식이 대표적이다.

책이 제기하는 질문은 명확하다. 미국에 호의적이었던 한국인에게 어쩌다 반미주의가 널리 퍼졌는지, 미군과 직접 만난 적 없는 '평범한 한국인'들이 어떻게 미군 주둔에 대한 반감을 갖게 되었는지 묻는다. 저자는 질문에 답을 찾고자 '폭력적 상상(violent imaginaries)'이라는 개념을 사용한다. 저자가 말하는 폭력적 상상이란 "사람들이 개인의 폭력 행위를 국가와 관련한 문제로 재구성함으로써 미국의 군사주의를 이해하는 식의 사회적 관행"(45쪽)을 의미한다. 다시 말해 이 책은 미군의 폭력에 관한 사건과 담론을 통해 '한국인'이 한미 관계와 한미 동맹의 상상적 지형도를 형성하는 "구조적 증폭(structural amplification)"(51쪽)을 다루는 에스노그라피 (ethnography) 연구이다. 그리고 이를 위해 주한미군의 기지 주변에 형성된 마을인 기지촌이 남긴 유산을 추적한다.

『동맹의 풍경』을 요약하자면 다음과 같다. 저자는 2장에서 1960년대 박정희 정권이 탄생시킨 '병영 자본주의' 체제와 이와 연동하는 노동 및 군사 규율을 살펴본다. 나아가 1980년 광주 민주화 운동을 계기로 반미 정서가 형성되고, 주한미군 소속 케네스 마클에 의한 윤금이 살해 사건, 미군 장갑차에 의한 여중생 사망 사건, 미국산 쇠고기 수입 반대 시위 등을 지나 반미주의가 모습을 드러낸 과정을 일별한다. 3장에서는 주요하게 윤금이 살해 사건을 둘러싼 민족주의 내러티브를 분석하며 동두천이라는 주변화된 기지촌 공간에서 일어난 사건이 어떻게 미군 지배라는 더 큰 권력 구조에 대항하는 상징적 투쟁을 가능하게 했는지, 다양한 기지촌 소설을 경유한 '구조적 증폭'을 분석했다. 4장은 2000년대 후반 경기 북부와 남부 기지촌 클럽에 고용된 한국인, 외국인 여성과 미군 남성 간의 성적이고 낭만적이며 전략적인 동맹을 다룬다. 외국인 여성들은 이주 노동자로서의 불확실성에 직면하며 때로 인신매매, 폭력을 경험하기도 하지만 돈과 착한 미군 남편이라는 미래의 희망을 그리기도 한다. 5장은 용산 미군기지와 인접한 기지촌 이태원에 대한 에스노그라피 연구이다. 미군 유흥지이면서 한국인들에게는 "매혹과 거부감 사이의"(207쪽) 공간인 이태원에서 '꽃미남' 스타일 카투사 한국인 남성과 마초 미군 남성, 미군 이성애자 남성과 한국인 게이, 반미주의자 한국인과 미군, 아프리카 이주민과 아프리카계 미군 등이 긴장감 넘치게 만나면서 지역의 공간성을 구성하는 "이태원 서스펜스"(192쪽)를 만들어 낸다. 6장에서는 무대를 홍대로 옮겨 젊은 좌파들이 만들어 낸 대안적 공간이었던 홍대가 망가지게 된 책임이 미군에게 있다고 지목하는 장면이 그려진다. 미군에 대한 노골적인 반감은 외국인 남성과 어울리는 한국인 여성에게 향하고, '양공주'라는 멸칭이 시간과 공간을 거슬러 다시금 홍대에 등장했다. 마지막 결론의 장에서 저자는 "한국에서 미국의 패권이 난공불락이던 시절은 갔다"면서 "미군이 한국 땅에 불러일으킨 폭력적 유산, 위험한 상상, 애증이 엇갈리는 만남은 앞으로도 수년간 이와 관련한 모든 이들을 따라다니리라고 감히 예측해 본다"며 끝을 맺는다.(282쪽)

　　중의적 의미가 있겠지만 책의 영어 제목이 "기지의 조우(Base

2016년 8월 23일 경기도 용인. 태극기와 성조기가 나란히 걸려 있다.(출처: dvidshub.net)

Encounters)"이듯, 저자는 한미 동맹의 군사화된 환경에서 주한미군과 무수히 이질적인 존재들의 스침을 다룬다. 왜곡을 무릅쓰고 간단하게 줄이자면 저자는 과거 기지촌에서의 미군 범죄를 둘러싼 폭력적 상상이 21세기 한국에서 물리적이고 상상적인 경계를 넘는 증폭을 거친 결과 한국의 젊은이들에게 한미 동맹에 관한 반감, 변화된 복잡한 감정을 만들어 냈다고 주장한다. "지하철에서 아무도 내 옆에 앉고 싶어 하지 않을 때 어떤 느낌인지 아세요?"(217쪽)라고 묻는 미군 병사 파울로의 말이 인상적이다. 함께 있던 또 다른 미군은 "이제 우린 떠날 시간이죠"(217쪽)라며 거들었다. 동맹의 상상력 혹은 적대는 기지촌에만 머물지 않고 홍대로 대표되는 젊은이들의 공간도 잠식하고 있다. 과거 '미국 사람'으로 통칭되던 외국인들은 이제 한국인들의 글로벌 감식안을 통해 영어 강사인지, 엘리트 비즈니스맨인지, 유럽 사람인지, 미군인지 날카롭게 식별되고 있다.

유동하는 기지촌

책의 강점은 이것이다. 저자는 기지촌을 주요하게 분석하지만, 이를 위해 공시적이고 통시적으로 시공간을 횡단하여 기지촌의 유산을 추적한다. 역사적으로 기지촌은 미군 부대와의 접경지대에 위치하면서 퇴폐적이면서 혼종적인 영토로 구획되었고, 동시에 기지촌 바깥의 순수한 국민국가를 가능하게 만드는 '구성적 외부'로 작동했다. 나아가 '윤락행위등방지법'이 제정되면서 공식적으로 성매매가 금지된 1961년의 이듬해, 기지촌은 여타 성매매 집결지와 함께 104개의 성매매 허용 특정 구역으로 분류되어 한국에서 사실상의 공창으로 여겨졌다. 하지만 한국 사회 전반에 세계화의 바람이 불고 나아가 기지촌의 혼종성이 하나의 이국적 지역 문화 상품의 역할을 하게 되면서 기지촌은 더는 섬처럼 고립되지 않게 되었다. 특히 2000년대 들어 한국에서의 전반적인 부동산 가격 상승과 함께 각종 재개발 열풍이 시작되면서 과거 '기지촌의 그늘'은 저평가된 부동산의 미래 가치로 번역되기 시작했다.* 태생적으로 기지촌은 기지촌 바깥의 사람과 공간의 교차 속에서 형성되고 의미를 가졌음에도 대체로 기지촌에 관한 연구는 이렇게 과감한 시공간적 횡단을 시도하지 못했다. 많은 기지촌 연구들은 특정 시기, 구획화된 기지촌 지역 혹은 서사 분석에만 머물렀다.

　부연하자면, 책에 등장하는 '활동가 김 씨'는 바로 나다. 저자가 현장 연구를 하던 시기 나는 이태원 기지촌에서 여성 단체 활동가로 일하고 있었는데 이때 우리 단체로 찾아온 저자를 만나 교류하며 이태원 지역과 '양키 클럽'이라 불리는 기지촌 술집의 여성

---

* 김주희, 「미군 기지촌에 대한 기억의 정치와 변모하는 민족주의」, 《한국여성학》 33(4), 2017, 39-76쪽.

들을 저자에게 소개해 줬다. 이태원은 과거 기지촌으로서의 호황기를 지나 9·11 테러 이후 테러를 우려한 미군 당국의 단속과 서울 전역의 글로벌화로 더는 많은 미군이 찾지 않는 쇠락한 지역이었다. '아직 떠나지 못한' 한국 여성들이 주로 이주민 남성과 가격을 흥정하며 어렵게 생계를 이어 가던 당시, 이태원 클럽 여성들의 주된 불만은 '미군들이 홍대에 나가서 공짜 섹스를 즐긴다'는 것이었다. 홍대의 젊은 여성에 대해 말할 때 이들은 주눅 들다가도 이내 '그래도 우리는 영어를 할 수 있다'고 응수했다. 미군들이 화장실에 가고 싶으면 어떻게 할 것이냐며, 여기 이태원에서만 '토일렛'을 알려 줄 수 있다고 여성들은 목소리를 높였다.

　기지촌 여성들은 홍대의 젊은 여성들을 알지 못했다. 그런 점에서 기지촌에서도 홍대에 관한 상상이 작동한다. 이러한 상상의 오작동과 조우는 기지촌을 21세기에도 여전히 기지촌으로 남게하는 중요한 힘이다. 저자는 기지촌을 둘러싼 사람들과 상상이 기지촌의 경계를 넘어 다방향으로 이동하며 교차하는 장면을 잘 보여 주지만, 기지촌 여성들과 그들의 상상력은 어디로 이동하는지, 혹은 이동하지 않는지, 그 이유는 무엇인지 잘 드러나지 않는다. '마마상'도 없고, 개발업자도 없고, 집주인도 없고, 일수쟁이도 없는 기지촌에서 여성들은 오직 미군과 대면하는 것으로 분석된다.

　책에서 기지촌 여성들의 삶과 노동을 분석하는 데 사용되는 이론적 키워드는 '몰두'와 '사랑의 노동'인데, 이는 모두 미군과의 관계를 설명하는 개념이다. '몰두(preoccupation)'는 '먼저 점령하다'라는 군사주의적 의미를 함축하면서 "기지촌 여성이 미군과의 강렬한 감정적·성적 만남을 만들어 내고 유지하려는 모습"(158쪽)을 포착하는 단어로 사용된다. 기지촌에 고립되었던 모든 것이 기지촌의 경계를 넘어 유동하는 현실에서 이러한 기지촌 여성의 몰두의 정동은 어디로 이동하는지 질문하지 않을 수 없다. 몰두라는 개념이 유용하려면 21세기 유동하는 기지촌을 여성들에게 여전히 고립된 장소로 오인하게 만드는 다양한 사람들과 문화경제적 장치를 드러내는 분석이 필요하다. 중요한 것은 아직 가지 않은 '낡은 것'을 어떤 시선으로 볼 것인지의 문제이다.

'낡은 것'에 관한 에스노그라피

우리는 현재 우크라이나 전쟁으로 격화된 신냉전 질서를 목도하지만, 이보다 앞선 현실의 '동맹의 풍경'에 관한 이 책은 냉전 체제의 종식 이후에도 종식되지 않는 냉전 헤게모니의 균열과 착종을 주한미군을 통해 기록한다는 점에서 포스트 냉전 시대의 보고서에 가깝다. 1991년 소련이 해체되면서 냉전 종식이 선언되었지만, 이는 어디까지나 '세계적 차원'의 진단이었다. 신냉전을 통해 냉전은 종식된 적 없다는 사실이 명확해졌고, 이런 의미에서 포스트 냉전과 신냉전은 베네딕트 앤더슨이 말한 '기원적 현재(originary present)'를 드러낸다. 물론 신냉전은 재냉전, 다시 말해 과거의 반복이 아니라 미국적 자유주의의 위기라는 맥락과 불안정한 국제 질서 속에서 새로운(new) 혹은 변형된(neo) 모습의 질서를 드러내는 것이다.* 그러므로 포스트 냉전과 신냉전은 모두 과거를 반추하는 술어적 표현을 넘어 현재를 구성하는 '낡은 것'의 위기에 관한 비판적이며 전환적인 사고를 요청하는 정치적 진단이어야 할 것이다.

　전술했듯, 책의 부제는 "주한미군이 불러온 파문과 균열에 대한 조감도"인데 이때의 '조감'은 새의 시선(bird's eye view)을 의미한

---

* 이유철, 「자유주의와 신냉전: 미국의 자유주의가 마주한 현실과 비서구성」, 《뉴래디컬리뷰》 6, 2022, 31-49쪽.

다. 이는 '동맹의 풍경'을 높은 곳에서 전체적으로 조망한다는 의미를 담고 있지만, 그 위치성 역시 다시 질문할 수 있을 것이다. 이와 관련하여 다소 긴 문장이지만, 흥미로운 문장이 있어서 아래 간단히 옮겨 보았다.

> 기지촌 문제에 관여한 주요 단체 활동가들은 반성매매 입장을 고수했고, 지금도 마찬가지다. 이들의 관점으로 보면, 미군기지 근처에서 성 산업에 종사하는 여성들은 명확한 피해자다. 성매매는 완전히 금지되어야 할 일이기 때문이다. 오늘날 성매매를 다루는 한국 단체에 널리 퍼져 있는 반성매매 관점에 대해 인류학자 실링 쳉은 비판의 목소리를 낸다. 그의 비판은 전 세계에서 성매매를 연구하는 많은 사회과학자나 활동가의 주장과 유사한 지점이 많다(……). "무력함과 불행에만 초점을 맞추면 시민권과 정치권에 명시된 자율성 있는 개인을 재생산할 뿐, 여성을 취약하게 만든 경제적·사회적·문화적 권리에 대한 논의는 주변화되고 만다(……)."(137쪽)

나는 저자가 '한국과 세계', '활동과 연구', '피해와 권리'를 배치하는 방식에 문제의식을 느낀다. 그것은 '반성매매인가, 성노동인가'의 해묵은 논쟁에 관한 이야기가 아니다. 오히려 이러한 해묵은 이항 대립과 연동하여 세계에 속하지 못한 한국, 이론이 되지 못하는 활동, 권리가 될 수 없는 피해의 장소로서의 현장은 자동적으로 '낡은 것'을 대표하는 사례로 전락한다.

인용문으로부터 이어진 다음 장에서 여러 기지촌 거주 외국인 여성들의 사례가 등장한다. 많은 이들이 취업 사기, 임금 체불, 인신매매, 성폭력 등의 문제를 호소하고 있다. 기지촌 현장 활동 단체를 통해 저자가 이들을 만났을 테니 모집단의 한계가 있었을 것

이다. 그러나 저자는 이러한 현실의 목격자이기도 하다. 자신이 목
격한 현실에 대한 분석은 어디로 가고, 21세기 한국 사회에서 과
거의 '낡은 것'은 모두 복잡하게 분기하며 교차하는 가운데, 왜 여
성운동 단체만 서구의 이론과 괴리된 채 과거에 머물러 있다고 상
상되는지, 설명이 더 필요한 부분이다. 여성운동은 왜 현장의 지식
이 되지 못하는지, 이때 여성운동은 무엇인지, 저자가 직접 인터뷰
한 피해를 호소하는 여성들의 목소리는 "경제적·사회적·문화적 권
리에 대한 논의"(137쪽)와 동떨어진 것인지, 집요한 성찰을 요구한
다. 전국적으로 성매매 집결지 재개발 국면을 지나며 재벌 기업에
서 그려 낸 화려한 빌딩의 조감도는 현재 한국에서 '낡은 기지촌'
이 '금싸라기 땅'으로 개발될 수 있다는 국민적 희망의 상상력을
직관적으로 제공하고 있다. 멀리서 관망하는 시선만으로는 우리
가 마주한 '낡은 것'의 위기에 개입하는 비판의 정치학이 만들어
지기에 역부족일 것이다.

　　오히려 책에서 흥미롭게 다가온 부분은 낡은 것은 가지 않고
새것도 아직 오지 않은 어정쩡한 궐위기(interregnum)에 청년들의 정
체성 변화를 예견한 부분이었다. 미국에 호의적이었던 한국인에
게 어쩌다 반미주의가 널리 퍼졌는지 질문하는 이 책은 초지일관
한국의 남성 청년들을 호기심 어린 눈으로 관찰한다. 홍대 놀이터
의 반군사주의 아나키스트 펑크족은 2000년대 중반 미군기지 이
전을 둘러싼 싸움이었던 '평택 대추리 투쟁'에 참여한 적이 있는
데 오히려 그 투쟁 현장에서 엘리트 학생운동가들과 농민 사이에
서 자신들이 "외국인" 같았다고 술회했다.(259쪽) 그리고 홍대에
돌아와 이들은 미군과 다시 만나는데 이 미군들이 저학력에 "고향
에서는 불쌍한 놈"이며, 자신들과 "같은 노래"를 듣는다는 사실에
복잡한 감정을 느끼면서 유흥지를 다시 공유하게 된다.(262쪽) 대

추리 투쟁에서 돌아와 홍대에서 다시 미군과 함께 어울리는 이들 사이에 놓인 어색한 거리감은 낡은 틀로는 설명이 어렵다.

　‘여성가족부 폐지’라는 대통령 후보의 공약과 함께, 다시 ‘용산 시대’를 마주하며, 현재의 권력 질서는 청년들의 이 어색한 거리감을 어디로 견인하는 것일까? 군사주의에 대한 비판적 이해가 불충분할 때 미군 주둔에 반대하는 투쟁은 종종 민족주의적 패권 경쟁으로 회귀한다. 순수한 민족에 대한 상상은 여성의 성에 대한 통제를 전제하기에 민족주의는 언제나 남성들의 전유물이었다. 남성들의 힘겨루기는 헤게모니를 쥔 남성을 중심으로 한 연맹으로 어렵지 않게 전환될 수 있기에 ‘양공주’라는 낡은 멸칭이 시공간을 거슬러 다시 홍대에 등장했다. 반미(反美)도 친미(親美)도 여성과 적대하기에, ‘용산 시대’는 비교적 손쉽게 도래했을 것이다.

　‘힘센 형제들’의 블록으로 동맹이 의미화되어 현실의 자유주의 체제의 위기를 봉합하는 수단이 될 때 형제가 되지 못한 내부의 이질적 소수자들은 손쉽게 동맹의 장애물, 나아가 적으로 지목될 것을 예견할 수 있다. 그러므로 ‘낡은 것’의 에스노그라피는 더욱 적극적인 젠더 분석을 요구한다. 또한, 마침내 도래할 ‘새것’을 기대하게 만든다는 점에서 『동맹의 풍경』은 좋은 연구임이 틀림없다. 서리북

김주희
여성주의 정치경제학 연구자, 덕성여자대학교 교수. 『뉴래디컬리뷰』 편집위원이며, 반성매매인권행동 이룸 운영위원, 맑스코뮤날레 집행위원으로 활동 중이다. 여성주의 관점에서 섹슈얼리티 산업과 현대 자본주의 변화에 관한 비판적 연구를 진행하고 있다. 『레이디 크레딧』, 『불처벌』(공저), 『페미돌로지』(공저) 등을 썼다.

📖 **1970년대 한미 양국 간의 외교, 군사 정책으로 인해 기지 주변 여성의 삶은 어떻게 변화하는지 다룬 페미니스트 국제정치학 연구서이다. 한미 동맹이 구축되는 가운데 여성의 몸과 섹슈얼리티를 동원하여 제도화된 군사 매춘 체제를 만들어 내는 과정을 많은 양의 자료를 기반으로 탐구한다.**

"한·미 안보 관계의 변화로 야기된 정화 활동은 또한 한국 사회에 기지촌 매매춘을 확고하게 제도화하고 합법화하는 결과를 가져왔다. 여성들에 대한 규제는 느슨하게 조직되어 있던 개별 기지 차원이 아니라 한국 보건사회부에 의해 관리되는 체계적인 운영으로 바뀌었다." — 책 속에서

『동맹 속의 섹스』
캐서린 H. S. 문 지음
이정주 옮김
삼인, 2002

📖 **1985년 처음 출판된 책으로, 성차별주의와 전쟁의 체제를 본격적으로 논한 페미니스트 국제정치학의 고전적 연구서이다. 군사주의와 가부장제의 착종에 관한 근본적인 인식을 제공하여 페미니스트 평화운동의 가능성을 제시한다.**

"군사주의적 개념과 가치는 국민국가 체제를 만드는 데 기본이 되는 패러다임인데, 국가에 내재된 구조와 실천으로서의 가부장제가 이를 유지시킨다." — 책 속에서

『성차별주의는 전쟁을 불러온다』
베티 리어든 지음
정희진 기획·감수·해제
황미요조 옮김
나무연필, 2020

THE

SECRETS

WE

KEPT

우리가 간직한 비밀

라라 프레스콧 장편소설 | 오숙은 옮김

『우리가 간직한 비밀』
라라 프레스콧 지음, 오숙은 옮김
현암사, 2020

『닥터 지바고』와 냉전의 비밀

권보드래

'라라의 테마'를 기억하시는지. 러시아 악기 발랄라이카의 선율이 끊어질 듯 이어지는 가운데 절제된 클라이맥스가 스치는 그 곡조 말이다. 어디서든 그 음악을 들으면 눈 덮인 정결한 평원을 연상하게 된다. 러시아, 혁명, 사랑. 아, 유리 지바고와 라라 안티포바. 그들을 만났던 건 소설 속에서였나 영화 속에서였나? 오마 샤리프와 줄리 크리스티의 얼굴을 떠올리다가, 소설의 몇몇 구절을 기억해 내기도 하다가, 사뭇 멜랑콜리해지고 만다. 젊은 시절이었어. 그들도 참 젊었고. 라라를 떠나보낸 후 얼어붙은 창문을 깨고 그 뒷모습을 바라보던 유리의 표정이라니. 그가 빨치산 부대에서 도망 나와 설원을 헤매는 장면에서는 내 몸마저 얼어붙는 것 같았지. '닥터 지바고', 정말이지 기념할 만한 소설이고 영화야.

『우리가 간직한 비밀』과 『닥터 지바고』

라라 프레스콧의 『우리가 간직한 비밀』은 추억의 명작 『닥터 지바고』를 중심에 둔 소설이다. 그렇지만 『우리가 간직한 비밀』이 『닥터 지바고』를 다루는 방식은 경의나 애상과는 거리가 멀다. 대신 라라 프레스콧은『닥터 지바고』를 '냉전의 책'으로서 주목한다. 한편으로는 보리스 파스테르나크가 소설을 쓸 무렵의 소련을 소묘하고, 다른 한편으로는 파스테르나크에 주목했던 미국 중앙정보국(CIA)의 첩보 활동을 서사화함으로써. 이를 위해 작가는 '동'과 '서'의 이야기를 번갈아 교차시킨다. '동'의 초점이 되는 것은 파스테르나크의 연인이었던 올가 이빈스카야, '서'의 초점이 되는 것은 CIA 직원 이리나 드로즈도바와 샐리 포레스터다.

　『우리가 간직한 비밀』에서 동과 서의 여성들은 서로 한 번도 만나지 못한다. 그럼에도 이들은『닥터 지바고』에 의해 연결돼 있다. 올가는『닥터 지바고』집필을 저지하려는 당국의 개입 때문에 고초를 겪고, 이리나와 샐리는『닥터 지바고』원고를 입수하고 번역·출판·유통시키려는 CIA 작전에서 활약한다. 이 셋뿐 아니라『우리가 간직한 비밀』에 등장하는 많은 이들이『닥터 지바고』때문에 밀의(密議)를 거듭하고 위험을 무릅쓰고 막대한 돈을 쓴다. 대체『닥터 지바고』가 어떤 책이었길래 그런가? 작가 파스테르나크가 얼마나 대단한 인물이었기에 그랬던가?

　파스테르나크는 사랑받는 시인이자 엇박자의 순진성으로 유명한 저명인사였다. 그는 혁명 직후 러시아에서 "폐결핵이라도 치료할 법한" 신선한 서정시로써 대중을 매혹시켰고, 1930년대 이후로는『햄릿』,『파우스트』등의 번역가로 활약했으며, 스탈린의 애호를 받았으되 권력에 굴종하는 태도를 보이지 않았다. 그야말로 '수용소 군도(群島)'였던 스탈린 시기의 소련, 공포 정치는 작가들에 대해서도 예외가 아니었지만, 파스테르나크는 외적으로나 내적으로나 그 최종적 낙인을 피한 듯하다. 1,500명 넘는 작가들이 구금·처형됐다는──소설가 조명희도 그중 한 명이었다──그 시기, 파스테르나크는 20년 가까이『닥터 지바고』집필에 매달린다.

보리스 파스테르나크(왼쪽)와 올가 이빈스카야(오른쪽). 파스테르나크의 사진은 노벨 문학상 지명 소식을 들은 직후의 모습이다.(출처: 위키피디아)

　　『닥터 지바고』는 구상과 집필 단계에서부터 유명했다고 한다. 파스테르나크가 시인 티치안 타비제가 남긴 원고지에 소설을 쓰기 시작한 것은 타비제가 처형당한(1937년) 직후. 그는 벗들과 함께 소규모 초고 낭독회를 갖곤 했고, 그것이 삶의 유일한 동력인 양 소설에 골몰했다. 그 사이 스탈린이 죽었다. 마침내 소설이 완성되어 출판을 타진하기에 이른 것은 1956년. 바야흐로 '저항의 해'였다. 스탈린의 공포 정치에 억눌려 있던 다양한 목소리가 표현되고 미래에 대한 낙관적 기대가 고조되던 무렵이다. 그러나 '해빙'은 혼미하고 불완전했다. 헝가리의 '부다페스트의 봄'이 초겨울 들어 폭력적으로 압살될 무렵,『닥터 지바고』는 결국 출판 허가를 얻는 데 실패한다.

라라, 라라, 라라

『우리가 간직한 비밀』에는 적어도 세 겹의 라라가 존재한다. 작자인 라라 프레스콧,『닥터 지바고』의 라라, 그리고 라라의 모델로 알려진 올가. CIA의 이리나 드로즈도바 역시 또 한 명의 라라다. 러시아 이민자 가정 출신인 이리나는 『닥터 지바고』의 라라처럼 재봉일로 생활을 꾸려 가는 홀어머니 아래서 자라났고, 올가의 딸과 같은 이름을 갖고 있으며('이라'는 이리나의 약칭이다), 20세기 후반의 라라로서 (일종의) 전장 속 성애의 모험을 겪는다. 『닥터 지바고』가 라라의 성장 소설이듯 『우리가 간직한 비밀』은 이리나의 성장 소설이다. '동'의 올가와 '서'의 샐리가 30대로서 개성과 관계가 이미 형성된 존재들인 반면, '동'에서 '서'로 이동한 이리나는 20대 초반으로 막 자기를 발견해 가는 단계에 있다.

당연히 『우리가 간직한 비밀』의 일차적 초점은 이리나다. 소설 분량상 차지하는 비중은 올가가 좀 더 크지만(올가가 여덟 개 장, 이리나가 일곱 개 장, 샐리가 다섯 개 장이다), '서'의 서사가 '동'의 서사보다 한결 드라마틱한 가운데 이리나가 그 서사를 이끈다. CIA 면접을 보고, 타자수로 근무를 시작하고, 첩보전 요원으로 발탁돼 『닥터 지바고』작전에 투입되고, 다른 한편으로는 촉망받는 상급 요원과 연애·약혼의 단계를 밟는가 하면 사수(師授) 샐리를 선망·모방하다 차츰 그에 대한 열정을 깨달아 간다. 작가가 인물별로 제시하는 정체성의 궤적은 얼핏 올가가 더 복잡한 듯 보이지만(뮤즈-수용소의 여인-특사-어머니-우체국장-과부나 다름없는 여인) 이리나의 변모(지원자-배달원-수녀-학생)는 훨씬 근본적이고 심대하다.

『우리가 간직한 비밀』을 소설로서 떠받치는 기둥 역시 이리나다. 올가가 『라라의 회상』(올가 이빈스카야 지음)이라는 수기에서, 샐리가 『스파이들의 자매애(*Sisterhood of Spies*)』(엘리자베스 매킨토시 지음)와 『라벤더 공포(*The Lavender Scare*)』(데이비드 존슨 지음)라는 연구서에서 솟아난 인물에 가깝다면, 이리나는 저자 라라 프레스콧의 순수한 상상의 산물이다. (『닥터 지바고』 관련 CIA 비밀문서에 복수의 '이리나'가 등장하기는 한다.) 독자는 이리나와 더불어 땀에 젖는 블라우스를 걱정하고, 슈퍼마켓에서 구매한 채소를 러시아인 청과물상 것인 양 어머니에게 내밀고, 고급 레스토랑에서의 매너에 긴장하며 자유분방한 파티에서 어리둥절해한다. 집세를 염려하고 이웃을 위한 의상 제작을 돕거나 어머니의 투병과 죽음을 감당하기도 한다.

미모에 소극적인 이리나는 여성 스파이에 대한 상투적 편견에 부합하지 않는다. 1차 세계대전기의 마타 하리—그를 독일 이중 첩자라는 혐의로 처형한 것은 희생양 조작에 가까웠다고 알려져 있다—부터 여성-첩자는 으레 팜프파탈로 표상되곤 했지만, 이리나의 역할은 유혹이나 극적 모험이 아니라 눈에 띄지 않는 '배달'이다. 심지어 변장했을 때 역할도 수녀나 학생이다. 수동적으로 첩보전에 끌려 들어간 이리나는 "비밀을 가진다는 (……) 짜릿함"(167쪽)을 느끼면서도 국가 첩보 기계의 톱니바퀴로 기능할 뿐, 작전의 전모를 알지도 못하고 그 의미를 따지지도 않는다.

대신 '서'에서 여성 스파이로서 존재감을 과시하는 것은 샐리다. 그는 CIA와 그 전신 OSS(전략사무국)에서의 여성의 역사를 상징하는 인물이다. 세대론적으로는 "『보물섬』과 『로빈슨 크루소』를 읽으며 자랐고 (……) 우리 몫의 모험적인 삶을 주장하기 시작"(100쪽)한 새로운 여성, 즉 여성 참정권이 보편화되고 여성의 사회 진출이 본격화된 시대의 존재다. 그는 2차 세계대전기 OSS에 입문, 이리나와 마찬가지로 처음에는 타자수로 동남아 전선에 파견됐다가 첩보전에 발탁된다. (실제로 OSS는 여성 인력을 본격 고용한 최초의 국가 기관 중 하나로 알려져 있다.)

CIA 타자수들 사이 평판에 따르면, "샐리는 남자들이 하듯 말했고, 남자들은 그녀의 말을 들었다."(327-328쪽) 샐리는 2차 세계대전기 첩보전에서 동성애적 모험 또한 편력했고, 종전 후 타자와 문서 관리 직무로의 복귀에 순응하지 않았다. "그녀의 진정한 힘은 남자들이 부여한 역할은 절대 받아들이지 않는다는 거였다. 남자들은 그녀가 예쁘게 꾸미고 입 닥치고 있기를 원했을지 몰라도, 그녀에겐 다른 생각이 있었다."(328쪽) 『우리가 간직한 비밀』에서 이리나의 성장은 "샐리와 많이 비슷"해지는 경로, 그럼으로써 "무시할 수 없는 여자"가 되는 경로를 밟는다.(325쪽)

CIA가 만든 책, 그 위대성의 회로

『우리가 간직한 비밀』은 소련 국내에서 금지된 『닥터 지바고』가 어떻게 세계적으로 출판·유통되고 유명해졌는지, 어떻게 파스테르나크가 1958년 노벨 문학상 수상 작가로 지명되기에 이르렀는지를 추적한다. 그 중심에 놓여 있는 것이 샐리와 이리나가 관여된 냉전의 첩보전이다. 샐리는 유럽에 파견돼 『닥터 지바고』 이탈리아어 번역본을 입수하고, 이리나는 수녀로 변장한 채 러시아어 판본의 유통을 돕는다. 실제로 냉전의 역사가들에 의해 밝혀진바, CIA는 『닥터 지바고』 원고를 구하기 위해 영국 첩보기관 M-16과 협력했고, 네덜란드 정보기관 BVD와 공조해 러시아어 판본을 출간했으며, 브뤼셀 세계청년축제(1958년 9월)에 모여든 소련 관광객들에게 그것을 은밀히 배포함으로써 소설의 소련 내 유통을 자극했다.

　　1950년대의 냉전은 군사·경제·기술의 대결이기에 앞서 문화적 경쟁이었다. 2차 세계대전 당시의 연합을 파기한 후, 미국과 소련은 자국 영토에서 벌어지는 전면전을 한사코 피하면서도 국지적 열전(熱戰)을 획책하고 후원했으며—한국전쟁과 베트남전쟁은 그 일부였을 뿐이다—한편으로는 각 체제의 우월성을 선전함으로써 상대를 분열시키고 세력 확장을 꾀했다. 문화와 예술과 책이 그 핵심에 있었다. 『우리가 간직한 비밀』에 등장하는 CIA 요원(이자 이리나의 약혼자) 테드 헬름스는 "그 시절 우리는 책이 무기가 될 수 있다고, 문학이 역사의 흐름을 바꿀 수 있다고 믿었다"(188쪽)고 독백한다.

실제로 1950-1960년대를 통해 CIA는 1,000권 이상의 책 출판에 개입한 것으로 알려져 있다.* 아이비리그 출신 엘리트 사이에서 CIA에 들어가려는 열풍이 치열했다던 시절이다. 이들 고학력 엘리트들은 "예술은 자유국에서만 번성할 수 있다는 것, 이제 서방이 문학의 제왕이 되었다는 것"(173쪽)을 냉전기 문화 선전의 핵심으로 삼고자 했다. 반(反)사회주의적 가치의 예술을 선별하고 지원하는 데 어찌나 열심이었던지, "CIA야말로 1950년대 미국 최고의 예술 평론가"**였다는 평가가 있을 정도다. 추상 회화와 무조 음악과 모더니즘 문학이 CIA의 후원하에 번성했다.

『닥터 지바고』작전은 CIA의 문화 공작 중 가장 성공적인 작전이었다. 『닥터 지바고』는 출간 금지 상태에서 먼저 해외로 반출돼 출판되고 소련으로 역수입됨으로써 전 세계적 문제작이 되었다. CIA는 이 과정에서 최초의 이탈리아어 출판 외 거의 전 국면에 개입했다. 『닥터 지바고』야말로 'CIA가 만든 명작'이라고 해도 과언이 아니다. 『닥터 지바고』를 쓴 것은 물론 파스테르나크지만, CIA의 개입이 없었다면 소설의 영향력은 훨씬 미약했을 것이다. 파스테르나크의 노벨 문학상 지명도 상상하기 어려웠을 터이고, 러시아어 판본은 아예 존재할 수 없었을지도 모른다. 소련에서 『닥터 지바고』는 1989년에야 정식 출판됐으니 말이다.

---

* 프랜시스 스토너 손더스, 유광태·임채원 옮김, 『문화적 냉전』(그린비, 2016), 418쪽.
** 같은 책, 442쪽.

CIA에 의해 출판된 『닥터 지바고』 러시아어 판본의 사본.(출처: 위키피디아)

『닥터 지바고』가 과연 위대한 문학인지는 또 다른 문제다. 2023년에 읽어 본 『닥터 지바고』는 기억과 크게 다르다. 어렴풋한 기억에 유리 지바고는 혁명의 실제를 비판하면서도 조국과 인민을 사랑하는 진보주의자였고, 라라 안티포바는 시대적·개인적 고초 속에서 자신이 선택한 사랑을 용감하게 지키는 낭만주의자였건만, 다시 만나 보니 유리는 유약하고 라라는 맹목적이다. (전에 제대로 읽긴 읽은 걸까? 책을 산 기억은 뚜렷한데.) 문학사 속 한 대목이 딱 적확해 보인다. "역사적 관점에서 볼 때 그의 인생은 실패했다. 심지어 의사로서 그는 의술도 사용하지 않는다. 그는 두 가정을 이루고 있지만 어느 한쪽도 돌보지 않는다."*

---

* 에드워드 J. 브라운, 김문황 옮김, 『현대 러시아 문학사』(충북대학교 출판부), 2012,

두 가정이라고? 아니, 결말에서는 세 가정이다. 아내 토냐를 돌보지 못해 홀로 국외 추방되게 만들고, 애인 라라를 가스라이팅-강간이라는 악연(惡緣)의 파렴치한에게 '양보'한 후, 모스크바에서 유리는 전신국원 마리나와 결혼해 딸 둘을 낳는다. 그러고는 상투성과 진부어의 세계에 질려 가족을 떠나 은둔해 버린다. "언제나처럼 (……) 하늘에서 떨어진 듯"(『닥터 지바고』 2권, 421쪽)* 나타난 이복동생 예브그라프의 후원에 힘입어서다. 그의 새 아내는 "오랫동안 진정하지 못했지만 유리 안드레예비치의 옛 괴벽에 익숙했던 터라 결국은 이 돌발 행동도 받아"(『닥터 지바고』 2권, 421쪽)들인다.

올가 이빈스카야의 파스테르나크

『닥터 지바고』를 반페미니즘적 소설로 낙인찍자는 뜻은 아니다. 『닥터 지바고』가 위대한 소설이라는 견해가 잘못됐다고 주장하려는 것도 아니다. 『닥터 지바고』는 우연의 남발이 심각한 수준이지만—유리가 죽어 누워 있는 방에 우연히 라라가 들른다는 마지막 대목에선 거의 '뿜을' 뻔했다—물질적 인과관계 너머 '마법과 기적'을 추구하려는 취향에 설득력이 없는 것은 아니고, 유리 지바고의 나르시시즘적 예술주의는 당황스럽더라도 그가 '개인'과 '삶'의 가치로써 현실에 맞서는 방식은 마음을 동요시킨다.

혁명기 러시아에서 (그리고 파스테르나크가 소설을 쓰던 1940-1950년대 소련에서) 혁명을 "삶이 아니라 뭔가 전례가 없는 환상, 얼토당토않은 것"(『닥터 지바고』 2권, 27쪽)이라고 주장하다니. 폭력에 반대하고 개인의 혁명이 공통의 혁명에 우선한다고 주장하다니. 『닥터 지바

380쪽.

* 이 글에서 인용한 한국어 판본은 보리스 파스테르나크, 김연경 옮김, 『닥터 지바고』 1, 2(민음사, 2019)이다. 이후에는 별도 각주 없이 본문에서 해당 권, 쪽수만 표기한다.

고』는 순진해서 어리석고 정의로워서 잔인한 다양한 인간 군상을 조명함으로써 "자기 견해의 가치에 대한 믿음 (……) 자유분방한 활기"(『닥터 지바고』 2권, 280-281쪽)만이 혼란 속 푯대가 될 수 있음을 역설한다. 유리 지바고와 라라 안티포바는 오직 개인적 삶의 정직한 드라마로써 역사적 격동기를 살아간다. 이들은 유·소년기의 고통에도 불구하고 삶을 열렬히 사랑하며, 각자 배우자가 있음에도 새로운 사랑에 투신하기를 주저치 않는다.

『닥터 지바고』는 파스테르나크의 자전적 소설로 알려져 있다. 파스테르나크는 유리 지바고와 얼마나 같고 달랐을까? "대체 왜 내가 모든 것을 알아야 하고 그 모든 것 때문에 고군분투해야 합니까? 시대는 나를 염두에 두지도 않고 자기가 원하는 것을 나에게 강요하는데요"(『닥터 지바고』 1권, 405쪽)라고 반발했던 그 사내와? 또는, 유고시에서 "사는 것이 병마보다 더 역겨울 때/너는 파멸로 가는 걸음의 축복,/아름다움의 뿌리는──용기"(『닥터 지바고』 2권, 501쪽)라고 읊었던 그 시인-의사와? 『내가 간직한 비밀』은 파스테르나크의 애인 올가 이빈스카야의 시점을 택함으로써 이 문제에 접근한다.

실존 인물이었던 올가는 『내가 간직한 비밀』 초반부에 신문당하고 수용소에 끌려가는 상황 속에서 등장한다. 스탈린이 파스테르나크는 건드리지 말라고 했던 까닭에 시인 대신 고초를 겪는 것이다. 4년 후 귀가해서도 올가는 언제든 체포당할 수 있다는 두려움과 더불어 살아간다. 파스테르나크에 대한 사랑은 단단하지만, 사생활에서 '정부(情婦)'라는 지위를 감당하고 시인의 우유부단과 충동적 결정에 흔들려야 하는 부담도 만만치 않다. 시인의 에이전시 역할을 하고 우편물을 대신 처리하고 저작료 외환을 관리한 대가 또한 혹독하다. 올가는 시인이 죽은 후 불법 외환 거래를 이유로 다시 수용소행에 처해진다.

『우리가 간직한 비밀』은 파스테르나크를 선량하지만 유약한 작가로서 재현한다. 그는 아내와 올가 사이에서 혼란스러워하고, 문학의 권리를 옹호하면서도 공포 정치와 타협하며, 순수하지만 세상 물정에 어둡다. 그와 올가의 사랑에 있어 관계의 부담은 오직 올가의 몫이다. 그림자이자 보조자라는 위치에 고뇌하고, 어머니로서의 역할을 힘겹게 감당하고, 문학에 대한 그 자신의 욕망을 순응시켜 가는 것을 포함해서 말이다. 그렇지만 올가는 모든 상황을 정면에서 감당해 냄으로써 삶의 능력을 고양시킨다. 파스테르나크가 죽은 후 체포됐을 때 올가의 마지막 말은 이렇다. "나는 이름 없는 번호가 아닙니다. 나는 사라지지 않을 겁니다."(483쪽)

'동'과 '서'의 여성들, 퀴어 로맨스를 믿을 수 있는가

『우리가 간직한 비밀』에서 『닥터 지바고』는 비어 있는 중심이다. 모든 말과 행동이 그것을 둘러싸고 일어나지만 그 자체는 직접 제기되거나 언급되지 않는다. 대신 소설은 올가와 이리나·샐리가 '동'과 '서'에서 시련을 겪으며 각각 어떻게 변화해 가는지에 초점을 맞춘다. 소설이 진행되면서 '동'과 '서'의 여성 서사는 점차 공명도를 높여 간다. 스탈린-흐루쇼프의 소련 대 아이젠하워의 미국, 감금·수용·처형으로 상징되는 '동토(凍土)' 대 성애·소비에의 욕망이 극성스러운 '자유의 땅'. 그 간격에도 불구하고 여성이 겪는 압박과 불공정과 폭력은 대동소이하다. 이들은 젠더적 위계 속에서 무시당하고 차별당하고 가차 없이 버림받는다. 심지어 샐리의 경우 그녀의 동성연애를 약점인 양 움켜쥔 동료 CIA 직원으로부터 강간을 당하기까지 한다.

무시와 차별과 폭력에 저항하는 주인공들의 자세는? 올가는

파스테르나크를 사랑하면서도 그로부터 자립할 자세를 가다듬는
다. 샐리는 국가-남성의 배신에 똑같이 배신으로 응답하며, 이리나
는 자유롭고 분방한 세계에 접촉하면서 결국 이성애-결혼-상류층
이라는 코스에서 이탈해 나온다. 마치 '우연과 운명의 인생'을 살
았던 『닥터 지바고』의 라라 안티포바처럼 올가·이리나·샐리는 험
난한 사건을 통과하면서 자기 자신의 존재와 욕망에 눈뜬다. 이러
한 여성 성장 서사의 핵심에는 이리나-샐리의 퀴어 로맨스가 있
다. 그리고 퀴어 로맨스를 응원하는 집단 주체, 소설에서 총 다섯
개 장을 차지하는 '타자수들'이라는 집체적 서술자가 있다.

　　나로선 『우리가 간직한 비밀』의 퀴어 로맨스에 신뢰가 가진
않았다. 과소-존재했던 퀴어 표상이 과잉-교정되고 있는 요즘, 모
방이나 추수(追隨)로서의 퀴어 서사도 적잖다고 생각하는데, 『우리
가 간직한 비밀』에서 이리나-샐리의 관계가 그렇게 보였기 때문
이다. 내 눈에 샐리는 일종의 '종이 인간'이다. 삶을 구성하는 생생
한 에피소드는 그에 대해 거의 제시되지 않는다. 『우리가 간직한
비밀』에서 1950년대가 풍속과 감각을 통해서가 아니라 사건과
정보를 통해서(〈콰이강의 다리〉, 〈제일하우스 록〉, 〈화니 페이스〉나 『길 위에서』,
『다이아몬드는 영원히』, 『조용한 미국인』 같은 영화·소설 기호의 맥락 없는 산포) 재
현되는 것과 마찬가지로, 샐리는 관계와 내면의 구체성이 아니라
CIA 여성 역사의 알레고리로서 제시된다.

　　『우리가 간직한 비밀』을 페미니즘 소설로 만드는 힘은 이리
나-샐리의 퀴어 로맨스라기보다 '타자수들'이라는 집체적 존재다.
이들은 모호한 '우리'로서 CIA의 역사를 체현하고 그 비밀을 누설
하며 이리나-샐리의 관계를 응원한다. 웅성거리는 소문으로서 이
들의 목소리는 『우리가 간직한 비밀』을 일종의 해피엔딩으로 마
무리한다. 첩보전에서 은퇴한 후 이리나와 샐리는 영국에서 고서

점을 운영하면서 함께 살았다고. 한때 사회적 편견 앞에서 서로에 대한 열정을 지워 버렸지만 20년 늦게 서로에게 이르렀다고. 국가-남성으로부터 자유로운 삶도 아마 가능하리라고. 이중 첩자의 길을 선택했던 샐리의 인생도 '타자수들' 사이 소문에서는 단죄되지 않는다.

『지바고 사건』과 『우리가 간직한 비밀』

『우리가 간직한 비밀』은 출간 전부터 화제였다고 한다. 작가의 첫 소설이었지만 판권 경쟁이 치열했고, 결국 랜덤하우스가 200만 달러에 판권을 샀다고 알려져 있다. 미국에선 단번에 베스트셀러가 됐고, 영화로도 제작되리라고 한다. 실제로도 흥미진진 읽기에 부족함 없는 소설이다. 단, 다큐멘터리-연구서 『지바고 사건(*The Zhivago Affair*)』(피터 핀·페트라 쿠페 지음)이나 수기 『라라의 회고』를 무시한다면. 『우리가 간직한 비밀』이 중심축으로 삼은 CIA의 '『닥터 지바고』 작전'은 2000년대 말 러시아 연구자에 의해 제기되고 2010년대 중반에 영국 저술가들에 의해 확인된 바 있다. 특히 후자의 책 『지바고 사건』은 문서고와 증언 자료를 풍부하게 확보한 것은 물론 파스테르나크의 말과 글을 본문 속에 훌륭히 녹여 내 일종의 문학적 품격까지 획득하고 있다.

자료와 증언과 연구가 풍성하다고 해서 소설의 자리가 없으랄 법은 없다. 예를 들어 드미트리 쇼스타코비치의 회상록 『증언』과 줄리언 반스의 쇼스타코비치 모델 소설 『시대의 소음』은 둘 다 다른 방식으로 압도적이다. 『시대의 소음』은 증언을 교차시키고 재해석하고 시간을 엎치락뒤치락 다루면서 쇼스타코비치라는 인물의 퍼즐을 맞춰 보도록 독자를 초대한다. 그의 불안과 비겁과 굴욕, 그의 재능과 자부심과 추억. 1949년 월도프 아스토리아 호텔에서의 연설처럼 잘 알려진 사건도 『시대의 소음』의 중계를 거치면 "영혼 깊숙이까지 닿은 치통"*처럼 통렬해진다. 물론 모든 소설에 그런 몫을 기대할 수는 없고, 그럴 필요도 없겠다. 사변(思辨)의 긴장만큼 이야기의 재미도 대단한 덕목이 아닌가. 모든 소설이 『시대의 소음』 같다면 그것도 딱한 노릇일 터. 그렇지만 『우리가 간직한 비밀』에서 시대의 숨결이 더 자연스럽고 인물의 성격이 좀 더 생생하길 바라는 것이 꼭 욕심은 아니리라. 라라 프레스콧의 차기작에서는 "이름과 세부 사항들이 검게 지워지고 삭제된 기밀 해제 문서를 보면서, 그 공백을 픽션으로 채워보고 싶다"(491쪽)고 했던 작가의 도전이 좀 더 발본적으로 추구될 수 있다면 좋겠다. 그때까지는 『우리가 간직한 비밀』보다 『지바고 사건』을 편애하고 있을 수밖에. 서리북

---

* 줄리언 반스, 송은주 옮김, 『시대의 소음』(다산책방, 2017), 129쪽.

권보드래
본지 편집위원. 한국 근현대문학 전공자. 현재 고려대 국어국문학과에서 공부하고 가르치고 있다.
지은 책으로 『한국 근대소설의 기원』, 『연애의 시대』, 『1960년을 묻다』(공저), 『3월 1일의 밤』 등이 있다.

📖 『우리가 간직한 비밀』은 올가 이빈스카야 회고록 『라라의 회고』와 관련해 표절 소송에 휘말린 바 있다(승소했다). 『지바고 사건』의 저자들도 소송 충동을 느낀 적이 있을지 모르겠다. 그러나 『시대의 소음』과 관련해 비슷한 시비가 생겨날 수 있으리라는 생각은 들지 않는다. 줄리언 반스는 이 소설에서 스탈린 시기를 살았던 작곡가 쇼스타코비치의 삶을 흔들리는 초점으로, 간결하지만 날카롭게 포착해 낸다.

"겁쟁이가 되기도 쉽지 않았다. 겁쟁이가 되기보다는 영웅이 되기가 훨씬 쉬웠다. (……) 겁쟁이가 된다는 것은 평생토록 이어지게 될 길에 발을 들이는 것이었다. 한순간도 쉴 수가 없었다. 스스로에게 변명을 하고, 머뭇거리고, 움츠러들고, 고무장화의 맛, 자신의 타락한, 비천한 상태를 새삼 깨닫게 될 다음 순간을 기다려야만 했다. 겁쟁이가 되려면 불굴의 의지와 인내, 변화에 대한 거부가 필요했다." — 책 속에서

『시대의 소음』
줄리언 반스 지음
송은주 옮김
다산책방, 2017

📖 김은국, 미국명 리처드 김(Richard E. Kim). 한반도 북녘 출신으로 한국전쟁 직후 미국에 이주했던 작가는 장편소설 『순교자』(1964)로 일약 유명해진다. 이 소설은 한국전쟁기 북한의 기독교 탄압을 소재로 '진실과 구원'이라는 주제를 탐구하는 한편, 정보 장교들을 주인공으로 첩보전의 양상을 다채롭게 풀어내고 있다. 작가 자신의 OSS 활동 경험을 떠올리게 만들기도 한다.

"왜 그 사람들을 속여야 하나? 이미 수없이 속고 속아온 사람들은 무엇 때문에 또 속이는 거야? 그들의 비참한 생에 어쩌자고 거짓말까지 보태는 거냔 말야? (……) 고통스럽더라도 진실이야말로 그들에게 필요한 것이고, 자네들은 그걸 줘야 하는 거야." — 책 속에서

『순교자』
김은국 지음
도정일 옮김
문학동네, 2010

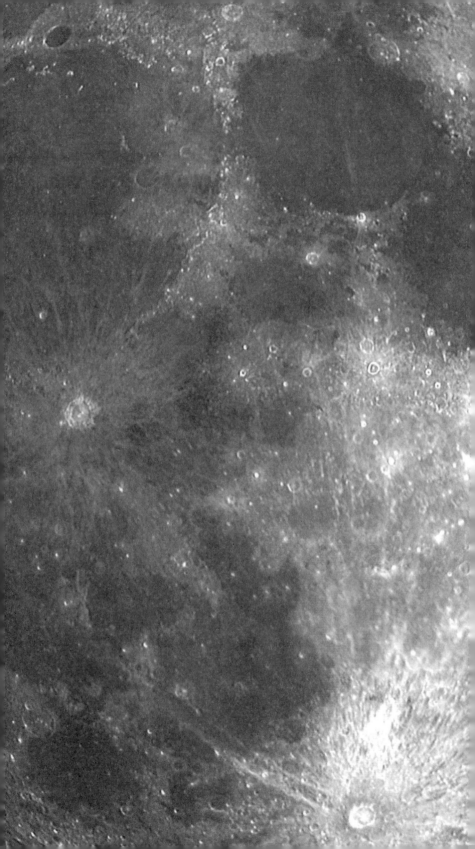

이마고 문디

디자인 리뷰

북 & 메이커

서울
리뷰 오브
북스

크리스토퍼 놀란의 〈오펜하이머〉. (출처: 유니버설 픽쳐스)

과학의 죄를 묻다

홍성욱

크리스토퍼 놀란의 〈오펜하이머〉는 두 개의 서사를 담고 있다. 하나는 우리에게 친숙하고, 영화 전면에 드러나는 프로메테우스 신화 서사이다. 영화는 카이 버드·마틴 셔윈의 책 『아메리칸 프로메테우스』를 원작으로 삼았으며, 프로메테우스가 인간에게 불을 가져다준 죄로 바위에 묶여 고통의 형벌을 받았다는 얘기로 시작된다. 로버트 오펜하이머는 원자폭탄을 만든 로스앨러모스 연구소의 소장을 하면서 세 개의 원자폭탄을 만든 아메리카의 프로메테우스였다. 첫 번째 폭탄은 1945년 7월 16일에 '트리니티'에서 시험 폭발되었고, 두 번째, 세 번째 폭탄이 각각 히로시마와 나가사키에 투하되었다. 당시엔 그 의미와 파장에 대해서 잘 몰랐지만, 시간이 지나며 자신이 저지른 끔찍한 잘못을 인식하게 된 오펜하이머는 로스앨러모스 소장직을 사임하고 원자폭탄의 국제적 관리를 주장한다. 그는 미국 원자력위원회의 과학 자문위원을 하면서 수소폭탄의 개발을 강력하게 반대했고, 그의 반대가 눈엣가시였던 루이스 스트로스 원자력위원회 의장의 음모로 청문회 자리에 서게 되어, 거기서 자신이 젊었을 때 추종하던 공산주의 활동 이력,

친구에 대한 어처구니없는 배신, 불륜 등의 민낯이 낱낱이 까발려
진다. 그의 보안 인가(security clearance)는 취소되고, 그는 모든 공직에
서 쫓겨난다. 조국을 위해 봉사했던 오펜하이머는 조국에 의해
버림받은 것이었다. 아메리칸 프로메테우스에게 내려진 아메리
칸 형벌이었다.

　　프로메테우스 오펜하이머는 우리에게 친숙하다. 영화의 말미
에도 잠깐 등장하지만 오펜하이머는 사망하기 전에 명예 회복이
이루어진다. 프로메테우스가 헤라클레스에 의해 구출되었듯이,
그에 대한 형벌도 중단되었다. 관객은 오펜하이머라는 복잡한 인
물과 그가 살았던 당시의 모순적인 상황을 간접 체험하고, 그를 이
용하고 내친 국가에 대한 냉랭한 감정과 함께 오펜하이머에 대해
서는 일말의 동정심을 가진 채로 극장을 나올 것이다. 영화에 대한
기존의 평과 주변에서 영화를 본 지인들의 얘기를 들어 봐도 이와
크게 다르지 않다.

　　나는 여기서 영화 〈오펜하이머〉가 이런 친숙한 서사와는 다
른, 어찌 보면 정반대의 서사를 품고 있음을 드러내려고 한다. 이는
오펜하이머의 죄, 물리학자의 죄, 과학의 죄를 캐묻는 서사이다. 이
죄에 대한 벌이 내려지지 않았다는, 아니 이 죄는 벌을 내릴 수 있
는 죄가 아니라는 서사이다. 그를, 원자폭탄을 쉽게 용서하지 않겠
다는, 용서해서는 안 된다는 목소리의 부분적 반영이다. 이 서사는
마치 수수께끼 퍼즐의 조각처럼 영화 곳곳에 박혀 있고, 이 조각들
을 연결할 때에 드러난다. 이 조각들을 하나씩 꺼내 보자.

후회가 아닌 변명

오펜하이머는 원자폭탄이 투하되고 1967년에 후두암으로 사망
할 때까지 한 번도 피해자들에게 용서를 구하기는커녕, 자신의 행

동에 대해 후회한다고도 말한 적이 없다. 그렇지만 우리에게 마치
그가 참회한 것 같은 잔상이 남아 있는 이유는 그가 남긴 몇몇 어
록 때문이다. 예를 들어,

> "물리학자들은 죄를 알게 되었다. 이것은 그들이 잃어버릴 수 없는
> 지식이다.(The physicists have known sin; this is a knowledge which they cannot
> lose.)"

> "나는 죽음의 신, 세상의 파괴자가 되었다.(I am become Death, the
> destroyer of the worlds.)"

1947년에 MIT에서 열린 아더 리틀 기념 강연에서 한 "물리
학자들은 죄를 알게 되었다"라는 말은 오펜하이머가 원자폭탄의
개발에 대해서 후회했음을 보여 준다고 종종 해석된다. 그렇지만
그가 사용한 표현을 자세히 보면 이런 해석이 빗나갔음을 알 수 있
다. 그는 자신이 아니라, (복수형) 물리학자들(physicists)의 죄를 말한
다. 게다가 죄를 '지었다'가 아니라, 죄를 '알게 됐다'라고 한다. 자
신의 죄를 깨닫게 되었다는 얘긴데, 다음 문장을 보면 이 죄는 다
름 아닌 물리학자들이 지난 300년 동안 발전시켰던 지식임을 알
수 있다.

20세기 물리학자들은 원자를 발견하고, 고전압의 입자 충돌
을 이용해 원자핵을 바꾸는 핵변환을 이뤄냈다. 오펜하이머의 케
임브리지 대학교 지도교수였던 패트릭 블래킷은 1924년에 최초
로 질소를 산소로 바꾸는 인공 핵변환에 성공했다. 연금술사의 오
랜 꿈을 처음 실현한 것이다. 1932년에 중성자가 발견되었고, 이탈
리아 물리학자 엔리코 페르미는 가장 무거운 물질인 우라늄(원자

번호 92)에 중성자를 쏘아서 더 무거운 새 물질을 만들었다고 공표
했다. 이 실험을 재현하려고 시도한 독일의 리제 마이트너와 오토
한은 우라늄에 중성자를 충돌시켰을 때 새로운 원소가 생기는 것
이 아니라 핵이 두 개로 쪼개지면서 바륨과 크립톤이 생겨나는 핵
분열이 일어나고, 여기서 여분의 중성자가 방출되는 것을 발견했
다. 마이트너의 조카였던 오토 프리쉬는 $E=mc^2$를 이용해서 한 개
의 핵분열에서 나오는 에너지가 2억 전자볼트(eV)에 해당하며, 이
연쇄 반응이 지속될 때 10킬로그램의 우라늄이 수천 톤의 TNT에
맞먹는 폭발력을 가진 폭탄이 될 수 있음을 계산했다. 이 시점부터
SF의 소재였던 원자폭탄이 현실이 되었다.

　　독일 원자폭탄 실험을 이끌었던 베르너 하이젠베르크는 이런
얘기를 한 적이 있다. 원자폭탄을 만든 것은 사람이 아니라, 자신
이 감추고 있었던 엄청난 에너지를 천천히 드러냈던 원자라는 얘
기를. 오펜하이머도 "물리학자들은 죄를 알게 되었다"고 할 때, 비
슷한 생각을 했던 것으로 보인다. '원자폭탄의 아버지'라는 호칭을
얻었지만, 엄밀히 얘기해서 원자폭탄은 자신이 혼자 낳은 자식이
아니었다. 물리학자들이 지식의 사과를 따 먹어서 생긴 죄, 지식의
원죄가 다시 원자폭탄이라는 더 큰 죄악을 낳았다. 물리학자들의
죄였다.

　　지식은 잃어버릴 수 없다. 오펜하이머는 과거로 다시 돌아가
도 같은 일을 했을 거라고 얘기하곤 했는데, 이는 아마도 원자폭탄
의 뿌리는 지식이기에 다른 길이 없다고 보았기 때문이었던 것 같
다. '역사를 되돌려도 누군가는 원자 모형을 제안했을 것이고, 누
군가는 원자핵을 변환시키는 방법을 발견했을 것이고, 누군가는
우라늄을 가지고 실험을 했을 것이고, 또 누군가는 핵분열을 발견
하고 폭탄이 되기 위한 임계 질량을 계산했을 것이다. 인류는 원자

1945년 7월 16일 트리니티 테스트. 폭발 0.025초 후 보인 불덩이와 충격파이다.(출처: 위키피디아)

폭탄을 가지게 운명지어져 있었다. 그 숙명의 여정에서 나는 내게 주어진 일을 했다. 내가 안 했다면, 어니스트 로런스, 한스 베테, 페르미 중 누군가 이 일을 했을 것이다.'

　영화 〈오펜하이머〉에서 지식의 죄를 상징하는 존재는 사과다. 그는 자신을 다그치는 지도교수 블래킷을 살해하기 위해 그가 먹는 사과에 강력한 독약 사이안화 포타슘, 즉 청산가리를 몰래 주입한다. 실제로 그가 무엇을 주입했는지에 대해서는 이견이 있지만, 이는 진짜로 있었던 사건이다. 그렇지만 영화에서 사과는 성경에 나오는 이브의 사과, 즉 죄의 근원인 지식의 나무(tree of knowledge)의 열매를 상징한다. 영화에서는 닐스 보어가 사과를 먹으려는 순간에 오펜하이머가 화급하게 이를 빼앗아 버리지만, 사과에 독을 타는 순간 이미 죄가 시작되었음을 알린다.

　1945년 7월 16일 새벽, 첫 원폭 실험 트리니티 테스트가 성공

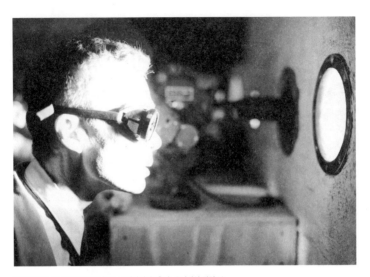

트리니티 테스트의 섬광을 바라보는 오펜하이머.(출처: 유니버설 픽쳐스)

했다. 천 개의 태양보다 밝은 빛과 폭풍이 몰아친 뒤에, 오펜하이머는 힌두교 경전인 『바가바드 기타』의 11장 32절 "나는 죽음의 신, 세상의 파괴자가 되었다"를 읊었다고 한다. 자신의 연구가 세상을 파괴하는 살상 무기가 되었다는 사실에 두려움이 엄습하면서 튀어나온 독백이라고 해석된다. 그런데 이 얘기가 처음 등장한 시점은 1945년 핵실험 직후가 아니라, 1965년 NBC와의 영상 인터뷰였다. 그의 옆에서 원폭 실험을 지켜본 동생 프랭크 오펜하이머는 그가 폭발 후에 "성공할 줄 알았다(I guess it worked)"는 얘기를 중얼거렸다고 회고했다. '세상의 파괴자가 되었다'는 독백은 20년 뒤에 한 얘기다.

　　1965년, 오펜하이머의 독백 전부를 들어 보자. "(핵실험 직후) 세상이 예전 같지 않음을 알았다. 몇몇은 웃고 몇몇은 울었지만, 대부분은 침묵했다. 나는 힌두교 경전인 『바가바드 기타』의 한 구절을 떠올렸다. 비슈누는 왕자에게 자신의 의무를 다해야 한다고 설득하고, 왕자를 감동시키기 위해 여러 개의 무기를 든 모습으로 '나는 죽음의 신, 세상의 파괴자가 되었다'고 말한다. 우리는 모두 어떤 식으로든 그렇게 생각했을 것이다." 여기서 짐작할 수 있지만, 이 구절은 고뇌나 회한과는 거리가 멀다. 『바가바드 기타』는 크리슈나와 아르주나 왕자의 대화로 이루어져 있는데, 크리슈나는 인간이 아닌 비슈누 신의 화신이다. 이 구절은 크리슈나가 친척들과 치러야 하는 전쟁을 꺼리는 아르주나 왕자에게 전쟁에 참여해야 한다고 설득하는 내용의 일부인데, 이를 위해 크리슈나는 무기를 든 네 팔을 활짝 펴 보이며 자신의 본래 모습인 비슈누의 신성(神性)을 드러내면서 자신이 세상의 파괴자라고 소리친다. 그런데 파괴자인 이유는 그가 시간의 신이기 때문이다. 자신이 관장하는 시간은 적군의 병사들을 다 죽게 한다. 따라서 아르주나 왕자가 전쟁을 해서 이들을 죽이는 것은 자신이 죽이도록 결정한 사람에게 실제 죽음을 안겨 주는 것에 지나지 않는다.

　"나는 죽음의 신, 세상의 파괴자가 되었다"라는 독백은 자신이 세상의 파괴자가 되었음을 한탄한 것이 아니다. 오펜하이머는 자신이 원자폭탄을 만들어 숱한 사람을 죽게 한 것이, 모든 것을 파멸시키는 크리슈나가 부여한 숙명이었음을 말하려고 한 것이다. 그는 산스크리트어로 『바가바드 기타』를 읊을 정도로 이 경전의 구절구절을 잘 이해하고 있었으며, 버클리 대학 교수로 있을 때 이 경전을 영어로 번역한 아서 라이더(Arthur W. Ryder)의 수업을 청강했다. '어쩔 수 없었다, 내가 문제가 아니라, 전쟁의 신 크리슈나가 문제였다. 그는 나를 설득했고, 나는 세상의 파괴자가 펼쳐 놓았던 숙명의 궤적을 따라 전쟁에 참여했을 뿐이었다.' 두려워 내뱉은 독백이라기보다 난해한 자기변호였다.

　　그런데 중요한 차이가 있다. 『바가바드 기타』는 은유로 가득한, 두꺼운 해석이 필요한 경전이다. 크리슈나와 아르주나 사이에 있던 싸움은 진짜 전쟁이 아니라, 우리가 살면서 마주치는 숱한 '전투'의 중의적 표현일 수도 있다. 게다가 『바가바드 기타』의 저변에 흐르는 힌두교 세계관은 윤회적이다. 죽음과 삶은 연결되어 있고, 죽은 사람은 다시 태어나 새 삶을 살아간다. 크리슈나의 지혜는, 왕자나 상대나 모두 어차피 죽을 사람들이고, 죽은 뒤에 다시 살아날 것이기 때문에 전쟁을 너무 고민하지 않아도 된다는 것이다. 그런데 원자폭탄의 열파와 폭풍과 방사능에 죽은 20여만 명의 일본 시민은 다시 살아날 수 없다. 이들의 존재와 이들이 맺고 있던 애증의 관계도 한 번의 폭발로, 마치 이들의 살이 타서 증발했듯이, 흔적 없이 증발해서 사라졌다. 앙상한 밑동만 남긴 채 증기가 되어 사라진 트리니티의 철탑처럼, 세상에서 그 존재가 싹 지워졌다. 이 모든 비극의 시작인 트리니티를 회상하면서 『바가바드 기타』를 떠올리는 것은 현학적인 자기변명을 넘어서 죄 없이 죽은 민간인에 대한 모욕이다.

　　놀란의 영화에서 "나는 죽음의 신, 세상의 파괴자가 되었다"는 두 번 나온다. 한 번은 트리니티 테스트가 성공했을 때이다. 그런데 그 전에 한 번 더 나온다. 1936년, 그의 애인이던 진 태틀록이 오펜하이머와 정사를 가진 뒤에 책꽂이에서 산스크리트어로 써진 『바가바드 기타』를 꺼낸다. 그녀는 아무 페이지나 펴서 손가락으로 한 구절을 가르치며 읽어 달라고 한다. 오펜하이머가 읽은 이 구절이 우연히도 "나는 죽음의 신, 세상의 파괴자가 되었다"였다. 몇 년 뒤, 오펜하이머와의 관계는 태틀록을 파괴한다.

영화의 시작과 끝

영화가 의존하는 원작은 『아메리칸 프로메테우스』인데, 이는 메리 셸리가 쓴 『프랑켄슈타인』의 부제 "현대의 프로메테우스"*에서 따온 것이다. 셸리에 앞서 독일 철학자 임마누엘 칸트는 번개를 유도하는 피뢰침을 발명한 벤자민 프랭클린을 가리켜 "현대의 프로메테우스"라고 불렀다. 프랭클린이 전기를 제어하는 방법을 알려 주었기 때문일 것이다. 하지만 프랭클린이 이 행위 때문에 어떤 고초를 겪은 것 같지는 않다. 셸리는 칸트의 구절에서 소설의 부제에 대한 영감을 받았지만, 프로메테우스 신화로 복귀했다. 프랑켄슈타인 박사는 새 생명을 만든 대가로 가족과 친구를 잃고, 자신의 목숨도 잃는 고난을 겪는다. 오펜하이머는 청문회에 서야 했고, 여기에서 자신의 과거가 다 까발려지고, 국가 기밀을 열람할 수 있는 보안 인가 자격을 말소당했다. 그는 모든 공직을 사퇴해야 했고, 비밀로 지켜져야 했던 청문회 속기록이 공개되어 치부가 만천하에 드러났다.

그런데 이게 프로메테우스가 받은 벌—사막의 바위에 묶여서 독수리에게 매일 간을 쪼이는 벌—에 근접하는가? 아니, 그전에, 오펜하이머가 전해 준 원자폭탄이 불과 비슷한 것인가? 원자폭탄과 불이 비슷하지 않고, 둘이 받은 형벌이 비슷하지 않은데, 왜 오펜하이머를 프로메테우스에 비교하는가?

영화는 조금 더 중층적이다. 영화가 시작할 때 나오는 프로메테우스의 불 이미지 이전에 잠깐 등장하는 첫 장면이 있다. 고여 있는 물에 하나둘 떨어지는 빗방울이다. 오펜하이머는 빗방울이

---

* 영어로는 'A Modern Prometheus'이다. modern은 주로 '근대'로 번역되지만, 당시 맥락에서는 그들이 살던 바로 그 시기를 의미했기 때문에 여기에서는 '현대'로 번역했다.

만들어 내는 원형 물결을 바라보다가, 호기심이 발동한 듯 고개를 조금 갸우뚱한다. 그 뒤에 프로메테우스의 불덩이가 등장한다. 이 빗방울의 이미지는 영화에서 여러 번 등장하는데, 어떤 장면에서는 진동하는 현과 함께 등장한다. 진동하는 현은 우라늄이나 플루토늄 원자 속에 담긴 팽팽한 에너지를 의미하는데, 빗방울이 수면에 떨어지면서 만들어 내는 원형 물결의 비밀은 영화 마지막이 돼서야 풀린다. 그것은 하나의 원자폭탄이 아니라 여러 개, 수백 개나 수천 개의 원자폭탄이 발사되어 그것이 떨어진 지표면을 둥그렇게 태우고, 태우고 또 태워서 지구 전체를 불바다로 만드는 상상이다. 우라늄 원자에서 시작한 연쇄 반응이 원자폭탄의 연쇄 반응으로 이어져 지구의 궤멸을 가져오는 시나리오다. 영화의 마지막에 오펜하이머가 알버트 아인슈타인을 만난 장면이 플래시백 될 때 수면의 둥근 파동이 다시 나온다. 오펜하이머는 지구를 멸망시켰다고 말하고, 수십 기의 핵미사일이 발사되고, 미사일이 떨어진 지표면은 화염으로 둥글게 타들어 간다. 이 화염이 지구 전체로 확산하면서 영화는 끝난다.

맨해튼 프로젝트를 시작할 때, 수소폭탄의 신봉자 에드워드 텔러는 원자폭탄이 만들어 내는 높은 온도가 대기 중의 수소나 질소를 점화시켜서, 지구의 대기 전체를 태울 가능성을 언급했다. 영화에서는 오펜하이머가 아인슈타인을 찾아가지만, 실제로는 아서 콤프턴(Arthur Compton)에게 자문했다. 콤프턴은 이럴 가능성이 있다면 원자폭탄 제조를 중단하라고 조언했다고 알려져 있다. 로스앨러모스 연구소 이론 분과의 리더 한스 베테가 다시 계산해서 이 확률이 100만분의 3, 즉 거의 0이라고 결론을 내렸다. 0은 아니었지만, 100만분의 3의 확률은 무시해도 괜찮을 정도였다. 반면에 나중에 수소폭탄이 제조될 때에는 수소 핵융합의 연쇄 작용이 대기 중의 수소에 비슷한 핵융합 반응을 일으킬 가능성이 제기되었고, 이 문제가 훨씬 더 심각하게 논의되었다. 이때는 첫 시험 전까지 상당한 불확실성이 존재했다. 첫 수소폭탄 실험을 할 때 과학자들은 지구의 대기가 모두 폭발할 최악의 시나리오를 상상하고 있었다.

지구를 태우는 것은 한두 발의 원자폭탄이 아니다. 뉴멕시코의 화이트 샌즈 사막(트리니티 시험), 히로시마, 나가사키에 터진 세 발의 원자폭탄은 지구를 태우지 않았다. 그렇지만 미국과 소련이 전면전을 해서 그들이 만든 수만 기의 원자폭탄을 서로에게 퍼부었다면, 대기는 시뻘겋게 탔을 것이고, 인간을 포함한 많은 생명체가 궤멸했을 것이다. 히로시마와 나가사키는 비극이었지만, 진짜 비극은 로스앨러모스에서 만든 세 개의 원자폭탄이 30개가 되고, 300개, 3,000개, 30,000개가 되는 것을 아무도 막을 수 없었다는 것이다. 이렇게 많은 원자폭탄을 안고 사는 세상은 이미 파괴된 것이었다. 절멸의 두려움 앞에서 유지되는 평화는 전략적 평형 상태일 수는 있어도 적대감이 사라진 완전하고 조화로운 상태와는 거리가 멀었다.

죄를 묻다

1943년 6월, 로스앨러모스 연구소 소장을 하던 오펜하이머는 과거의 애인이었던 태틀록을 만나서 저녁 식사를 한 뒤에 그녀의 아파트에서 하룻밤을 보냈다. 그해 봄에 맨해튼 프로젝트를 위해 버클리를 떠나면서 그녀에게 작별 인사조차 하지 못한 것이 마음에 걸렸다. 둘은 계속 서로를 생각하고 있었던 것 같다. 당시 오펜하이머는 유부남에 아이까지 있었고, 주소도 없는 연구소에서 진행되던 원자폭탄 제조의 총책임자였으며, 태틀록은 공산주의자로서 미국 연방수사국(FBI)의 감시를 받고 있었다. 이 둘의 만남은 오

태틀록의 죽음에 괴로워하는 오펜하이머와 그를 다그치는 키티. (출처: 유니버설 픽쳐스)

펜하이머를 미행하던 군사 정보 요원들에 의해서 세세히 기록되어 FBI로 넘겨졌다. 그녀는 정신과 의사로서 막 커리어를 시작했고, 혼란스러워했고, 우울증에 시달리고 있었다. 오펜하이머와의 만남은 그녀를 다시 흔들어 놓았을 가능성이 큰데, 그를 만나고 몇 달 뒤인 1944년 1월, 29세의 태틀록은 수면제를 먹고 물을 가득 틀어 놓은 욕조에 머리를 박고 자살했다.

그녀의 자살 소식을 접한 오펜하이머는 상당한 충격을 받았고, 기록에 의하면 혼자 오랫동안 산책을 했다고 한다. 영화에서는 좀 다르다. 비탄에 잠겨서 로스앨러모스 근처의 사막에 쓰러져 있던 오펜하이머를 부인 키티가 찾아낸다. 키티는 반쯤 정신이 나가서 횡설수설하는 남편을 끌어안고, 이 사태가 태틀록 때문임을 알아낸다. 오펜하이머가 그녀와 함께 있었다고 불륜을 고백하자, 키티가 이렇게 말한다.

"그런 죄를 저질러 놓고 이런 일이 생기니까 동정받고 싶어? 정신 차려!(You don't get to commit sin and then have us feel bad for you when there are consequences for your actions. Pull yourself together!)"

오펜하이머는 자기와의 만남이 그녀를 죽음에 이르게 한 계기가 되었다고 생각하고 괴로워했다. 그런데 키티가 보기에 행동에 대한 책임을 지는 것은, 그 행동의 결과 때문에 괴로워하고 고통받는 자신의 모습을 보여 줌으로써 사람들의 동정을 사는 것과는 다르다. 책임을 지는 것은 싸우는 것이다. 자신과 싸움을 해서 태틀록을 만나지 말았거나, 만나서 그녀가 불안정한 상태임을 알았다면 이에 관해 끝까지 책임을 져야 했다. 영화의 키티는 표면적으로는 불륜을 말하고 있지만, 여기서 죄는 원자폭탄을 만든 죄를 중의적으로 상징한다.

영화 내내 오펜하이머는 도망치는 인물로 묘사된다. 육아 때문에 키티가 힘들어하니까 아이를 절친 슈발리에에게 입양시키려 한다. 슈발리에와 나눈 사적 대화를 보안 요원에게 진술해서 그를 믿고 의지한 친구에게 상당한 고초를 겪게 한다. 원폭을 투하하지 말자는 의견을 담은 프랭크 보고서(Franck Report)를 본척만척하고, 원폭 투하 결정 회의에서 일본 정치인과 군인을 불러 놓고 원자폭탄을 시연하자는 과학계의 의견을 강하게 전달하지도 못한다. 그는 정치인과 군인을 설득하지 못하지만, 물리학을 모르거나 말이 안 통하는 높은 사람들을 '엿 먹이는' 데는 능숙했다. 방사성 동위원소를 잘 이해하지 못했던 스트로스를 조롱했고, (영화에는 안 나오지만) 의원들이 소형 원자폭탄이 든 가방을 탐지하는 방법을 물어보자 '드라이버'라고 (가방을 뜯어 보는 방법밖에 없다고) 답했다. 해리 트루먼 대통령을 만난 자리에서 "제 손에는 피가 묻어 있습니다"라고 한 것도, 원자폭탄 개발에 대한 후회가 아니라, 원자폭탄의 확산 가능성을 낮게 평가하면서 미국의 우위를 확신하는 꽉 막힌 대통령과 더는 대화를 주고받을 수 없다는 탄식에 가까웠다.

그는 원자폭탄의 국제적 관리안을 지지했지만, 이는 원자폭탄을 통해 세계의 헤게모니를 장악하려고 했던 미국의 정치인과 군부의 제국주의적 야심 앞에서 무력했다. 그가 수소폭탄에 반대하던 그 시점에 원자폭탄은 계속 늘어나고 있었고, 그는 이에 대해서 침묵으로 지지했다. 그가 수소폭탄을 반대했던 것도 윤리 때문만이 아니었다. 원자폭탄은 자신의 자식이었지만, 수소폭탄은 처음부터 정이 안 갔던 에드워드 텔러의 자식이었다. 수소폭탄은 전략적으로도 가치가 없었다고 판단했는데, 수백만 명이 사는 대도시를 날려 버릴 폭탄을 양쪽이 모두 쌓아 놓고 있다면, 서로에게 이 폭탄을 쓰지 못할 것이 분명했기 때문이다. 수소폭탄은 멸종을 가져오는 무기였고, 따라서 적을 위협할 수 없는 무기였다. 게다가 무엇보다 기술적으로 불가능해 보였다. 텔러가 고안한 수소폭탄은 원자폭탄을 터트려서 그 열로 액화된 이중·삼중수소를 폭발시켜 핵융합을 유도하는 것이었는데, 베테는 '역-콤프턴 효과(reverse Compton effect)' 때문에 원자폭탄의 열이 바로 전자기파로 바뀌어서 수소를 폭발시킬 수 없다고 추론했다. 오펜하이머는 베테의 이론적 계산을 신뢰했고, 수소폭탄이 가능성 없는 프로젝트라고 판단하고 있었다. 1950년, 수학자 스타니스와프 울람이 원자폭탄이 발생시키는 (열이 아닌) X선을 수소폭탄의 기폭제로 사용할 수 있음을 보이자, 오펜하이머는 이를 "기술적으로 달콤하다(technically sweet)"고 평가했다. 나중에 청문회 자리에서 오펜하이머는 수소폭탄이 가능하다는 걸 알았다면 반대하지 않았을 것이라는 뉘앙스를 내비쳤다.

영화는 철저하게 오펜하이머의 시선을 따라간다. '원자폭탄의 개발은 어쩔 수 없었다, 당시로써 최선이었다, 역사가 다시 반복되어도 같은 판단을 할 것이다'라는 서사를 끌고 나간다. 뉴멕시코 사막부터 히로시마와 나가사키의 원자폭탄 투하까지, 이 모든 과정이 죽음의 신 크리슈나가 펼쳐 놓은 숙명의 여정이었다는 것이다. 그렇지만 지금까지 보았듯이 영화 속에는 다른 목소리와 시선이 있다. 오펜하이머 주변의 여성들은 다른 얘기를 한다. 태틀록은 그에게 "복잡한 사람인 척하지만 단순하다"고 하고, 키티는 불쌍한 척하지 말라고 그를 다그친다. 청문회가 끝나고 집으로 돌아가는 오펜하이머에게 그녀는 그의 죄를 다시 한번 각인시켜 준다.

"그렇게 혹독한 벌을 견디면 세상이 당신을 용서해 줄 줄 알았어? 용서하지 않아.(Did you think if you let them tar and feather you, that the world would forgive you? It won't.)"

과학의 죄, 오펜하이머의 죄

최근 미국에서 진행된 한 설문조사는 80퍼센트에 가까운 미국인들이 원자폭탄의 투하는 어쩔 수 없었고, 역사가 다시 반복되어도 같은 결정을 해야 한다고 생각하고 있음을 보여 준다. 이런 생각의 토대는 원자폭탄이 길고 잔인한 전쟁을 끝냈고, 결과적으로 사람을 살렸다는 데 있다.

20만 명이 넘게 죽었는데? 영화에도 나오지만 미국의 권력자들은 일본이 끝까지 항전하리라 판단했고, 전쟁을 끝내기 위해 일본 본토에 상륙 작전을 실시할 생각까지 하고 있었다. 이 경우에는 미군과 일본군, 민간인을 합쳐 100만 명이 죽을 것으로 판단했다. 100만 명 대신 20만 명이 죽었으니, 사람을 살린 셈이다.

1945년 8월 9일, 핵폭탄 투하 후 나가사키 상공에 커다란 버섯구름이 드리워져 있다. (출처: pxfuel.com)

그런데 정말 그런가? 1945년 이후에 일본에 떨어진 원자폭탄이 초래한 암과 다른 질병으로 서서히 사망하고, 자살한 사람들을 포함하면 사망자는 30만 명으로 늘어난다. 기밀이 해제된 문서에 따르면 미국 군부는 일본이 1945년 12월 31일까지 버티지 못할 것으로 판단했음을 알 수 있고, 일본 본토에 상륙 작전을 해도 사망자는 적게는 5만 명, 많아야 10만 명으로 추산했다는 것도 나온다. 그 끔찍함과 비인간성은 차치하고, 냉정하게 공리주의적으로 계산해 봐도 원자폭탄은 사람을 살린 폭탄이 아니다.

다른 길은 없었는가? 영화에서도 보여 주지만 로스앨러모스의 원자폭탄 계획에 합류를 권유받았지만 합류하지 않았던 과학자도 있었고, 연구를 하다가 중간에 그만둔 사람도 있었다. 일본에 원폭을 투하하는 대신에 시연을 하자는 의견을 모아 전달한 과학자들도 있었다. 원폭 투하 이후에 로스앨러모스를 나가서 핵무기

환호하는 로스앨러모스 연구원들 사이의 오펜하이머.(출처: 유니버설 픽쳐스)

반대 운동을 시작한 과학자들도 있었고, 이 운동에 동참한 과학자는 더 많았다. 히로시마에 원자폭탄이 성공적으로(?) 투하된 날 오펜하이머는 환호하고 발을 구르는 연구원들 앞에서 연설한다. 그러다 갑자기 환호하는 연구원들의 얼굴이 원폭 희생자의 얼굴과 겹쳐진다. 자신의 발밑에 까맣게 탄 희생자의 환상이 어른거린다. 그렇지만 그는 이런 잔상 때문에 오래 괴로워하지 않고, 빠져나옴으로써 이런 죄책감에서 바로 벗어난다. 숙소로 돌아가는 그는 엉엉 울면서 토를 하는 연구원을 보고 지나친다.

　　다른 길은 있었다. 여러 과학자가 다른 길을 걸었지만, 오펜하이머는 오펜하이머의 길, 죄로 포장된 길을 택한 것이다.

그래서 충분히 물었나?

영화 〈오펜하이머〉는 오펜하이머의 죄, 인류에게 원자폭탄을 안겨 준 죄, 그것을 민간인에게 투하한 죄를 캐묻는 영화이다. 그런데 이런 캐물음 자체도 어쩔 수 없이 미국적이다. 내가 즐겨 사용하는 대체 역사, 혹은 역사적 가상 실험을 하나 상상해 보자.

2차 세계대전 동안 미국 정치인들은 원자폭탄을 SF 소설이라고 생각하고, 재래식 무기의 개발에만 집중했다. 대신 일본은 유카와 히데키 같은 뛰어난 물리학자들을 동원해서 원자폭탄을 개발했다. 1945년 8월, 일본은 두 발의 원자폭탄을 미국의 작은 도시에 떨어뜨렸고, 수십만 명의 미국인이 사망했다. 그렇지만 일본은 오래 버티지 못하고 곧 항복했고 2차 세계대전이 종식되었다.

이런 일이 벌어졌다면 미국은 어떻게 대응했을까? 아마 미국 정부는 원자폭탄을 개발한 일본의 과학자, 군인, 정치인들을 끝까지 찾아내서 미국인 수십만 명의 목숨을 앗아간 죄목으로 전원 전범 재판에 세워서 사형시켰을 것이다. 물론, 이는 일어나지 않은 역사이다. 실제로는 미국의 원자폭탄이 일본에 떨어졌고, 일본은 패전국이고 미국이 승전국이었다. 그래서 오펜하이머는 (비록 '아메리칸'이 붙지만) 프로메테우스로 각인되고, 미국인들은 아직도 이렇게 당당하다. 그런데 위의 가상적 상황에 대한 사고 실험을 해보면 대체 어떻게 이렇게 당당할 수 있는지 이해하기 힘들다.

이 낯선 비대칭성은 인종 차별주의라는 마지막 질문으로 이어진다. 원자폭탄의 역사에서 가장 기묘한 사실은, 미국이 독일을 의식해서 원자폭탄 개발을 시작했지만 독일 도시에 원자폭탄을 떨어뜨리는 것을 심각하게 고려한 적이 거의 없다는 사실이다. 미국은 독일을 적으로 생각했음에도, 자신들과 대등하고 비슷하게 이성적인 존재로 간주했다. 그런데 일본에 대해서는 태도가 달랐다. 일본인들은 인간 이하의 존재, 쥐새끼 비슷한 동물, 어떤 때는 그보다 못한 해충 같은 존재로 간주되었다. 2차 세계대전 동안 일본인을 마치 해충처럼 박멸해야 한다는 담론은 대중 매체에 넘쳐났다.

　　물론 일본에 원자폭탄 투하를 결정한 사람들이 일본인을 쥐새끼나 벌레로 생각했다는 얘기를 하려는 것은 아니다. 그렇지만 동양인이 백인보다 열등하며 백인의 영도를 받아야 하는 인종이라는 생각은 미국의 식민주의 역사에 뿌리 깊게 박혀 있다. 미국은 2차 세계대전 이후에 유럽과 아시아에서의 헤게모니 유지에 대해서 고민하고 있었고, 자신들이 식민지로 지배했던 아시아에서의 지배적 우위를 점하기 위해서 소련의 개입 전에 빨리 원자폭탄을 투하해서 전쟁을 끝낼 필요를 느끼고 있었다. 신제국주의적이라고 볼 수 있는 이런 판단은 식민주의로 거슬러 올라가는 오랜 역사적 뿌리를 가진 것이었다.

　　미국은 독일을 의식하고 원자폭탄을 만들기 시작했지만, 1943년에 열린 군사 정책 위원회(Military Policy Committee)의 회의에서 원자폭탄이 만들어지면 이를 일본 미크로네시아의 항구에 투하해야 한다는 시나리오가 논의되었다. 원자폭탄이 불발했을 때, 독일은 이를 해체해서 금방 원자폭탄을 만들어 낼 수 있지만, 일본은 그럴 수 없을 것이라는 이유 때문이었다. 항구가 거론된 것은 폭탄이 불발할 때 바닷속에 가라앉게 하기 위해서였다. 1945년 봄에 열린 목표 설정 위원회(The Target Committee)에서 다시 독일이 아닌 일본이 거론되었는데, 독일의 항복이 임박했다는 이유 때문이었다. 히틀러가 자살하고 독일이 항복한 사흘 뒤인 5월 10일에 열린 목표 설정 위원회에서는 교토, 히로시마를 포함한 네 개의 도시가 후보로 등장했다. 맨해튼 프로젝트의 총책임자 레슬리 그로브스 장군은 한참 뒤에 독일 도시가 거론되지 않았던 이유로 원자폭탄을 실어 나를 수 있는 B-29가 유럽에 없었고, 독일의 대공 방어 능력이 우수해서 폭격기가 중도에 피격될 수 있었으며, 일본의 가옥이 목조 건물이 많아서 폭탄의 위력을 보이기 쉽다는 이유를 꼽았다. B-29는 유럽에 없었지만 영국 폭격기를 빌려서 사용하면 됐고, 이미 연합군은 독일 도시들에 융단 폭격을 했었기에 대공 방어 시스템이 이유가 되기는 힘들었다. 그 정확한 이유를 족집게처럼 짚어내기는 힘들어도, 원폭 투하 장소가 일본이라는 말 없는 합의는 원폭 투하 결정을 조금 더 쉽게 만들었음이 분명하다.

　〈오펜하이머〉는 영화 전면에 드러난 서사와 숨겨진 서사 두 가지를 잘 끌고 갔지만, 감춘 것이 있었다. 영화는 과학자의 죄, 과학의 죄, 원자폭탄의 죄를 물었지만, 미국의 죄를 캐묻지 않았다. 미국의 뿌리 깊은 백인 우월주의와 인종 차별주의, 식민주의의 죄를 묻지 않았다. 이에 대한 성찰은 히로시마와 나가사키의 끔찍한 참상으로 귀결되는 미국의 내적·외적 식민주의 역사에서 시작해야 할 것이다. 영화로 시작하고 싶다면 이마무라 쇼헤이 감독의 〈검은 비〉(1989)가 좋은 출발점을 제공할 수 있을 것이다.* **서리북**

---

* 이 글을 쓰는 데 도움을 준 서울대학교 과학학과의 유현우 학생에게 감사한다.

홍성욱
과학기술과 사회의 관계를 연구하는 과학기술학자. 《서울리뷰오브북스》 편집장. 가습기 살균제나 세월호 참사 같은 과학기술과 재난 관련 주제들, 그리고 이와는 상당히 다르지만 1960-1980년대 산업화와 기술 발전에 대해서 연구하고 있다.

📖 놀란의 영화 〈오펜하이머〉의 원작. 앞으로도 이 이상의 전기는 나오기 어려울 정도로 오펜하이머에 대한 철저하고 상세한 전기. 원자폭탄에 의해 처참하게 파괴된 히로시마의 참상을 연구한 역사학자 셔윈과 역시 히로시마에 대해 연구했던 저널리스크 버드는 오펜하이머에 대해서 중립적인 시선으로 그의 파란만장한 일생을 그려 낸다.

"오펜하이머의 패배는 또한 미국 진보주의의 패배였다. (……) 그의 몰락은 결국 진보주의의 몰락이었고, 진보주의 정치인들은 게임의 법칙이 바뀌었음을 곧 이해하게 되었다. 이제 꼭 첩보 활동이 아니더라도, 국가에 대한 충성심에 의심의 여지가 없더라도, 미국의 핵무기 의존이라는 원칙에 의문을 제기하는 것 자체가 위험한 행동으로 간주되었다. 그러므로 1954년 오펜하이머에 대한 보안 청문회는 냉전 초기에 미국의 공공 영역이 급속하게 좁아지게 되는 중요한 전환점이 되었다." — 책 속에서

『아메리칸 프로메테우스』
카이 버드·마틴 셔윈 지음
최형섭 옮김
사이언스북스, 2010

🎞 원자폭탄이 투하된 후 정확히 20년이 지난 시점에서 만들어진 이 다큐멘터리는 폭탄이 만들어진 과정, 트리니티 테스트, 그리고 투하 결정이 이루어진 과정에 대한 기록이다. 최근에 영화 〈오펜하이머〉가 개봉되고 오펜하이머에 대한 관심이 높아지면서 유튜브에 탑재된 영상의 제목은 **"OPPENHEIMER: The Decision to Drop the Bomb"**로 바뀌었다. 여기서 오펜하이머는 "나는 죽음의 신, 세상의 파괴자가 되었다"는 구절을 육성으로 들려준다.

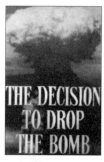

"계속되는 전쟁의 공포, 군사 기획자들이 계속될 것이라고 예상한 전쟁의 공포가 너무 커져서, 새로운 무기가 이런 고뇌를 종식시킬 수 있을 경우 이것은 사용되어야 한다는 것이 당연하다고 간주되었다."
— 로버트 오펜하이머, 00:27:18-00:27:41

NBC 다큐멘터리
〈The Decision to Drop the Bomb〉(1965)

태도로서 유통을 사유하기

구정연

결국 제작한다는 것은 전유의 과정에 있는 배설 단계이다.

우리는 무언가의 시작점에 서 있는 것일 수도 있다.

―세스 프라이스*

얼마 전 아트북을 주제로 한 전시 〈BAAA: Books As Art As〉가 부산에서 열렸다. 프랑스의 쓰리스타북스(Three Star Books), 미국의 프린티드 매터(Printed Matter)와 웨스트레이히 와그너(Westreich Wagner), 그리고 한국의 미디어버스가 참여했다. 그 가운데 프린티드 매터는 1976년 뉴욕에 설립된 출판사이자 서점으로, 아티스트 북 역사의 첫 페이지에 등장하는 곳이다. 개념미술의 흐름을 이끈 예술가들이 주도하여 문을 열었다. 아티스트 북에 대한 개념과 입장은 계속 변하지만, 이들은 예술 생산의 형식이자 매체로서 아티스트 북을 초창기에 개념화하고 널리 알리는 데 크게 일조했다. 1968년 세스 시겔라웁의 〈제록스 북〉을 시작으로 개념미술가들은 출판을 자신의 주권(Sovereignty)을 오롯이 발휘할 수 있는 대안적이고 자율적인 매체로 삼아, 책을 직접 생산하는 과정을 통제하며 미술관이나 갤러리 바깥에서 다양한 소비자와 소통 가능한 범위를 확장했다.

　솔 르윗을 비롯한 개념미술가와 함께 프린티드 매터를 세운 평론가이자 큐레이터 루시 리파드는 아티스트 북(Artist's book)의 잘못된 표기 'Artist Books'를 볼 때마다 화가 난다고 말할 정도로 아티스트 북을 엄격하게 구분하고 정의한다. 설립 초기에 아티스트 북은 말 그대로 예술가가 만든 책을 뜻하며 "대량 생산된, 보다 싼값에 유통 가능한 미술, 평문과 서문이 없는 책,

---

* 세스 프라이스, 차승은 옮김, 『확산』(미디어버스, 2017), 17쪽.

무엇보다 작품의 일부가 아니라면 그 어떤 것도 책에 포함돼선 안 되는 것"*이었다. 이런 이유로 프린티트 매터는 소량 제작된 값비싼 '북 아트(Book Art)'나 '북 오브제(Book Object)'를 다루지 않겠다고 밝혔다. 이는 아티스트 북을 개념미술의 소재이자 매체로서, 더 나아가 예술 형식의 한 장르로 요구하는 선언에 가깝다.

    반면, 프랑스의 쓰리스타북스를 창립한 크리스토프 부탕과 멜라니 스카르시글리아는 아티스트 북에 대해 두 가지 입장을 보여 준다. 먼저, 그들은 프린티드 매터가 규정한 아티스트

---

* Lucy Lippard & Julie Ault, "Interview with Lucy R. Lippard on Printed Matter", https://www.printedmatter.org/programs/critical-essays/14-interview-with-lucy-r-lippard-on-printed-matter.

북의 개념과 그 역사적 정당성을 수용한다. 동시에 과거 프랑스 화가들이 취한 예술 출판의 유산을 가져와 예술 오브제로서 책을 다룬다. 그들은 전자를 개념적 아티스트 북으로, 후자를 화가의 책(Livres des Peintres)으로 부른다. 그리고 전자는 그들이 앞서 2000년에 창립한 원스타프레스를 통해 상대적으로 대량 생산하고, 후자는 쓰리스타북스를 통해 오브제로서의 책으로 만들어 판매한다. 그래서 여기서 만든 각각의 책들은 다른 방식으로 제작되고 순환된다. 이를테면, 원스타프레스의 책은 주문형 출판(POD) 시스템으로 생산된다. 소량으로 원하는 부수만큼 주문이 들어올 때 인쇄가 이뤄진다. 이런 기계적 생산 방식에는 동일한 규격(14×22.5센티미터)과 물성이 전제 조건이 된다. 반면, 쓰리스타북스의 책은 소량 제작에 아티스트 서명까지 날인되어 있어 일반 서점이 아닌 갤러리나 아트페어를 통해 소개된다. 물론, 그 가격은 그림 한 점 값이다.

　　여러 입장과 차이에도 불구하고 예술적 실천으로서의 출판은 종이와 인쇄술에 기댄 오브제를 넘어서 당대 미술 생산의 방식과 제도에 대한 저항으로 봐야 할 것이다. 미술 향유의 민주화, 저자성의 신화와 지나친 물성으로부터의 탈주라는 맥락에서 예술 출판 운동이 일어났기 때문이다. 여기서 예술가의 개념·아이디어를 물화하는 방식으로서 출판보다는 아이디어를 확산하는 민주적인 방식으로서 유통이 좀 더 강조될 필요가 있다. 1960-1970년대 출판이 아방가르드 예술로 인식될 수 있었던 가장 큰 이유는 당시 제록스와 같은 복사기의 보급을 통해 출판이 새로운 미디어로 등장했기 때문이다. 결국 아티스트 북이 전위성과 실험성을 확보하려면, 새로운 미디어와 기술, 제작과 유통의 조건 변화에 맞춰 나아가야 한다.

유통은 읽는 행위의 순환이다

2000년대 초반은, 인터넷의 등장으로 예술 출판의 여러 가능성이
실험되던 때였다. 일례로, 퍼블리싱 플랫폼으로서 이플럭스
(e-flux)가 1998년에 설립되었는데, '왜 온라인인가'라는 질문에
이플럭스의 설립자 안톤 비도클은 온라인이 오프라인 출판보다
비용이 저렴했고, 당시 무언가를 시작하기에 손쉽게 접근할 수
있는 매체였기 때문이라고 말했다.*

　이런 가능성은 세스 프라이스의 『확산(DISPERSION)』에서도
찾아볼 수 있다. 세스 프라이스는 다양한 글쓰기를 통해 예술
생산과 유통의 방식, 그리고 미술계의 작동 원리에 대해 비판적인
입장을 지속적으로 취해 왔다. 2002년 그가 펴낸 『확산』은 한 편의
미술사적 에세이이자 책으로, 세스 프라이스의 대표 작품이다.
그의 글은 전통적인 개념미술을 다시금 살펴보며 새로운 퍼블릭
아트의 가능성을 넌지시 암시하고, 마르셀 뒤샹의 〈샘〉(1917)을
사례로 예술 작품이 기존의 규범과 문화적 정의, 그 제도를 다룰
때 전복성을 가진다고 주장한다.

> 예술 작품은 단일한 시공간을 차지하는 것이 아니라 행위, 드러남,
> 위치를 다시 쓰는 것이다. 유통은 읽는 행위의 순환이다. 그리고
> 이 지점에서 문화적 의미의 정의를 통제하는 제도를 다룰 때에
> 엄청난 전복적 잠재력이 있다.**

　이런 선동적인 텍스트를 나누기 위해 그 역시 개념미술가가

---

* 안톤 비도클·이플럭스 저널 토크, 2019년 6월 24일, 더 북 소사이어티.
** 세스 프라이스, 앞의 책, 14쪽.

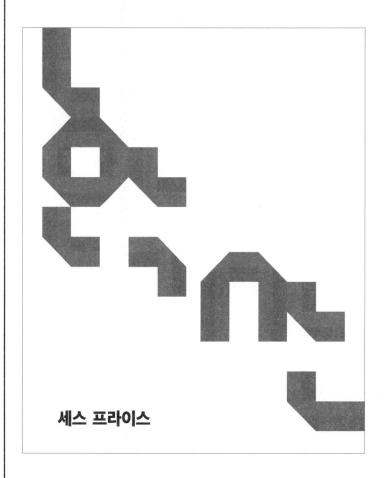

세스 프라이스의 『확산』 한국어 번역본.(출처: 미디어버스 제공)

그랬듯이 책을 만드는데, 종이책 대신 피디에프(PDF) 파일을
선택함으로써 기존과 다른 방식의 커뮤니케이션과 네트워킹
행위에 집중한다. 그 결과 누구나 인터넷에서 『확산』을
검색하기만 하면, 해당 파일을 손쉽게 다운로드받을 수 있다.*

---

* 세스 프라이스의 『확산』 원본은 여기에서 다운로드받을 수 있다. http://www.
distributedhistory.com/Disperzone.html.

또 원하면 이를 직접 번역해 출간할 수도 있다. 단, 동일한 규격을
준수하고, 최종 PDF 결과물을 공유해야 한다. 이런 과정을 거쳐
그의 글 혹은 작품은 2002년부터 지금까지 다양한 언어로
번역되고, 다양한 개인과 출판사에 의해 제작되어 여러 판본으로
존재한다. 때로는 종이책으로 때로는 PDF 데이터로 순환되며,
『확산』은 특정한 시공에 정박하지 않은 채 영원히 복제 가능한
형식으로 영구성을 획득한다.

　　　미술사가 데이비드 조슬릿은 이 책의 제목이 왜
'유통(Distribution)'이 아닌 '확산(Dispersion)'인지에 대해서 이렇게
설명한다. "통상 유통의 근본적인 목적은 미술 시장을 포화
상태로 만드는 것이다. 일단 이미지가 티핑 포인트에 도달하면,
이미지는 그 자체로 하나의 아이콘으로 지속된다. 프라이스는
시장 공략의 실패, 다시 말해 확산(Dispersion)이라는 말로 유통의
왜곡(Perversion)을 보여 준다. 확산은 느리다. 반면, 상업 유통의
표준 형태는 빠르다."* 이에 대해서 프라이스는 '느림의 가치'를
강조한다. "느림은 일반적인 충동과 요구에 역행한다. 이는
현대에 필수적인 빠른 속도에 저항한다."** 이를 현재적 상황에
빗대어 보면, 총알 배송, 샛별 배송, 퀵 배송 등 물류 유통의 시간
전쟁에 저항하는 몸짓으로서의 출판 유통 방식이라고 말할 수도
있다.

　　　조슬릿의 이러한 해석은 세스 프라이스의 또 다른 저서
『세스 프라이스 개새끼』가 뒷받침한다. 그는 "미술가가 이성적인
경제 개체가 아니며, 이들이 만드는 작품은 판매 가능하지만

---

* David Joselit, "What to Do with Pictures", *October* 138, 2011, p. 86.
** 세스 프라이스, 앞의 책, 16쪽.

이들 자체가 이윤에 크게 관심을 두지 않는다는 점에서 '자유
시장 경제의 논리와 상반됐고, 근본적으로 반사회적'"이라고
주장한다.* 어떤 작가들에게 미술을 하는 동기는 단순히 자유를
찾거나 돈을 원해서일 수도 있겠지만, 세스 프라이스에게
미술 작품이란 역설을 생산하는 것이다.

이미지와 물질의 새로운 관계

『확산』이 나온 지 10년이 지난 후, 모든 정보가 비물질의
형태로 인터넷으로 수렴되어 배포되었다. 이제 작가들은 이런
대량 생산된 이미지를 마주하며, 비물질 즉 이미지와 물질의
관계를 새로 세우는 데 몰두한다. 세스 프라이스는 3D 프린팅,
모델링이라는 방식이야말로 평면 인쇄의 비물질-물질의 흐름을
뒤바꾸는 역할을 하며 미술로 하여금 노골적인 물질성을 부여할
수 있게 해주었다고 말한다.**

　　이런 생각은 쓰리스타북스에서 제작된 『한 페이지로 된
책을 위한 모델(*Model for a One Page Book*)』(2017)로 구현된다. 이 책은
미술계에 대한 이러한 진단을 책의 형태로 보여 준 사례로서
하나의 실리콘 조각으로 제작된다. 10개의 판본이 존재하며,
별도의 종이 케이스가 있다. A4 사이즈보다 살짝 큰
규격(32×24.5센티미터)에 책의 두께가 6센티미터이다. 어떤 종이를
사용한다 해도, 종이 한 장이 이만한 두께를 가질 수는 없다.
세스 프라이스는 종이 한 장의 물질성과 평면적인 형태를
3D 프린팅을 통해서 극단적으로 입체화한다. 그 백색의 두꺼운

---

* 세스 프라이스, 이계성 옮김, 『세스 프라이스 개새끼』(작업실유령, 2021), 42쪽.
** 같은 곳.

실리콘 덩어리는 A4 용지 한 묶음을 연상시킨다. 이 책은
『확산』의 가벼움과 대조적으로 무겁고 또 무겁다. 작품으로서
유통되는 것 역시 한없이 불가해 보인다.

언뜻 이 책은 2년 전 먼저 출간된 케네스 골드스미스의
『이론(Theory)』(2015)을 연상시킨다. 『이론』은 종이 한 장씩
500편의 텍스트가 인쇄되어 제본 없이 일반 A4 용지 500매 한
묶음처럼 제작된다. 이 책 역시 포장을 풀지 않은 상태라면 종이
인쇄로 이뤄진 하나의 종이 묶음처럼 인식된다. 세스 프라이스가
한 장의 종이를 물리적으로 극대화해 유통 불가한 형태로 만들어
버렸다면, 케네스 골드스미스는 책의 물리적인 형태보다는
선형적인 글쓰기와 읽기의 가능성을 실험했다.

유통, 새로운 읽기의 가능성

주지하다시피 소규모 출판이든 아티스트 북이든 이런 종류의
책들은 대량 유통을 전제로 생산되지는 않는다. 그렇기 때문에

책들이 유통되는 장소와 방식이 결국 그 책의 성격과 태도를
보여 준다. 굳이 종이책을 만든 사람에게 웹으로 출판하면 유통이
쉽지 않냐고 묻는 것처럼 어리석은 질문은 없을 것이다. 또한
왜 1,000부 대신 300부만 제작하냐는 질문 역시 그러하다.
멕시코의 개념미술가 울리세스 카리온은 새로운 책 만들기의
기술(예술)이란 단순히 책의 형식을 전유하는 것이 아닌 그 형식을
통해 특정한 읽기의 행위를 창출하는 데 있다고 말한 바 있다.
그 뒤로 40여 년이 지났고, 아티스트 북 범주에 대한 새로운
사유가 필요하다. 세스 프라이스의 말처럼, "유통이 읽는 행위의
순환"이라면 새로운 읽기의 가능성을 유통의 여러 방식을 통해
상상해 볼 수 있을 것이다. 서리북

구정연
예술가의 집단적 실천과 지식 생산 및 유통 형태에 관심을 두고 이를 연구한다. 국민대학교
제로원디자인센터에서 큐레이터를 거쳐, 미디어버스와 더 북 소사이어티에서 공동 디렉터로
활동했다. 국립현대미술관에서 MMCA 작가연구 총서 및 출판 지침, 한국 근현대미술 개론서
『한국미술 1900-2020』등 학술 연구 및 공공 프로그램을 기획했다. 현재 리움미술관에서
교육연구실장으로 일하고 있다.

편집자와 저자가 함께 펼치는 '정신의 향연'

이승우

신입 편집자 시절, 절실히 깨달은 바 하나……

출판에 입문한 지 얼마 안 된 초년 시절, 책을 만드는 전체
과정뿐만 아니라 가장 중요한 '편집'에 대해서도 익숙하지 않은
상태에서 대형 외서 기획을 한 적이 있었다. 무려 100권에 이르는
인물 평전 시리즈였는데, 원서가 독일어로 되어 있어 100명에
이르는 번역자를 섭외해야 했다. 당연히 학계의 상황도
잘 몰랐기 때문에 번역자 섭외가 일을 진행해 나가는 데 가장
큰 걸림돌이었다. 고민 끝에 내 나름대로 내린 결론으로 주요 대학
독어독문학과 교수나 강사를 번역자로 섭외하기로 하고는,
그저 숫자 100명을 채우는 데 급급하게 일처리를 진행했다.

　　　결국 사달이 났다. 번역 원고가 들어오기 시작하면서부터
편집부에서 원성이 자자했다. 썩 좋은 번역과 준수한 번역이
대부분이었지만, 그래도 편집하기에는 너무나 번역 상태가
좋지 않은 원고들도 꽤 있었기 때문이었다. 이때의 경험은
내게 처음으로 출판 기획에서 저자/역자를 발굴할 때 신중함과
철저한 검증 과정이 반드시 필요함을 일깨워 주었다. 더불어
전화와 문서, 이메일로만 저자/역자들과 연락을 취함으로써
발생했던 가장 결정적인 결함, 곧 해당 연구자의 지적 세계를
폭넓게 알지 못하는 상태에서 일을 진행하는 데 따르는 편집
과정에서의 순조롭지 않은 의사소통과 '정신적 교류'의 부재를
절감한 것이다.

　　　결국 책을 만든다는 것은 저자와 편집자 사이의 정신적
교류를 바탕으로 이루어지는 것이고 편집자로서의 정체성을
가장 명료하게 드러내는 행위인데, 그러한 과정이 쏙 빠진 채 그저
하얀 종이 위에 검은색 물감을 흩뿌린 물질로서의 책의 완성에만
급급했던 것이다. 이 일을 겪고 난 이후, 나는 지금껏 새로운

저자를 만날 때마다 철저한 검증 과정을 이중, 삼중으로 거쳐
실수를 최소화하려고 노력한다.

이론사회학자 김덕영 선생과의 만남

내가 만드는 책들이 주로 인문사회과학 분야의 학술서이기
때문에 학계의 동향을 파악하는 일은 저자 발굴의 가장 기초가
된다. 따라서 기획하고 싶은 해당 분야 저자와의 만남을 주저하지
않고 관련 논문이나 단행본 출간 소식에 안테나를 곤두세운다.

그 가운데 이론사회학자 김덕영 선생(독일 카셀대, 사회학)과의
만남은 유독 내게 깊은 인연으로 남아 지금껏 많은 책을
기획하고 펴내는 데 중요한 계기가 되었다. 김덕영 선생의
학문 이력과 국내에서 펴낸 책들을 살펴보았을 때, 내 눈길을
끈 가장 큰 요소는 그가 막스 베버와 게오르그 짐멜을 전공한
이론사회학자라는 점이었다. 당시만 해도 국내 사회과학
분야에서 '이론'을 파고드는 연구자를 찾는다는 것은 매우
어려운 시기였다. 더욱이 첫 출판사에서 눈여겨 두었던 짐멜의
『돈의 철학』이 영어 중역본으로 나와 있었기에 언젠가는 꼭 짐멜
전공자를 찾아 독일어 원전 번역으로 책을 내야겠다는 생각을
하고 있었다.

발터 벤야민 전공자인 독문학자 최성만 선생의 소개로
김덕영 선생을 처음 만난 날, 나는 무턱대고 도서출판 길이 매우
작은 출판사이지만 '한국의 주어캄프 출판사'를 꿈꾸며 책을
만든다고 했다. 당시 도서출판 길은 5-6종의 책을 펴낸 거의
신출내기 출판사나 마찬가지였기에 '한국의 주어캄프 출판사'를
꿈꾼다는 말을 들은 김덕영 선생의 표정은 그야말로 가소롭다는
듯했다.

　　그렇게 인연이 시작되었다. 나는 분량에 상관없이 무조건
선생이 집필하는 대로 책을 펴내겠다고 약속했다. 모름지기
'학술서'라면 연구자의 모든 것이 들어가야 한다고 지금도 나는
생각한다. 따라서 분량을 정하거나 주제를 한정하거나 하는
요구를 저자에게 일절 하지 않는다. 이른바 저자로 하여금 '맘껏
펼치게' 하는 것이 내가 갖고 있는 책 기획의 첫 번째 의도이다.
더불어 나는 김덕영 선생과 거의 매달 한 차례씩 정기적으로
만나 술잔을 기울였다. 물론 술이 목적은 아니었다. 선생의 깊이
있는 이론사회학적 지식과 발언을 모두 흡수할 능력을 갖고 있지
못했지만, 나는 편집자로서 꼭 갖추어야 할 지성사와 문화사의
주요 변곡점이라든지, 이론적 전환기의 핵심 요소를 파악하는 데
게을리하지 않았다. 내게는 사회과학 분야가 비교적 생소했기
때문에 이론사회학의 세계를 접하는 것은 사회과학 분야를
폭넓게 이해하는 데 큰 힘이 되었다.

　　자연스레 김덕영 선생과의 책 기획은 다방면으로 뻗어
나갔다. 선생의 머릿속을 좀 더 들여다보고, 선생이 독자 앞에

선 모습을 보고 싶어 이틀에 걸친 12시간 특강이나 한국 사회를
분석하는 단행본을 기획했다. 그리고 방대한 주석과 해제를 붙인
『돈의 철학』과 『프로테스탄티즘의 윤리와 자본주의 정신』을
비롯해 베버와 짐멜에 대한 두툼한 연구서와 번역서도 펴낼 수
있었다. 한번은 열띤 술자리를 가진 이후, 밤거리 벤치에 앉아
이야기를 나누던 중 호기롭게 '막스 베버 선집'(전 10권)을 펴내기로
의기투합하기도 했다. 여기에 이론사회학자 시리즈까지 더해지니
어느덧 김덕영 선생이 해온 지적 작업이 우리 학계에 이론적
토대를 마련할 수 있는 통로가 되었다.

우리 학문에서 척박한 분야를 책으로 채워 넣자!:
중세에 대한 관심과 저자 발굴
10여 년 전부터는 김상봉 선생(전남대, 철학)의 영향으로 중세
철학과 중세사 분야에 대한 관심이 부쩍 늘어 개인적으로도
이 분야의 공부를 나름 병행해 가면서 책을 기획하고 있다.
나의 문제의식은 바로 중세 후기에서 근대로 넘어가는 시기인
14-15세기의 중요성을 책으로 독자 앞에 선사하겠다는 것!
전체 서양 사상사를 보았을 때, 우리 학계에서 '중세'는 거의
비워져 있는 분야나 마찬가지였기에, 편집자로서 이 부분을
꼭 채워 넣고 싶었다. 자연스레 전통적으로 해석되어 온 르네상스,
과학혁명, 종교개혁에 대해 새로운 시각과 연구 방법론으로
무장한 해외 학자나 국내 신진 연구자 발굴에 힘을 쏟았다. 더불어
차츰 다루어야 할 시기적, 지리적 범위가 넓어져 이제는 12세기나
그 이전 시기, 그리고 서유럽 중심이 아닌 이슬람과의 관계,
더 넓게는 중앙아시아 지역까지의 사상적 연관 관계에 초점을
두고 있다.

김덕영 선생이 옮기고, 도서출판 길이 펴낸 게오르크 짐멜의 『돈의 철학』과
막스 베버의 『프로테스탄티즘의 윤리와 자본주의 정신』. (출처: 이승우 제공)

　　이러한 과정에서 만난 연구자들 가운데 윤비 선생(성균관대,
정치학)은 단비와 같은 존재이다. 중세 정치 사상사를 전공한
그는 고대 그리스어와 라틴어를 유창하게 구사할 뿐만 아니라
도상학을 바탕으로 한 중세 미술사 분야에도 해박해 좁디좁은
내 식견을 넓혀 주는 데 결정적 역할을 해주고 있다. 윤비 선생과
인연을 맺은 지 3년여 되는 지금, 나는 그와의 숱한 만남 속에서
앞서 언급했던 지성사적·문화사적 관점에서 내 관심 분야의 책을
어떻게 기획할지를 궁리한다. 당연히 그것은 단발적인
책 기획이 아니라 하나의 전체 이미지로서 중세를 보여 주고자
하는 나의 원대한 꿈과 연결된다. 따라서 관심을 갖고 보아야 할

김덕영 선생이 옮기고, 도서출판 길이 펴낸 막스 베버 선집. 왼쪽부터 『문화과학 및 사회과학의 논리와 방법론』, 『이해사회학』, 『가치자유와 가치판단』이다. (출처: 이승우 제공)

부분이 한정되어 있지 않다. 철학을 비롯해 역사, 음악, 과학사 등 다루어야 할 분야가 실로 어마어마하다. 하지만 중세 1,000년을 내가 책이라는 그릇에 다 담아낼 수는 없다. 자연스레 척박한 우리 학계의 수준까지 염두에 두고 핵심 줄기만이라도 온전히 담아내자는 것이 내 의도이다.

이러한 의도를 바탕에 두고 최근 3년 동안 만난 신진 연구자들은 이전 세대 학문 연구자들에 비해 괄목할 만한 성과를 보여 줄 튼실한 싹이 보여 큰 기대를 갖게 한다. 기존 연구자들이 해왔던 범위나 주제에서 벗어나 일반 독자들이 보기에는 생소할지도 모르는 아주 전문적인 분야에까지 요즈음 신진 연구자들은 관심의 촉수를 넓혀 가고 있다. 솔직히 붕괴되어 가고 있는 대학과 지식인 사회를 보면 우리 사회의 미래가 걱정될 정도인데, 이들 신진 연구자의 결기와 노력을 보면 한편으로는 큰 위안이 되기도 한다. 지금껏 누가 프로클로스, 보에티우스, 윌리엄 오컴, 시제 브라방, 파라켈수스, 아비센나, 마이모니데스, 피코 델라 미란돌라, 중세 광학, 연금술, 중세 이슬람 철학에 관심을 가졌던가를 생각해 보면, 이들의 등장은 소멸되어 가는 지식 문화 분야의 소중한 불씨가 되지 않을까 생각한다.

책의 세계, 지식의 세계는 너무나 방대하기에 한 명의 편집자, 한 명의 연구자가 온전히 모든 것을 커버할 수는 없다. 다만 차근차근 벽돌 한 장씩 쌓아 올려 다음 세대를 기약할 뿐이다. 척박한 학술 분야의 책을 만들어 온 나로서는 더더구나 우공이산(愚公移山)의 마음가짐이 얼마나 중요한지를 잘 알고 있다. 우리 학문에서 비워져 있는 분야가 너무 많기에 옥석을 구분해 가장 중요한 텍스트부터 채워 넣어야 한다는 부담감이 있으면서도 새로운 분야를 열어 나간다는 점에서는 편집자로서 흥분되기도 한다. 따라서 이런 분야의 연구자, 더욱이 신진 연구자를 만나 지적, 정신적 교류를 나눌 수 있는 점은 그 어떤 직업에서도 누릴 수 없는 즐거움이기도 하다.

선배 출판인들이 보여 준 모범

최근 나는 일본의 명문 학술 출판사 미스즈서방(みすず書房)의 편집자 가토 게이지(加藤敬事)가 쓴 『편집자의 시대』(사계절, 2023)를 읽는 내내, 문장 곳곳에서 감정이입이 되는 순간과 함께 편집자와 저자와의 관계에 대해 다시금 생각하는 계기를 갖게 되었다. 우리와는 분명 다른 출판 환경이지만 결국 그들도 저자와의

지속적인 정신적, 지적 교류를 바탕으로 '책'을 통해
자신들만의 지성사와 문화사를 구축해 간다는 점이었다.
즉 한 국가나 사회의 지성사나 문화사의 중요한 지점에 편집자의
역할이 지대한 영향을 끼친다는 것이다. 가토의 다음과 같은
말은 편집자의 위상과 정체성을 가장 간명히 표현해 주고
있다는 점에서 신선했다. "편집자는 모든 것에 대해 무엇인가를
알고 있는 사람이자, 무엇인가에 대해서는 그 전체를 알고 있는
사람이다." 그러면서 그는 1960년대 일본 학계와 출판계에서
거의 중요시하지 않던 이슬람 분야의 저자와 번역자를 대거
섭외해 관련 책들을 집중 기획해 선보인다. 편집자로서
반드시 갖추고 있어야 할 보편 교양인으로서의 지성사와
문화사를 꿰뚫고 있었기에 가능한 대담한 기획이었던 것이다.
그리고 그런 편집자의 결기를 믿고 흔쾌히 기획을 받아들인
설립자 오비 도시토(小尾俊人) 역시 독특한 소신인 '편집장
독재론'으로 전후(戰後) 일본 출판계를 본궤도에 올려놓은 걸출한
출판인이었다.

  이것은 꼭 일본만의 사례도 아니다. 이미 20세기 초중반
프랑스 출판의 전성기를 이끈 갈리마르 출판사의 창업자
가스통 갈리마르(Gaston Gallimard)나 1950년 창립된 독일 주어캄프
출판사의 제2대 대표를 지낸 지크프리트 운젤트(Sigfried Unseld) 역시
몸소 이를 보여 주었다. 그들은 시인이나 소설가, 지식인과 함께
끊임없는 대화와 모임을 주선했고 편지 교환을 통해 자신들의 '책
공화국'을 건설했다.

  앞선 이들 출판인들에 비해 한참 못 미치는 수준이지만
그 정신과 태도만은 닮고 싶어 나 역시 저자와의 만남과 지적
교류에 대해서만큼은 때와 장소를 가리지 않는 편이다.

아니 일부러라도 그런 자리를 마련해 지적 대화를 즐기려고
한다. 내게 있어 책 만드는 일이 가장 즐거운 순간은 바로 해당
분야 저자와의 첫 단추가 끼워지는 이때이다. 물론 지난한 편집
과정에서도 문장과 씨름하며 희열을 느끼는 때도 있다.
통틀어 보자면, 그것은 곧 편집자와 저자가 함께 펼치는
정신의 향연일 것이다. 서리북

이승우

1968년 경기도 수원에서 태어나 성균관대 유학과(儒學科)를 졸업했다. 1995년 ㈜도서출판
한길사에 입사해 기획과 편집, 홍보 업무를 담당했으며, 2003년 현재의 도서출판 길에 입사해
기획실장으로 근무하고 있다. 2008년 한국출판인회의 선정 '올해의 출판인' 편집 부문을 수상한 바
있으며, 2022년에는 한국출판문화진흥재단이 제정한 제1회 '한국출판편집자상' 대상을 수상했다.
서울예술대 문예창작과 강사로도 있었다.

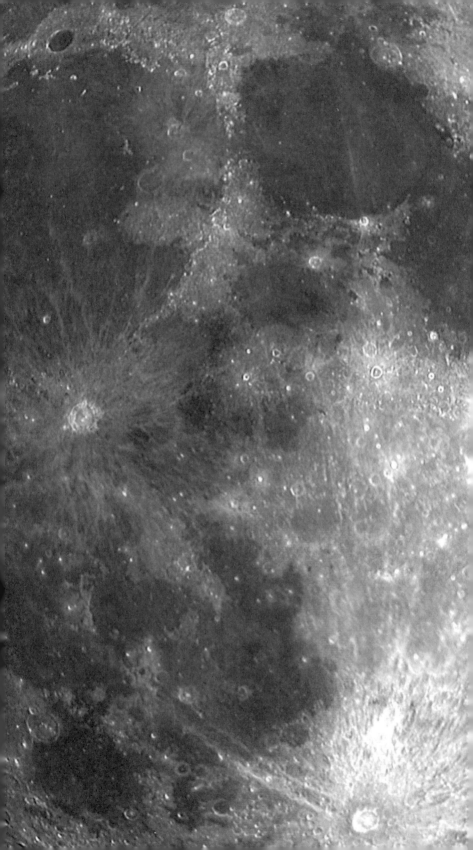

리뷰

서울
리뷰 오브
북스

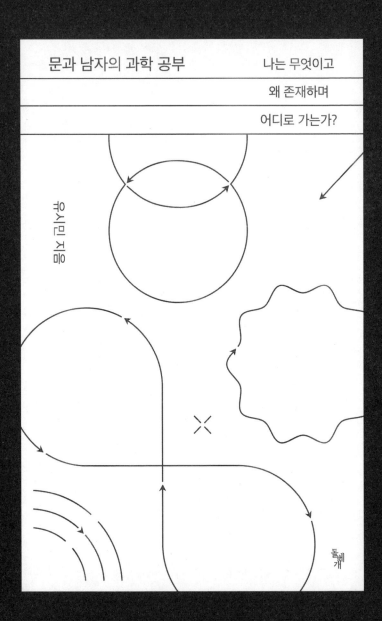

문과 남자의 과학 공부

나는 무엇이고

왜 존재하며

어디로 가는가?

유시민 지음

돌베개

『문과 남자의 과학 공부』
유시민 지음
돌베개, 2023

사유 방식으로서의 과학 공부, 그리고 그 한계:
지식이 아닌 방법론으로서의 과학

권석준

독서 수양록에서 과학 커뮤니케이션의 시도까지 이어지는 여정

최근에 출간된 『문과 남자의 과학 공부』의 글쓴이 유시민은 잘 알려져 있다시피 전직 장관이자 한때 화제를 몰고 다녔던 정치인, 그리고 은퇴 후에는 수많은 사회과학 혹은 인문학 베스트셀러를 쓴 유명 작가이자 유튜버다. 그는 정계 은퇴 이후에도 여전히 책으로, 유튜브로, 방송 출연으로 미디어에서의 영향력이 큰 공인이다. 그러나 이러한 글쓴이의 복잡한 배경과 화려한 타이틀을 제외하고 본다면, 이 책은 과학적 지식과 사유 방법에 대해 체계적으로 배울 기회가 없었던 혹은 그런 훈련을 받지 못했던 평범한 '문과' 중년 남성의 에세이, 특히 과학 교양서를 섭렵한 기록을 담은 독서 에세이일 뿐이다.

그런데 흥미로운 점은 그 에세이가 본인이 읽어 내려간 과학 교양서에 대한 독후감의 나열에서 그치는 것만은 아니라는 것이다. 그 과정에서 얻은 통찰과 즐거움으로 한 번 더 토렴한 수양록에 가깝다. 예를 들어 글쓴이는 "'삶의 의미는 무엇인가?' 나는 인문학이 준 이 질문에 오랫동안 대답하지 못했다. 생물학을 들여다

보고서야 뻔한 답이 있는데도 모르고 살았음을 알았다"(127쪽)라고 이야기하기도 한다. '문과'라는 다소 진부한 용어를 일부러 책의 제목에서 가장 먼저 언급되는 수식어로 삼은 것에서도 이 책을 수양록으로 분류하는 것이 더 어울린다는 점을 재확인할 수 있다.

그렇지만 이 책은 개인의 독서 수양록에만 그치지는 않는다. 이 책은 대중에게 읽힐 수 있는 책으로 자립할 수 있다. 그 근거는 이 책이 철저하게 인문학의 입장에서 우주와 세상과 인간에 대한 과학적 접근 방식을 재해석한 과학 커뮤니케이션 시도가 될 것이라는 데 있다. 물론 여기서 말하는 재해석은 과학과 다른 길을 가는 유사 과학 같은 엉뚱한 해석을 뜻하는 것이 아니다. 글쓴이의 표현을 빌리자면, '인간의 언어'로 되새김질하며 인간과 우주에 대한 과학의 최전선을 이해하려는 해석이라는 표현이 더 맞을 것이다. 수학에 가로막혀 과학에 대한 막연한 호기심과 두려움이 공존하던 사람들에게, 이 책의 글쓴이는 수학이 아닌 인간의 언어로 전달되는 과학책이 그 두려움을 넘을 수 있게 해준다고 역설한다. 이는 마치 컴퓨터 프로그래밍 언어가 컴퓨터가 이해하기 어려운 방향으로 갈수록 인간은 이해하기 쉽게 되는 것을 연상하게 한다. 이 인간의 언어란 결국 인문학적 입장에서의 과학에 대한 해석의 통로가 된다. 즉, 좁게는 지식, 넓게는 시스템으로서의 과학에 대한 통로를 의미한다.

그렇지만 인간의 언어가 과학의 본질을 100퍼센트 담을 수 있다는 뜻은 아니다. 따라서 인문학적 입장에서의 과학에 대한 접근은 근본적으로 한계가 있을 수밖에 없다. 글쓴이가 애써 스스로의 정체성을 '문과'라고 규정하는 것의 속내에는 바로 이러한 인문학적 입장에 대한 한계의 확인과 글쓴이 스스로 그 입장에서 탈피하고 싶었던 고민의 흔적이 담겨 있다. 글쓴이는 그간 인문학과 사회과학에서 자신의 지적 자산을 쌓아 왔노라고 고백하고 있기 때문에, 그에 대한 대조 장치로서 과학을 선택한 것은 수사적 장치에 가깝다. 그렇지만 그럼에도 이는 왜 그가 과학책을 닥치는 대로 읽게 되었고, 그래서 무엇을 얻었는가를 보여 주는 효과적인 장치가 되기도 한다.

생각보다 더 높은 과학 커뮤니케이션 난도

해설을 주목적으로 하는 교양서는 그 자체로 과학 커뮤니케이션의 기능을 한다. 단순히 최신 과학 연구 성과를 비전공자에게 전달할 뿐만 아니라, 세상에 대한 인식의 깊이를 더해 주는 촉매가 된다는 점에서 이러한 교양서의 의의를 찾을 수 있다. 그간 과학 커뮤니케이션 목적의 교양서가 없었던 것은 아니다. 다만 대부분 그 분야의 전문가가 집필하거나, 혹은 적어도 이공 계열에서 훈련받은 작가들이 풀어낸 책 위주였다. 이 책에도 과학자들이 직접 이야기를 풀어낸 과학 교양서의 내용과 인용이 자주 등장한다.

그러나 아무리 쉬운 언어로 연구 내용을 소개한다고 해도, 이공계 학자가 전달하는 전문 내용의 도달 범위에는 한계가 있다. 이공 계열 배경을 가진 작가들은 대개 글쓰기를 논문 쓰기 위주로 훈련받았다. 논문은 객관적 데이터를 취합하여 논리적 흐름에 맞게 기계적으로 옮기는 과정으로 정형화되어 있다. 그래서 현업 학자들이 아무리 자신의 연구에 정통했다고 해도, 일반 독자 대상의 과학 교양서를 스토리텔링하듯 쓰는 것은, 문과 배경의 독자가 그 연구를 전부 이해하는 것만큼이나 어렵다. 특히 최신 연구 성과가 포함된 전문서를 대중의 시선에 맞게 톤다운해야 하는 학자들은 '인간적인 언어'로 내용을 전달하는 것에 어려움을 느낀다. 한국의 출판계에는 '과학 교양서에 방정식이 한 줄 등장하는 순간 독자들은

여러 공식이 적힌 칠판 앞에서 머리를 감싸고 있는 모습.(출처: wallpaperflare.com)

반씩 떨어져 나간다'는 자조 섞인 우스갯소리가 있을 정도로, 일반 대중들은 과학 교양서가 어느 이상 어려워지기 시작하면 더 이상 그것을 교양서로서 받아들이지 않는다. 일종의 전문서로 인식하기 때문이다.

그래서 현업 과학자들이 전문적 연구를 풀어서 전달하는 것에는 늘 어려움이 따른다. 전문 용어나 개념은 반드시 언급해야 하는데, 그러려면 더 기초적인 이론도 설명해야 하고, 그러다 보면 본문보다 각주나 부록이 더 길어지는 일이 빈번해진다. 한 줄의 방정식으로 전달할 수 있는 내용도 방정식 없이 전달하려면 몇 페이지를 넘어가는 일이 허다하다. 받아들이는 측에서도 고통은 매한가지다. 독서는 독자가 가진 기존의 지식 체계와 새로 접한 지식의, 문자 그대로 뇌 속 신경 물질들 사이에서 벌어지는 화학 반응을 통한 융화 과정을 곁들인 고도의 지적 활동이다. 그런데 만약 이 융합이 잘 이루어지지 않으면 오히려 상당한 고통을 수반할 수도 있다. 특히 조금이라도 깊이 들어가야 하는 분야의 과학 교양서는 더 그렇다. 나 역시 과학의 방법론을 훈련받았고 또 과학 연구 자체를 직업으로 삼고 있음에도, 다른 분야의 과학 교양서를 읽을 때면 이러한 경험을 하곤 한다. 하물며 비전공자인 독자에게 다양한 층위의 과학 교양서 독서는 결코 쉽지 않은 지적 노력을 쏟아야 하는 활동이다. 고통스러운 것은 지식의 융합뿐만이 아니다. 과학책 독서의 지적 활동이 자신이 상식처럼 받아들이던 논리와 사고방식, 나아가 세계관까지도 뒤집는 것으로 귀결된다면 기존의 사고방식 자체를 바꿔야 한다고 여길 수도 있는데, 당연히 이 경우에는 더 큰 고통이 따른다.

　　과학의 학문적 훈련을 받지 못한 독자의 입장에서, 그리고 과학의 사유 방식을 이해하고 그 과정에서 얻은 지식의 진보의 가치를 알아 가는 과정에는 그래서 스토리텔링이 더 필요하다. 겉보기에 흩어져 있는 것처럼 보이는 사실들을 하나씩 기둥으로 삼아 그 배경에 있는 다양한 인물들과 사건들을 벽돌 쌓듯 촘촘하게 구성하는 것은 그런 면에서 효과적이다. 독자들 입장에서는 자신에게 익숙했던 세계와의 연결 지점이 생기고 편안함을 느낄 수 있기 때문이다.

　　내가 1년 전《서울리뷰오브북스》에 리뷰했던 민태기의『판타 레이』(사이언스북스, 2021)는 바로 그러한 책의 대표적 사례다.* 비뉴턴 유체라는 전문 분야를 전공한 현업 엔지니어인 전문가가 유체역학이라는 비교적 낯설고 어려운 학문 분야를 다루고 있음에도 불구하고, 이 책은 스토리텔링의 입체화와 꼼꼼함을 동시에 달성함으로써 독서계에서 지속적으로 좋은 평을 얻고 있다. 독자들

---

* 권석준,「만물유전」,《서울리뷰오브북스》8, 2022, 160-175쪽.

이 기존에 알고 있던 과학사와 철학, 혹은 예술의 다양한 장면들을 연결해 주었기 때문이다. 그러면서도 그 가운데를 관통하는 과학의 원리를 설명하는 단계를 차근차근 밟는 것을 놓치지 않았기 때문에 독자들은 이 벽돌같이 두꺼운 책을 읽고 또 추천한다. 이공계의 전문성을 바탕으로 깊이를 제공하면서도 스토리텔링까지 성공적으로 달성한 과학 커뮤니케이션의 좋은 예다.

그렇지만 특정 분야를 넘어, 여러 분야의 과학서를 일정한 순서를 따라가며 스토리텔링하기란 결코 쉬운 것은 아니다. 특히 이공계 배경이 없는 '문과' 작가가 층위가 제각각인 과학 교양서를 읽고 그것을 자신의 언어로 소화하며 전달하는 것은 더더욱 어렵다.

'문과' 남자의 독서 전략

유시민은 이 어려운 작업을 뇌과학, 생물학, 화학, 물리학, 수학, 그리고 우주론에 걸친 다양한 분야의 독서를 통해 어쨌든 꾸준히 시도했으며, 일부는 소기의 목적을 달성한 것처럼 보인다. 그렇지만 많은 부분에서 여전히 그러한 소화가 충분히 이루어지지는 않았음을 확인할 수 있다. 스스로 고백했듯, 30년 인문학 공부라는 구습에서 벗어나지 못하는 한계를 여실히 드러내는 부분도 있다. 자신에게 익숙한 지적 플랫폼인 인문학과 사회과학에 기대어 자신이 읽은 과학책에서 전달하고자 했던 지식과 방법론은 뒤로 밀어내고, 필요한 부분만 취사선택하여 자신의 기존 세계관을 강화하는 재료로 추출하는 모습도 여전히 남아 있다(이 부분은 후술할 것이다). 최신 성과를 다룬 과학 교양서가 아닌 고전을 읽고 멈춘 후, 고전에서 다룬 내용이 현재 과학의 최전선에 있는 것으로 착각하는 것 같은 장면도 보인다.

이러한 명확한 한계에도 불구하고 이 책에서 확인할 수 있는 글쓴이의 수양록은 비슷한 입장에 있는 독자들에게는 꽤나 친절한 과학 커뮤니케이션 통로가 될 수 있다. 과학자의 입장이 아닌 독자의 입장에서, 엄밀함과 정확도를 추구하는 이공계의 방식이 아닌 인문학 본래의 취지, 즉 인간을 이해하자는 취지에서 서로 상관없어 보이는 과학의 세부 분야들을 관통해 과학을 인간의 활동이자 고유한 지적 경험으로 들여다보는 입장을 취하고 있기 때문이다. 이미 이 책을 읽은 독자라고 하더라도, 다시 그 입장에 서서 이 책을 읽어 본다면 새로운 느낌을 얻을 수 있을 것이다. 왜냐하면 그러한 세부 분야를 하나로 연결하는 인상을 받을 수 있기 때문이다. 그러한 맥락에서도 이 책은 일독의 가치가 있다. 그것은 글쓴이의 배경에 대한 고려는 물론, 그가 가진 세계관이나 인문학적 성찰의 방향에 동의하느냐와는 별로 상관이 없다.

전술했듯 기본적으로 글쓴이의 입장은 인문학의 통찰을 그가 읽었던 책에서 배운 과학으로 재정의하는 것이다. 글쓴이는 과학 공부를 하면서 과학에서 강조하는 개념의 정의가 왜 중요한지 깨닫는 과정을 책 곳곳에서 서술한다. 글쓴이는 본인에게 그동안 익숙했던 인문학과 과학을 비교하면서, 두 세계의 가장 큰 차이 중 하나가 바로 개념의 명확한 정의에 있다고 이야기한다. 그러나 글쓴이는 이러한 정의의 개념을 잘 이해하는 것 같으면서도, 기존의 인문학적 세계관의 투영에 의한 왜곡으로부터 완전히 자유롭지는 못하다. 인문학 공부를 많이 한 글쓴이의 입장에서, 과학에 관심을 보이는 과정은 겉으로는 개심으로 볼 수도 있다. 그러나 그 개심은 그가 읽었던 과학책의 핵심 원리를 제대로 이해하는 것까지는 이르지 못한다. 이는 생물학에 대한 독서 기록을 다루는 3장에서, 특히 에드워드 윌슨의 사회생물학 케이스를 언급하는 장면에서 가장 잘 드러난다. 사회생물학은 인간의 본성 역시 진화의 산물임에 주목하여, 인간은 물론 인간이 이루는 사회 속성도 생물학, 특히 진화생물학으로 설명할 수 있다고 가정한다. 문제는 이러한 사회생물학에서 인간의 고유성이라는 맥락을 제외할 경우, 사회적 부조리와 문제를 그저 생물학적 원리에서 비롯된 '자연스러운' 특성으로 받아들이기 쉬워진다는 것이다. 예를 들어 생물학적 차이는 차별과 혐오의 논리의 근거로 쉽게 전용될 수 있는데, 이는 정치적 수사에서도 얼마든지 변용될 수 있다. 실제로 글쓴이는 특정 정치인의 행동 이면에 있는 동기를 바로 이러한 사회생물학적 원리를 근거로 비판한 적이 있기도 하다. 그러나 사회생물학은 다른 학문에 대한 월권이 가능함을 보장하지 않는다. 오히려 지나치게 매몰될 경우 주화입마에 이를 수도 있다. 글쓴이가 이 책을 쓴 동기는 과학을 통해 본인에게 익숙하던 세상을 보다 근본적인 원리에 입각하여 이해하겠다는 것이었겠지만, 아이러니컬하게도 정작 그 근본적인 원리는 인간의 본성을 전부 설명할 수 있다고 한 번도 보장한 적이 없다.

　정치적으로는 좌파로 분류되는 글쓴이가 본인이 거의 반평생 지지했던 철학과 사상의 허점을 쉽게 인정하고 그 허점을 사회생물학이나 다윈주의를 비롯한 자연과학의 냉철한 논리로 채워야 한다고 역설하는 장면은 사뭇 흥미롭다. 3장에서 글쓴이가 윌슨이 인문·사회학자들에게 했던 충고(예를 들면 인문학은 동물행동학의 특수 케이스라는 표현)에 동조하는 것이 그 예다. 물론 글쓴이가 윌슨의 논리를 다 받아들이는 것은 아니다. 글쓴이에게 익숙한 인문학과 사회과학이 자연과학의 방법론과 이론, 그리고 체계로부터 재조직될 수 있음을 인정하지만, 아예 대체할 수는 없다는 의견을 피력하기 때문이다. 글쓴이는 윌슨의 논리가 인문학이나 사회학의 근간

미국의 생물학자 에드워드 윌슨.(출처: 위키피디아)

을 앞설 수는 있어도, 사회생물학이 인문학과 사회과학 자체를 억누르는 상하관계가 있으면 안 된다고도 강조한다. 글쓴이가 사회생물학을 읽어 나가는 부분에서 그가 생각하는 과학에 대한 애정과 거리감을 동시에 확인할 수 있으면서도, 그가 갖는 인식에도 한계가 여전함을 엿볼 수 있다.

　　이 책 전체를 관통하는 주제 중 하나는, 그가 익숙한 인문학과 사회과학은 인류가 구축한 지 수백, 수천 년밖에 안 된 학문이지만, 자연과학은 학문으로 정립되기 이전부터 유전자 레벨에서는 수십억 년간 이어져 온 대상을 논리적으로 탐구하는 학문이기 때문에 후자가 더 진리에 가까울 것이라는 점을 강조하는 부분일 것이다. 그가 언급하는 주요 사례는 다윈주의에 관련된 다양한 과학 이론과 모형이지만, 특히 이 부분은 도킨스의 이기적 유전자를 언급하며 ESS 모델*을 강조하는 장면에서도 잘 드러난다. 글쓴이는 본

----

* 윌슨의 ESS는 Evolutionarily Stable Strategy의 약어로, 진화생물학에서 논하는 개념

인이 십수 년 전 보건복지부 장관으로 일했던 경험을 떠올리며, ESS 모델 등의 과학 기반 방법론의 효용성을 이야기한다. 그와 동시에 그러한 본인의 경험이나 모형의 효과만으로 인문학 전체를 사회생물학의 하위로 편입하는 것에는 무리가 있다고 이야기한다. 글쓴이는 인문학이 인간 의식과 행동에 대한 생물학의 연구 결과를 적극 받아들여 활용하는 것이 바람직하다고 주장하는 것으로 결론을 맺는다. 이 대목에서 우리는 글쓴이가 과학의 유용함, 특히 방법론적인 유용함과 개념의 명료함이라는 비교 우위를 취하고 싶으면서도 동시에 인문학의 가치를 보존하려는 생각 사이에서 여전히 혼란과 갈등을 겪고 있다는 것을 알 수 있다. 과학 교양서를 읽으며 특정 분야의 모형을 익히고 그 적용 대상을 인간의 사회, 나아가 인간 욕망 자체로 확장하는 것을 시도하지만, 여전히 인간과 사회에 대한 접근에서 과학의 한계를 규정하고 싶어 하는 것이 보이기 때문이다.

　　글쓴이가 읽고 소화한 과학책은 많은 영역에서 이렇게 본인에게 익숙했던 인문학 및 사회과학과 자연과학의 연결고리 탐색, 그리고 기반 합치기로 갈음되는 모습이 많이 연출된다. 이러한 시도는 인문학적 성찰을 공유한다는 동기에는 합치될 수 있으나, 동시에 많은 허점을 남긴다. 어떤 영역에서는 인문학과 사회과학의 학문적 한계가 명확함을 언급하며 자연과학의 연구 방법으로 그것을 기각할 수 있는 것처럼 표현하는데, 이는 학문 사이의 계층적

이다. 이 개념은 생물 진화에서 다양한 전략 중, ESS에 해당하는 전략이 어떻게 특정 생물로 하여금 더 많은 자손을 낳을 수 있고, 그래서 그 전략이 다시 진화적으로 안정적으로 유지되는 전략이 되는지를 설명하기 위해 제시되었다. ESS 개념은 진화생물학에서 종의 행동과 전략의 다양성 이해에 여전히 중요한 이론적 근거가 된다. 윌슨의 ESS 개념은 경제학의 게임 이론과도 밀접한 관련이 있다.

위계 관계를 암시하는 것처럼 보일 수 있다. 그런데 또 어떤 영역에서는 자연과학의 지식 체계와 모형에는 한계가 있고, 그 한계 너머에 인문학과 사회과학의 진짜 의미가 있는 것처럼 이야기하기도 한다. 이는 자연과학에 대한 글쓴이의 전향이 여전히 인문학의 베이스캠프를 떠나지 못하고 있음을 보여 준다. 이 책을 관통하는 글쓴이 본인의 학문과 철학에 대한 성찰의 근본에 자연과학의 지식과 방법론은 켜켜이 쌓이는 지층 정도로 자리매김하고 있음을 관찰할 수 있는 대목이기도 하다.

다양한 분야를 아우르는 통섭과 융합의 한계

글쓴이의 다음 여정은 화학으로 이어진다. 다음 주자로 화학이 나온 까닭은 글쓴이가 과학의 연결고리를 점점 환원주의로 이끌고 가겠다는 의도에서 비롯된다. 실제로 글쓴이는 화학에 대한 공부를 환원주의에 대한 탐색이라는 주제로 압축하고 있다. 물론 글쓴이가 환원주의에 동의하기 위해 이 장을 할애한 것은 아니다. 글쓴이는 환원주의의 위험 요소가 결국 너무 세분화된 분야 사이의 장벽으로 인해 발생하는 근시안적 사고 방식, 나아가 시스템 전체를 설명하기 어려워지는 것에서 비롯되는 것이라 파악한다.

그런데 이 논리는 그가 앞서 언급한 윌슨의 표현을 빌려 통섭의 필요성으로 연결된다. 좁은 의미에서의 통섭은 윌슨의 표현에 따르면 과학과 인문학의 연결이다. 그런데 글쓴이는 그것이 '다학문적 유희'에 그칠 것이 아니라, '범학문적 접근'으로까지 나아가야 한다고 주장한다. 글쓴이에게 익숙한 사회과학이 바로 자연과학에 비해 통섭의 노력이 부족하다는 윌슨의 주장에 적극 동의하는 부분은 신선한 지점이다. 그렇지만 각 분야를 넘나드는 통섭은 한때 유행했던 학문적 트렌드일 뿐이다. 기본적으로 통섭이라는 월경 행위가 가능해지려면 애초에 세부 학문 분야가 충분히 전문성을 가지고 발전해야 한다는 전제 조건이 따라붙는다. 경계를 넘기 위해서는 애초에 경계라는 것이 확실히 존재해야 하기 때문이다. 문제는 전문성의 강화가 각 분야에서만 통용되는 개념과 이론의 심화를 동반하고, 수많은 동음이의어를 만들면서, 층위가 다른 개념들의 혼재를 야기한다는 것이다. 따라서 각 세부 분야 사이의 거리는 멀어지고 경계는 더 강화되면서 역설적으로 연결은 더 어려워진다. 이러한 학문의 분기 특성을 고려하지 않은 융합은 공허해지기 쉽다. 왜 그러는 것일까? 기실 융합을 잘하려면 융합을 멀리해야 한다. 이는 형용 모순이 아니다. 애초에 융합이라는 것이 서로 다른 분야를 한군데 모아 섞는 것임을 생각해 보면 된다. 비유해 보자. 탕수육을 만들기 위해서는 돼지고기와 전분과 튀김가루와 야채, 그리고 각종 소스가 필요한데, 이들 재료는 서로 성질이 완전히 다르다. 그런데 맛있는 탕수육을 만들기 위해서는 이들 재료가 각자의 풍미를 지켜야만 한다. 최고의 탕수육을 만들겠다고 전국 각지의 중국집에서 각자 조리한 중간 재료를 커다란 웍에 넣어 같이 볶으면 정말 최고가 될지 생각해 보면 답은 명확하다. 때로는 융복합이라는 희한한 용어로까지 발전한 통섭은 유행이 강렬했던 만큼, 이제는 빛이 많이 바랬다.

물론 연구자가 환원주의로 쪼개지고 또 쪼개진 좁은 영역에만 머물러 있어야 한다는 법은 없다. 그렇지만 융합은 목적일 수도, 그렇다고 해서 수단일 수도 없다. 융합은 나뉠 대로 나뉜 영역이 잠깐 한 팀이 되어 하나의 목표를 해결하는 과정일 뿐이다. 그 과정이 범학문적 접근이라는 거대한 가치를 반드시 지향해야 하는 것은 아니다. 정작 문제를 해결하는 과정에서는 융합을 추구하려던 목적의 깊이가 얕음이 드러나고, 결국 이상과 현실의 간극만 커져 갈 뿐이다.

합치기 위해 먼저 분리할 줄 알아야 함은 자명하다. 그렇지만 글쓴이는 이러한 융합의 본래 목적과 한계에 대해서는 고민의 깊이가 얕다. 애써 화학을 다루는 장에 환원주의를 등장시켰고, 융합에 천착하려는 노력은 보이지만, 그로부터 이끌어 내는 결론은 두리뭉실하다. 그럴 수밖에 없는 것은 애초에 융합이라는 것이 과학에서 왜 한계를 가질 수밖에 없는지, 그 구조적 원인을 충분히 파악할 수 없었기 때문일 것이다. 화학을 다루는 장의 말미에서 글쓴이가 회고하는 아쉬움의 근저에는 이러한 융합에 대한 노력의 한계를 직간접적으로 경험한 본인의 체험이 있었을 것이다. 그렇지만 그 체험은 성찰로 이어지지는 않는다. 그저 아쉬움의 토로만 남았을 뿐이다.

인문학의 지지대에서 읽어 내는 과학책 독서의 한계

글쓴이의 과학책 섭렵은 이제 물리학으로 이어진다. 화학에서 더 근본적인 원리를 탐색하기 위해 밟아야 하는 징검다리로서 글쓴이가 물리학을 선택한 것은 자연스러운 수순일 것이다. 그중에서도 그가 가장 먼저 언급하는 물리학은 양자역학이다. 이는 거의 글쓴이의 과학 과외교사라고 부를 정도로 교류가 많았던 김상욱 교수의 영향 때문일 것이다.

양자역학에서 가장 먼저 배우는 이론 중 하나는 하이젠베르크의 '불확정성 원리(uncertainty principle)'이다. 그런데 인문학이나 사회과학에서는 원래의 의미와는 다르게 곡해되는 경우가 있다. 물리 세계에서도 불확실성이 있는데, 인간 혹은 인간의 사회에서도 불확실성이 있는 것은 당연하다는 식으로 비유적 장치로 쓰이거나 잘못 해석되는 것이 바로 그렇다. 글쓴이도 이 함정에 빠지고 있다. 양자역학의 불확정성 원리로 인해, 애초에 인간 인식에는 근본적인 한계가 생기는 것으로 이해하고 있기 때문이다.

그렇지만 이는 인간의 인식 한계가 아닌, 자연 스스로의 존재 한계에 더 가깝다. 어떤 측정 가능한 상태이든 그 상태의 운동량과 위치의 불확실성은, 혹은 에너지와 시간의 불확실성은 독립적으로 작아질 수 없다는 것이 불확정성 원리의 의미다. 이는 설사 우리보다 문명이 훨씬 발달한 외계인이라고 해도 피해 갈 수 없는, 적어도 우리 우주 안에서는 변치 않을 원리 중 하나다. 그런 의미에서 불확정성 원리를 인간 인식의 한계의 원인으로 규정짓는 것은 지극히 인간 중심적인 사고방식일 뿐이다.

나아가 인간 인식도 그러하니, 그런 인간들이 모인 사회 구성 원리에도 불확실성이 있는 것은 당연하다고 넘겨짚기까지 하는 것은 더더욱 인간 중심적으로 왜곡된 사고방식이다. 단순히 자연과학의 불확정성 원리와 인문/사회과학의 불확실성 논리가 층위가 다르다는 것만으로는 설명하기 어려운 근본적인 특징으로 보아야 한다. 글쓴이의 독서 목록에 포함되었는지는 알 수 없지만, 차라리 그런 목적이었다면 쿠르트 괴델의 '불완전성 원리'를 언급하는 것이 보다 생산적인 논의로 가는 방향이 아니었을까 생각한다.

글쓴이의 물리학 탐색은 양자역학과 불교 철학의 연결로도 이어진다. 글쓴이가 과학을 이해하는 과정에서 벗어나고 싶어 했던 과거의 사유 방식 중, 가장 벗어나지 못하고 있는 부분 중 하나도 이 지점에 있다. 이미 현대 물리학에는 제도권 학자였다가 불교에 귀의했거나 불교 철학과 물리학의 만남을 탐구하는 현업 학자들이 꽤 있다. 문제는 제도권의 물리학 이론과 불교의 개념을 연결하는 것은 대개 특정 현상이나 개념에 대한 무리한 해석에 국한된다는 것이다. 대부분 불교와 연결되는 개념으로 제시되는 것들은 애초에 제도권 물리학의 영역 안에서 체계적인 실험이나 계산을 함으로써 정상적 과학의 범주에서 분석할 수준까지 가지도 못한다.

석가모니가 이성과 자연법칙의 중요성을 스스로 깨달았다고 해서, 그가 깨달은 것이 현대 물리학을 비롯한 과학의 체계와 방법론이라 믿는 학자는 찾기 힘들다. 석가모니가 살았던 2,500년 전의 세상은 청동기 시대였고, 애니미즘과 다신론이 횡행하던 때였으며, 전염병과 일식을 초월적 존재의 분노로 해석하던 시기였다. 이러한 시대적 상황을 생각한다면, 석가모니가 애초 창안하지도 않은 불교라는 특정 종교의 철학이 현대 물리학과 연결고리가 있다고 생각하는 것은 유비적 수사 이상의 의미를 갖기는 어렵다.

흥미로운 사실은 한국에도 불교 철학이나 불교의 수행 방법론을 과학의 영역으로 가져오려는 시도가 생기고 있다는 것이다. 카이스트는 몇 년 전 부설 기관으로 '명상과학연구소'를 설립했는데, 명상을 과학의 영역 안에서 연구함으로써 뇌의 신비 일부를 풀어낼 수 있을 것이라 이야기한다. 그런데 문제는 그러한 연구소의 초대, 그리고 현재 소장이 모두 제도권 과학의 훈련을 받지 않은 스님이라는 것이다. 명상이 불교만의 전유물은 아니지만, 불교의 일부 종파에서 내세우는 명상 프로그램이 카이스트 같은 연구 중심 대학의 과학 연구 영역에서 다뤄지고 있다는 것은 흥미로우면서도 한편으로는 우려스럽다.

글쓴이가 주목한 불교의 연기법이 알버트 아인슈타인의 상대성 이론의 시공간 구성 원리와 일맥상통한다고 보는 것 역시, 불교 철학을 견강부회한 해석이다. 글쓴이는 불교 철학과 현대 물리학의 연관성에서 "불교의 매력이 아니라 과학의 위력을 본다"(236쪽)라고 이야기하지만, 이는 그저 겉보기에 의미가 통하는 것 같아 보이는 두 대상을 병치시키고 닮은 점만 수사학적으로 취하여 성급히 결론을 내린 착오일 뿐이다.

근본적으로 불교를 비롯한 종교 철학의 핵심 개념은 물리학 안에서 재정의되고 재해석되는 것이 불가능하다. 왜냐하면 그 철학적 핵심 개념은 검증되고 재현되고 반증될 수 없기 때문이다. 글쓴이가 문과 남자라는 정체성에서 벗어나, 과학적 사유 방식의 매력으로 빠져든 기록물로서 이 책을 남기고 싶었던 것이라면, 적어도 나는 이 대목에서 그가 불교 철학과 현대 물리학의 유사성은 그저 나열된 닮은꼴에 대한 해석일 뿐이라며 선을 그었어야 한다고 생각한다. 그렇지만 글쓴이의 사고 습관은 여전히 큰 폭의 개선을 이룩하지 못하고 있음을 이 대목에서도 확인할 수 있다.

그는 석가의 '색즉시공 공즉시색'에서 원자의 텅 빈 공간을 떠올리는 것은 우연이라고 이야기하면서도, 여전히 현대 물리학과의 유사성에 탄복하는 모습을 보인다. 사실 많은 일반 독자들이나 학생들도 원자핵이나 우주 공간은 대부분 텅 비어 있다고 생각한다. 그렇지만 이는 공간의 채움을 물질(더 정확히는 바리온)로만 한정지을 때나 의미가 통하는 표현이다. 애초에 원자핵을 구성하는 양성자와 중성자, 그리고 이를 구성하는 더 작은 쿼크나 중성미자 같은 기본 입자들 사이의 상호작용은 '퍼텐셜 장(potential field)'의 존재를 필히 요구한다. 이는 우주 공간에서 천체들 사이의 중력장이라는 'field'의 존재로도 그 개념이 확장된다. 즉, 텅 비어 보이는 공간은 사실 텅 비어 있지 않고 거대한 거품 같은 존재로 가득 차 있다. 글쓴이도 이러한 오해를 거듭하고 있지만 다행히도 제자리로 겨우겨우 돌아온다.

그는 한때 본인이 청년 시절 심취했던 변증법적 유물론을 예로 들며 그것이 일견 과학과 유사해 보이더라도, 그것만으로 그 이론에 권위를 부여할 수 없음을 "자연의 사실에 부합하는 원리를 가진 철학이라고 해서 진리인 건 아니다"(244쪽)라며 장년이 된 지금 다시금 되새긴다. 엔트로피에 대한 공부의 흔적에서는 그의 사고가 다소 허무주의로 흐르고 있음도 관찰되는데, "존재의 의미는 지금, 여기에서, 각자가 만들어야 한다"(256쪽)라는 표현으로 비인간적 허무주의로 빠지는 것을 어렵게 탈피한다. 그렇지만 애초 그가 인문학과 자연과학을 비교하며 비판적으로 과학책을 읽으면서도 결국 과학의 사유 방식을 받아들이는 과정을 다시금 기억해 보자. 그렇다면 글쓴이는 엔트로피를 다루는 대목에서 우주의 죽음이 끝이 정해진 책 같은 것이라고 한정 짓는 것을 피했어야 했다. 영원성에 대한 집착을 버리는 것이 엔트로피 법칙의 진정한 의미는 아니다. 인간을 포함한 자연은 무질서의 상태로 결국 가게 되어 있지만, 그 과정에 인간이 잠시 이룩한 질서로의 회귀는 닫힌 계와 열린 계의 차이점을 극명하게 보여 주는 중요한 사례다. 문명은 겉보기에는 엔트로피 법칙을 역행하는 결과물처럼 보인다. 물론 이는 자연법칙에 대한 위반은 아니다. 왜냐하면 인간의 인위적 노력이 닫힌 계에서 적용된 결과이기 때문이다. 인간은 문명을 이룩하면서 무질서 속에서 질서를 만들고, 암흑 상태에서 광명 상태로 진보해 왔다. 글쓴이의 물리학책 독서가 인간이 왜 이토록 엔트로피 법칙을 거슬러 올라가는 노력을 지속해 왔는지에 대한 성찰로까지 이어지지는 못했다는 것은 아쉬움으로 남는다. 글쓴이가 이 책 내내 강조했던 인간 중심의 성찰을 생각해 보면 말이다.

'거만한 바보'에서 벗어나기 위한 탈출구로서의 독서

이 책의 고유한 가치 중 하나는 글쓴이 스스로 밝히고 있듯, 보다 많은 독자들, 특히 과학적 훈련을 받지 않거나 현대 과학의 장벽이 높다고 느끼는 독자들에게 생각보다 쉽게 과학의 영역으로 갈 수 있다고 용기를 북돋아 주는 점이다. 글쓴이는 스스로 파악한 방식대로 처음에는 호기심을 불러일으키기 위해 뇌과학부터 시작하여, 뇌과학을 이해하기 위한 생물학, 생명의 작동 원리를 환원하여 보기 위한 화학, 화학에서 다루는 원자와 전자의 근본 원리를 이해하기 위한 물리학, 그리고 물리학의 언어로 쓰이는 수학, 나아가 수학이 그리는 우리 우주 전체에 대해, 60세를 넘은 중년 문과 남자가 좌충우돌하며 (그의 표현을 빌리자면) 닥치는 대로 읽어 낸 지적 여정을 효과적으로 잘 요약하여 보여 준다. 그 과정에서 그가 읽고 언급한 70여 권의 과학 교양서 혹은 고전들에 대한 소개는 독자들에게는 유용한 덤이기도 하다. 과학사의 관점에서 본다면 반드시 언급되었어야 할 책이 일부 빠지기도 했고, 그다지 언급될 필요가 없는 책도 일부 포함되기는 했지만, 최근에 출판된 전문성 있는 교양서부터, 고전의 반열에 오른 과학서까지 그가 보여 준 과학서 독서 편력은 비슷한 지적 여정에 도전하려는 다른 독자들에게는 좋은 나침반이 될 수 있을 것이다.

글쓴이는 한때 스스로 고백했던 것처럼, '거만한 바보'에서 벗어나기 위해 과학서를 탐독하고 기록으로 남기는 여정을 시작했다고 이야기하고 있다. 그러나 이러한 고백은 과학자 스스로에게도 필요한 고백이다. 글쓴이는 자신의 책을 현업에 있는 과학자들이 보지 않기를 바라고 있지만, 나는 오히려 이 책을 현업 과학자들이 한 번 정도는 읽을 필요가 있다고 생각한다. 나열된 과학적 사실이나 최신 연구 결과들은 일견 새로울 것이 없어 보이는 내용으로 다가오겠지만, 영역 밖에 있던 중년의 '문과 남자'가 최대한 인간에게 가까운 언어와 인문학적으로 익숙한 개념으로 다양한 경로를 통해 과학에 접근하는 과정 자체는 현업 과학자들도 따라가 볼 필요가 있다고 생각한다. 글쓴이가 환원론을 다루면서 언급했듯, 현대 과학은 그 발달 수준에 비례하여 이미 너무나 많은 분야로 세분화되어 있고, 서평을 쓰고 있는 나를 포함한 이공계 분야 연구자들은 좁은 전공 분야의 벽을 넘기가 어렵다. 그렇지만 결국 과학에 종사하는 연구자들이 자신들의 연구를 통해 밝히고자 하는 것은 인류가 아직 도달하지 못한 자연 현상에 대한 미스터리, 혹은 아직 개발하지 못한 시스템, 혹은 아직 우리가 무엇을 모르는지 모르고 있을 정도로 깜깜한 영역이라는 것을 생각할 때, 이 책의 글쓴이가 보여 준 다양한 접근과 시도는 과학자들에게도 영감은 물론, 잊고 있었을지도 모를 인간에 대한 방향 감각을 살려줄 수도 있다고 생각한다.

　　과학자들은 간혹 과도할 정도로 객관성에 집착하고, 과학 자체를 교조적으로 따르는 전투적인 모습도 보인다. 이는 과학 그 자체를 너무 신성시하고, 과학의 방법론보다 과학에서 이룩한 새로운 지식을 집착하는 태도로 이어지기도 한다. 그렇지만 과학은 인류가 문명을 이룩한 후 지금까지 문명을 지속시켜 온 수단일 뿐이고, 생각하는 방법론일 뿐이다. 과학이 갖는 수단과 방법론으로서의 의미는 브레이크 없이 확장하려고만 하는 지금 세상에서 새삼 되새길 필요가 있다. 과학 그 자체에 심취하기보다는 과학이라는 경로, 수단, 방법론을 통해 인류가 그다음 단계로 진보하는 것이 가능한지를 성찰하는 것이 필요하다는 것이다. 나 역시 물리학과 화학, 재료과학과 전산과학의 경계 어딘가에서 연구하는 현업 종사자이지만, 내게 익숙하지 않은 타 분야에 대한 이해를 위해 얼마나 다각도에서 노력했는지를 생각해 보면 성찰할 부분이 없지 않다. 이 책의 글쓴이는 유명한 전직 정치인이자 영향력 있는 베스트셀러 작가이기도 하지만, 그런 수식어를 이 책에서는 전혀 떠올릴 수 없었다. 책의 전반적인 과정 속에서 글쓴이는 거만한 바보였던 스스로를 성찰하고 세상을 바라보는, 그리고 인간을 이해하는 보다 근본적인 방법론으로의 귀의를 선택한 수도승의 모습과 닮아 있다. 책의 후기를 통해 글쓴이는 이러한 자신의 지적 탐험에 많은 사람이 동참하기를 조용히 권유하고 있는데, 만약 그것이 이 책의 목적 중 하나였다면 글쓴이의 목적은 일부 달성될 것이라 생각한다. 서리북

권석준
성균관대학교 화학공학부/고분자공학부 및 반도체융합공학과 교수로 재직 중이며,
주로 계산과학과 물리학에 입각한 반도체 소자, 소재, 공정에 대한 연구를 하고 있다.
대표 저서로 『반도체 삼국지』가 있다.

📖 과학이 단순히 지식 체계가 아닌, 사유의 방법이자
세계관에 대한 인식의 틀이 될 수 있음을 과학사에 기록된
중요한 논쟁 사례를 분석하며 확인할 수 있는 책이다.
과학에서의 논쟁은 과거뿐만 아니라 현재에도 반복되는
것이며, 그를 통해 과학은 계속 자기 수정을 하며
진보할 수 있음을 알 수 있다.

"과학기술이 우리에게 낙원을 가져다줄 것이라는 지나친
낙관론(테크노필리아)이 인류에게 아무런 도움이 되지 않는
것처럼, 과학기술에 대한 지나친 비관(테크노포비아)도
금물이다." ― 책 속에서

『세상을 바꾼 과학논쟁』
강윤재 지음
궁리, 2011

📖 과학은 현재에 대한 인식의 틀을 제공하기도 하지만,
앞으로 다가올 미래에 대한 예측의 도구가 되기도 한다.
그렇지만 동시에 그 예측의 불확실성은 늘 존재한다. 과학을
하나의 사유 방법론으로 택할 때, 미래에 대한 예측이 어떻게
현재의 인식으로부터 비롯될 수 있는지, 그 인식의 한계와
새로운 돌파구는 무엇인지 확인할 수 있는 책이다.

"더욱 흥미로운 점은 매우 작은 생명체도 물리법칙의 영향을
받는다는 거예요. 물리학은 다양한 생명체의 진화 가능성을
끝없이 제한하는 압도적인 힘을 가지고 있습니다. 생명의
근원을 이해하려면 다양성과 복잡성에 사로잡혀서는
안 됩니다. 보잘것없는 정보를 모두 걷어낸 뒤편에 지극히
단순한 법칙이 숨어 있고, 그 법칙이 생명의 새로운 발견을
가능하게 합니다." ― 책 속에서

『인류의 미래를 묻다』
데이비드 싱클레어 외 지음
오노 가즈모토 엮음
김나은 옮김
인플루엔셜, 2022

『시장으로 간 성폭력』
김보화 지음
휴머니스트, 2023

분노, 열정, 아쉬움

김두얼

효율 vs. 정의

사람들은 매일매일 각양각색의 수많은 재화와 서비스를 거래한다. 교환은 스스로 만들어 쓰려면 엄청난 노력과 비용이 소요되는 것들을 손쉽고 값싸게 얻을 수 있도록 함으로써 우리의 삶을 윤택하게 한다. 그러나 세상에는 시장에서 교환되어서는 안 된다고 여겨지는 것이 많다. 내게 필요한 신체 장기를 타인에게 돈을 주고 이식받는 것, 살인 전문가에게 값을 치르고 어떤 사람을 해치는 서비스를 구매하는 것 등이 여기에 해당한다. 사람들이 이런 거래를 꺼리는 것, 나아가 사회가 이런 교환을 용인하지 않는 이유는 시장 거래가 가져올 수 있는 효율이라는 이익보다 더 중요한 가치가 훼손되어 사회의 존립 기반이 허물어질 수 있다고 여기기 때문이다.

정의는 이런 가치 가운데 가장 대표적인 것이다. 사람들은 옳고 그름이 돈에 의해 좌우되거나 판단되어서는 안 되며, 정의는 어떠한 물질적 희생을 치르더라도 지켜야 한다고 생각한다. 법원은 이러한 정신을 구현하기 위해 만들어진 가장 대표적인 제도이다. 근대 민주주의 국가는 법 앞의 평등을 실현하는 것을 국가가 수행

대한민국 대법원 입구의 모습. 입구 장식벽 상단에는 자유·평등·정의라는 글씨가 새겨져 있고,
앞에는 〈법과 정의의 상〉이 있다.(출처: 대한민국 법원)

해야 하는 가장 중요한 임무로 삼는다. 이를 위해 판사는 외부의
어떤 영향으로부터도 독립해서 오직 법에 근거해서 판결을 내려
야 한다고 여겨진다.

　불행하게도 이러한 이념은 현실에서 제대로 구현되지 않는
경우가 많다. 권위주의 정부는 말할 것도 없고 민주주의 국가에서
조차도 정치권력이 노골적으로 혹은 은밀하게 사법적 판단에 영
향을 미치거나 왜곡을 야기하는 일은 비일비재하다. 정치적 요인
이 직접적으로 관련되지 않은 사안일지라도 사법적 판단을 우리
가 생각하는 정의로부터 멀어지게 하는 요인은 허다하다. 김보화
는 인간의 탐욕, 사법 제도의 취약성, 남성 중심적인 사회 체제가
사법 정의를 왜곡한다고 지적한다. 성폭력 범죄와 관련한 법률 서
비스 시장 그리고 해당 사건 재판 과정에서 어떻게 이런 일들이 일
어나는지를 파헤치고 고발한다.

성폭력 피해자가 마주하는 사법 현실

저자는 우리나라 성폭력 관련 사법 절차에서 피해자가 부당한 대우를 받고 제대로 된 사법적 결과를 얻지 못한다고 주장한다. 피해자가 고소를 하기 위해 고민하는 순간부터 재판 과정 그리고 형사재판의 판결이 이루어지고 난 뒤까지 각 단계에서 일어나는 수많은 부조리를 일일이 열거하고 구체적으로 서술한다.

　　이런 문제들이 만연하는 근본 원인으로 저자는 두 가지를 지목한다. 첫째는 법률 서비스 시장의 변화이다. 저자는 지난 20여 년 동안 법률 시장 개방과 변호사 수의 증가로 인해 변호사 시장의 경쟁이 가열화되었다고 진단한다. 격심한 경쟁으로 생계마저 위협받는 변호사들은 성폭력 관련 형사 사건 영역을 새로운 시장으로 개척했고, 관련 영역에 종사하는 변호사와 법무법인이 크게 증가했다. 변호사 광고 허용이나 인터넷의 확산은 이런 흐름을 가속화했다. 저자는 일련의 현상을 법률 시장이 신자유주의화한 것으로 개념화한다. 그리고 이것이 사법 제도상의 문제점들과 상호작용하면서 변호사들이 성범죄 관련 사안에 대해 법적 대응을 부추기는 현상, 피해자에 대한 가해자의 역고소 증가, 성폭력 전문 인터넷 카페의 등장처럼 성폭력 관련 형사 사건과 관련한 여러 가지 부정적 현상들을 야기했다고 주장한다.

　　둘째는 사법 제도의 문제점이다. 오랜 기간 법의 남성 편향성과 낮은 형량에 대한 문제 제기가 지속적으로 이루어진 결과, 지난 10-20년 동안 성범죄와 관련해서는 형량이 높아지고 신상 공개가 이루어지는 등 처벌 수준이 크게 높아졌다. 하지만 처벌 강화는 성범죄 관련 전문 변호사 및 법무법인의 증가와 맞물리면서 가해자들이 사건에 대해 보다 강력하게 대응하는 반작용을 불러일으켰다. 이런 상황에서 낮은 보수 등으로 인해 피해자 국선변호사 제도가 제대로 역할을 하지 못한다는 점, 피해자가 법정에서 피해를 인정받기 위해 노력하는 과정에서 '재피해자화'가 일어난다는 점, 형사 조정 절차가 남성 중심적으로 운영되는 결과 제대로 작동하지 못한다는 점 등으로 인해 성폭력 피해자들이 정당한 결과를 얻지 못한다고 저자는 평가한다.

궁극적으로 저자는 이러한 문제점을 해결하는 방안을 두 가지 차원에서 논의한다. 첫째는 이론적 차원이다. 페미니즘 이론에 기초해서 성폭력을 '정치적'으로 이해하고 재위치시켜야 한다고 제안한다. 둘째는 실천적 차원이다. 광고 규제, 형사공공변호인 제도의 도입, 법조인들의 성인지 감수성 제고를 위한 교육, 무분별한 역고소 방지를 위한 조치 등이 필요함을 역설한다.

저자의 박사학위 논문을 기초로 한 이 책에는 성폭력 피해자 관련 활동가로서의 오랜 경험이 녹아 있다. 여기에 더해서 성폭력 피해자, 변호사 등 많은 사람들과의 심층적인 인터뷰를 통해 얻은 풍부한 정보가 담겨 있다. 그래서 성범죄와 관련한 영역 전반에서 현재 어떤 일들이 일어나고 있는지를 포괄적이면서도 세세하게 이해하는 데 큰 도움을 준다. 해당 주제에 관심이 있거나 관련 주제를 심층적으로 살펴보려는 사람들이라면 한 번은 꼭 읽어 보아야 할 책이다.

신자유주의가 문제의 원인인가

이런 장점에도 불구하고 이 책에는 선뜻 동의하기 어려운 내용이 많다. 그중 상당수는 저자의 경험이나 인터뷰를 통해 파악한 정보를 일반화하거나 이를 기반으로 정책적 제안을 도출하는 과정과 관련이 있다. 두 가지 사안에 초점을 맞추어 이 문제를 살펴보기로 한다.

서울중앙지방법원 청사.(출처: 대한민국 법원)

첫째는 법률 시장의 현황 파악과 성격 규정이다. 저자는 우리 나라 법률 시장 변화에 대한 서술로 책을 시작한 뒤, "시장으로 간 성폭력"이라는 제목이 시사하는 것처럼 법률 시장의 신자유주의 화 혹은 "신자유주의적 국가의 관리 정책"(75쪽)이 성폭력 사건과 관련한 많은 부조리 또는 문제의 근원이라고 주장한다.

그러나 모든 논의의 출발점 혹은 기반이라고 할 수 있는 법률 시장의 역사와 현황에 대한 서술은 사실과 부합하지 않는다. 신자 유주의화된 법률 시장이 성범죄와 관련한 사법 처리 과정의 문제 의 원천이라고 저자는 주장하지만, 둘 간의 인과관계를 논하기 위 한 전제, 즉 법률 시장이 신자유주의화했다는 평가 또는 개념화가 타당하지 않다는 것이다.

우선 저자는 우리나라 법률 시장이 개방되었고 이것이 신자 유주의화를 가져오는 데 기여했다고 주장한다. 하지만 우리나라 법률 시장은 오늘날까지 실질적으로 개방된 적이 없다. 서류상으 로는 2017년에 법률 시장 개방이 모두 이루어졌지만, 법무부의 여러 가지 규제 때문에 외국 사무소들은 거의 진출하지 못하고 그마저도 자국법과 관련된 영역에서만 활동이 허용되어 있는 매우 폐쇄된 시장이라는 뜻이다.*

　1990년대에 변호사 자격 취득자가 급증한 것은 사실이다. 그러나 이것이 신자유주의 확대 기조 때문이라는 서술 역시 사실과 일치하지 않는다. 우리나라 정부는 변호사 수를 극도로 통제해 왔기 때문에 이로 인한 폐해가 컸던 것을 해결해야 한다는 주장이 이미 1980년대부터 있었다. 그 결과 1990년대 초부터 사법시험 합격자 수를 늘리는 방안이 본격적으로 논의되었고 외환위기가 일어나기 전인 1996년부터 정원이 증가하기 시작했다. 이후 로스쿨 제도가 도입되면서 합격자 수를 1,500명 수준으로 끌어올리는 변화가 한 번 더 이루어졌다. 그럼에도 불구하고 우리나라의 인구 10만 명당 변호사 수는 OECD 기준으로 볼 때 압도적으로 낮다. 그만큼 변호사 수가 적다는 뜻이다. 조금만 노력했더라면 확인할 수 있을 이상과 같은 정보를 고려하지 않은 채 변호사가 넘쳐 나서 "생활이 보장될 정도로 수입이 되지 않"(27쪽)는다거나 "변호사는 그냥 상인이라는 마인드가 강해졌어요."(26쪽)와 같은 인터뷰이의 서술을 그대로 변호사들의 실제 상황으로 규정한 뒤 성범죄 사건 관련 현상의 토대로 서술하는 것은 타당한 연구 방법이라고 보기 어렵다.

　물론 10-20년이라는 비교적 짧은 기간 동안 변호사 수가 크게 늘어난 것은 사실이다. 하지만 이것이 성범죄 사건 영역과 관련해서 저자가 열거하는 수많은 문제들의 근본적 원인이라는 지적은 타당하지 않다. 저자는 변호사 수 증가와 성범죄 사건 영역의

---

* 김두얼, 「법률시장 개방: 현황과 정책과제」, 《한국경제포럼》 10(4), 2018, 33-73쪽.

변화라는 두 가지 상호작용하는 현상의 상관관계를 충분한 근거 없이 인과관계로 해석하는 오류를 범하고 있다. 이 문제는 다음과 같은 질문으로도 표현해 볼 수 있다. 과연 변호사 수가 예전처럼 적은 수준에 머물렀다면 성폭력 사건 피해자들이 지금보다 더 적절한 보호와 법적 결과를 얻었을까? 높은 비용만 내고도 실제로는 변호사는 만나지도 못한 채 사무장과만 이야기할 수 있었던 과거의 상황이 더 적절한 것일까? 지금보다 변호사 수가 훨씬 적더라도 최근과 같은 성범죄 증가 추세하에서는 법무사나 행정사들이 이 시장에 뛰어들거나, 변호사들이 비변호사들을 고용해서 수요 변화에 대응하지 않았을까?

변호사 광고가 허용되고 늘어난 데 대한 지적 역시 납득하기 어렵다. 저자는 법무법인들이 광고를 통해 소송을 부추기며 허위·과장 광고를 일삼는다고 비판한다. 하지만 모든 변호사 광고는 대한변호사협회가 점검한다는 점을 고려한다면 허위·과장 광고가 난무한다는 식의 서술은 보다 신중했어야 했다. 더 중요한 점은 이러한 광고조차 없었던 과거에는 연줄 없고 돈 없는 사람들은 변호사를 만나기조차 혹은 만난다는 생각조차 하기 어려웠다는 사실이다. 성범죄 관련 카페 운영까지를 포함하는 광의의 광고 활동에 대해 반응하는 성범죄 관련자들을 "그런 게(힘이) 없는 분들"(117쪽)이라고 시니컬하게 이야기한 한 인터뷰이의 언급을 저자가 좀 더 곱씹어 보았으면 어땠을까 하는 아쉬움이 든다.

결론적으로, 법률 시장의 신자유주의화가 이 책의 가장 중요한 기반인 점을 감안한다면, 저자는 신자유주의화라는 개념을 기정사실로 놓고 여러 가지 현상을 끼워 맞추는 것이 아니라 충분한 선행 연구 검토와 자료 분석을 통해 법률 시장의 현황을 보다 면밀하게 살펴보고 개념화하는 과정을 밟았어야 했다. 안타깝게도 이 책에서는 그런 내용을 찾아볼 수 없다. 통계나 기존 연구 참조를 통해 논의를 뒷받침해야 할 부분과 인터뷰를 통해 파악해야 할 부분을 적절하게 구분하고 활용하지 못하는 것은 이상의 내용 외에도 이 책 전반에서 보이는 약점이기도 하다.

피의자 혹은 가해자는 왜 그렇게 행동할까?

둘째는 가해자와 피해자의 행동에 대한 접근 수준 또는 방식이 비대칭적이라는 점이다. 피해자의 생각이나 감정은 그들의 목소리를 통해 생생하게 서술되지만, 가해자나 그들 변호인의 행동·생각은 피해자의 서술을 통해서만 드러나며 그 역시 충분하지 않다. 이것은 문제를 보다 심층적으로 이해하고 싶어 하는 독자들에게 아쉬움을 준다.

역고소와 관련한 논의는 이러한 경향이 두드러지게 나타나는 대목이다. 저자는 가해자가 피해자를 무고 또는 명예훼손 혐의로 역고소하는 현상을 성폭력 관련 영역이 시장화된 대표적 현상으로 지목한다. 그리고 이와 관련해서 신자유주의적 "법인의 기획이 깊이 연계되어 있다"(45쪽)고 주장한다.

그런데 저자는 역고소 때문에 피해자들이 당하는 고통에 대해 상세하게 서술하고 이런 일을 하는 가해자를 비판하지만, 왜 이런 역고소가 일어나는지에 대해서는 차분한 설명을 제시하지 않는다. 다시 말해서 어떤 상황에서 가해자들이 피해자를 역고소하는지 그리고 역고소가 어떻게 진행되고 결말을 맺는지에 대해 구체적으로 보여 주고 분석하지는 않는다는 뜻이다. 물론 책을 꼼꼼히 읽다 보면 정황을 유추할 수 있기는 하다. 예를 들어 한 피해자 인터뷰이는 인터넷 등을 통해 피해 사실을 공론화한 것에 대한 대응으로 가해자가 역고소를 했다고 언급한다.(37쪽) 그런데 공론화의 내용이 무엇이었길래 가해자는 역고소를 한 것일까? 안타깝게도 저자는 이런 측면에 대해 상세한 정보를 제공하지는 않는다.

나는 역고소를 하는 가해자가 억울한 누명을 쓴 사람들일 수 있다고 두둔하려는 것이 아니다. 이 책에서 가해자와 피해자를 동등하게 다루었어야 했다고 말하려는 것은 더더욱 아니다. 저자가 역고소라는 현상의 존재만을 언급하거나 역고소를 하는 가해자 그리고 그를 돕는 변호사를 비판만 하기보다는, 어떤 상황에서 어떤 방식으로 역고소가 일어나고 있는지에 대한 구체적인 상황을 제시했더라면 그들의 행위가 왜 부적절하고 법을 악용하는 것인지가 보다 생생하게 전달될 수도 있었으리라는 점을, 그리고 저자의 주장이 보다 설득력을 얻을 수 있었으리라는 점을 이야기하는 것이다.

가해자들이 형량을 줄이기 위해 하는 여러 가지 활동에 대한 논의 역시 마찬가지이다. 성범죄 사건 가해자들은 형량을 조금이라도 줄이고자 반성문을 쓰거나 기부를 하고 자원봉사를 하는 등 온갖 노력을 기울인다. 이런 노력들 역시 이 책에서는 가해자가 죗값을 제대로 치르지 않으려는 행동들로 해석되며, 이러한 활동이 양형위원회가 제시하는 양형 기준으로 언급되고 판결문에 적혀 있음을 통해 사법 정의가 왜곡되고 있다고 주장한다.

하지만 이 문제 역시 피의자에 대한 보다 체계적인 고려를 했다면 다르게 볼 수 있는 측면이 있다. 저자는 기본적으로 성범죄 피해자들로부터 그들에게 위해를 가한 사람들에 대한 정보를 중심으로 문제를 파악한다. 그러나 법률 시장에는 무고한 사람들 또는 의도하지 않게 범죄를 저지른 피의자도 존재하며, 법률 시장의 형성과 작동에는 이들의 존재 역시 영향을 미친다는 점을 감안해야 한다. 즉 파렴치한이 아니더라도 판결이 어떻게 나올지 알 수

없는 초조한 상황 속에서 과도한 형량을 피하기 위해 지푸라기라
도 잡는 심정으로 온갖 노력을 기울이는 사람들도 존재할 수 있다
는 것이다. 결국 경미한 사안부터 죄질이 나쁜 경우까지 혼재하는
상황에서 피의자들이 과도한 형량을 피하거나 형량을 낮추기 위
해 하는 여러 가지 행위가 존재하는데, 범죄 사실이 비교적 뚜렷하
거나 죄질이 나쁜 사람들이 이를 이용하는 것을 기준으로 삼아 이
러한 현상 일반을 평가하는 것은 적절하지 않을 수 있다는 뜻이다.

관련해서 한 가지 언급할 점은 이러한 활동의 효과이다. 법원
의 양형위원회가 양형 인자로 언급하고 있고 판결문에서 고려했
다고 적혀 있다고 해서 그것이 실제로 형량을 바꾸는 데 큰 영향을
미친다는 뚜렷한 증거는 없다. 예를 들어 나는 우리나라 성폭력 사
건에서 음주가 감경 요인으로 얼마나 작용하는지를 판결문 자료
를 통해 분석해 본 적이 있는데, 분석 결과 음주 여부는 형량에 거
의 영향을 미치지 않은 것으로 나타났다.* 즉 세간의 통념과는 달
리 가해자가 술을 먹어서 '심신 미약'한 상태라는 점이 판결문에
언급되어 있다고 해서 정말 형량이 낮아지는 것은 아니다.

나는 이상의 문제들이 상당 부분 저자의 자료 수집 방식에서
비롯하는 것이 아닐까 하는 생각이 든다. 예를 들어 저자는 여덟
명의 변호사를 인터뷰했는데, 정확히 소속 등을 밝히지 않아 확실
하지는 않지만 인터뷰의 내용 등을 보면 가해자를 주로 변호하는
성범죄 전담 법무법인의 변호사는 없어 보인다. 피해자는 여러 사
람 인터뷰한 반면 가해자는 등장하지 않는다. 당연히 인터뷰 자체
가 쉽지 않았을 것이다. 하지만 피해자의 눈과 증언을 통해 본 가

---

* 김두얼·김원종, 「음주감경: 성범죄 판결문 분석의 결과와 함의」, 양형연구회·한국형
사정책연구원 공동학술대회 발표자료, 2018년 11월 19일.

악수하는 변호사와 의뢰인(본문 및 서평 도서와 직접적인 관련은 없다).(출처: vecteezy.com)

해자와 가해자 측 변호사가 아니라 그들의 생각과 행동을 직접 파악했더라면 보다 논의를 설득력 있게 전개할 수 있지 않았을까, 그리고 단순히 법률 시장의 신자유주의화로 문제의 원인을 돌리는 것보다는 더 구체적인 원인 파악과 더 실효성 있는 제도 개선 방안을 제시할 수 있지 않았을까 싶다.

분노와 열정을 넘어

나는 저자와 같은 현장 활동가가 자신의 경험을 기초로 해서 현실을 분석하고 대안을 제시하는 연구를 하는 것이 매우 필요하며 장려되어야 한다고 생각한다. 하지만 그런 과정에서 중요한 것은 자신의 경험에 갇히지 않고 이를 뛰어넘는 객관화의 과정을 거쳐야 한다는 것이다. 그러지 못할 경우, 자칫 자신의 경험을 열거하는 데 그치거나 현장에서 얻은 정보와 학술 개념이 제대로 결합하지 못하는 한계를 노정할 수 있기 때문이다.

안타깝게도 이 책은 흥미로운 정보를 풍부하게 담고 있지만 학술 연구로 도약하는 데는 충분히 성공했다고 보기 어렵다. 이렇게 된 가장 큰 이유는 저자가 냉정해지기에는 현실에 대해 느낀 분노 그리고 이를 극복하려는 열정이 너무도 컸기 때문이 아닐까 짐작한다. 물론 저자는 아무리 냉정해지더라도 현실에 대한 명쾌한 분석 나아가 제도의 개선 방안을 제시하기에는 현실이 너무도 어렵고 복잡하다고 반문할지 모른다. 하지만 그에 대한 답은 이미 반문 형태로 준비되어 있다. 우리는 왜 그깟 연구라는 걸 하는 것일까?

서리북

김두얼
본지 편집위원. 현재 명지대학교에서 경제사, 제도경제학, 경제학 등을 연구하고 강의한다.
지은 책으로 『경제성장과 사법정책』, 『한국경제사의 재해석』, 『사라지는 것은 아쉬움을 남긴다』, 『살면서 한번은 경제학 공부』가 있다.

📖 **활동가로서의 지식과 경험을 바탕으로 성매매와 금융의 관계를 분석한 저자의 박사 논문을 펴낸 책.**
"이 책은 금융화가 확산된 역사적 과정에서 여성의 몸을 통해 잉여가치가 생산되는 방식이 변화한 것에 주목해 성매매 경제가 재구조화되고 새로운 '매춘 여성' 주체성이 만들어지는 과정을 분석했다. 부채를 통해 계급적 타협을 모색하고자 한 금융 자본의 운동에 의해 성매매 경제는 성별화된 부채 인간을 새롭게 포섭하는 동시에 새로운 부채를 만들어 내는 역할을 수행하며 금융 체계 안에서 합리화되고 합법화되었다. 성매매 경제는 이 시대 경제의 내부 말단에서 고유한 역할을 수행하고 있다."
— 책 속에서

『레이디 크레딧』
김주희 지음
현실문화, 2020

📖 **이 책은 성매매, 성폭력, 여자 아이돌, 이주 여성 등 여성과 관련한 우리 사회의 주요 주제들에 대한 페미니스트들의 생각을 응집해서 보여 준다. 납득하기 어려운 내용이 많았다. 그러나 글쓴이들의 문제의식과 고민이 무엇인지 공감할 수 있었다.**
"이 책의 글들은 한국 사회의 젠더를 이론화하고, '더 나은 해결'을 위한 논쟁, 문제 제기의 방식, 논의 방식을 모색한다. 이를 위해 필자들은 각기 다른 방식으로 문제 제기를 시도하지만, 전체적인 공통점은 젠더 정치에 대한 기존의 사유 방식과 문제화의 틀 자체의 변화를 요구하고 있다는 것이다." — 책 속에서

『더 나은 논쟁을 할 권리』
김은실 외 지음
김은실 엮음
휴머니스트, 2018

사이언스 클래식 39

웃음이 닮았다

과학적이고 정치적인
유전학 연대기

칼 짐머

이민아 옮김

She Has
Her Mother's
Laugh

사이언스북스

『웃음이 닮았다』
칼 짐머 지음, 이민아 옮김
사이언스북스, 2023

유전 vs. 환경, 무엇이 웃음을 닮게 하는가?

정우현

칼 짐머는 『진화』, 『바이러스 행성』, 『기생충 제국』 등 인상적인 대중 과학서를 여럿 써왔다. 그는 미국 내셔널 아카데미 과학 커뮤니케이션 상과 스티븐 제이 굴드 상을 수상했을 정도로 생물학의 다양한 분야에서 전문성을 가지고 대중과 소통할 줄 아는 저널리스트로 평가받는다. 지난 코로나19 팬데믹 사태 때 《뉴욕타임스》 탐사 보도팀의 일원으로 인터뷰를 해 국내에도 몇 차례 소개된 바 있었지만, 그가 자기 자신과 가족에 대한 사적인 일화를 공개한 것은 이 책이 처음인 듯하다. 김동인의 소설 『발가락이 닮았다』를 연상케 하는 제목의 최신작 『웃음이 닮았다』는 제목에서 충분히 예상되듯 유전에 관한 이야기가 담겨 있다. 무릇 유전에 관해 입을 열려거든 가족과 자녀들, 그리고 혈통의 이야기를 빼놓을 수 없는 법이다.

　우리는 언제 유전에 관심을 가질까? '너는 누굴 닮아 이 모양이니?'라는 소리를 종종 듣던 어린 시절이나, 첫 출산 이후 아기의 얼굴을 뜯어보며 어디는 아빠를 닮았고 또 어디는 엄마를 닮았는지 찾아내려 할 때 정도가 아닐까. 짐머는 결혼 후 첫딸의 탄생을 기다리면서 혹시 모를 유전 질환의 가능성을 알게 되자, 자신

이 아는 유전 지식을 총동원해 양가 가계도를 헤집으며 노심초사
한다.(9쪽)

이처럼 우리가 주로 생각하는 유전이라는 개념은 수직적이
다. 그것은 언제나 거슬러 올라가거나, 아래로 흘러 내려가는 것처
럼 보인다. 그러나 실제로 유전은 얼마든지 수평적으로도 일어난
다. 또한 유전은 개인의 문제만이 아니라 사회와 환경의 문제이기
도 하다. 이처럼 저자는 사적인 이유로 관심 가지게 된 유전이라는
현상이 개인과 혈연을 넘어 공동체, 나아가 동시대의 인류 전체와
떼려야 뗄 수 없는 개념임을 점차 발견해 나간다. 그 과정을 지켜
보는 일은 독자에게도 의미가 크다.

유전과 인종에 투영된 인간의 욕망

'인종(race)'이라는 모호한 개념에 그럴싸한 과학적 포장이 입혀진
것은 18세기 후반 카를 폰 린네에 의해서였다. 유능한 분류학자였
던 그는 인간에게 최초로 '호모 사피엔스(Homo sapiens)'라는 종명을
부여하고는 곧 인간을 네 개의 변종으로 나눌 수 있다고 주장했다.
붉은 피부의 '아메리카누스', 누런 피부의 '아시아티쿠스', 검은
피부의 '아프리카누스', 그리고 하얀 피부의 '에우로페아우스'였
다.(267쪽) 현재는 이런 분류법에 생물학적 근거가 전혀 없다는 사
실이 잘 알려져 있다. 하지만 지금도 피부색에 따른 사회적 차별이
공공연한 문제라는 점에서 '인종'이라는 개념의 위력은 좀처럼 무
시할 수 없다.

15세기에 유럽인들은 '같은 혈통의 짐승'을 의미하는 말로
'종족(race)'이라는 용어를 쓰기 시작했다. 즉 'race'라는 말은 애초
인간이 아니라 동물을 구분하기 위해 생겼다는 사실이다. 실제로
'좋은 품종의 말'을 고를 때 조상이 어디서 기원했는지 지칭하는

라틴어 'radix(뿌리)'에서 유래한 어휘였다. 그러나 이 종족이라는 용어가 사람을 지칭하는 인종이라는 의미로 바뀌어 쓰인 이유가 있으니, 그것은 바로 유태인을 구별하기 위함이었다. 15세기 합스부르크 통치기에 에스파냐에 살던 유태인들은 박해가 심해지자 스스로 기독교로 개종해 이른바 '콘베르소(converso)', 즉 개종자가 되었는데, 유럽인들은 유태인이 개종했다는 이유로 그 불손한 종자가 바뀌지는 않는다며 이들을 '유태 인종'이라고 콕 집어 부르기 시작했다.(32쪽) 유태인은 20세기 초반까지도 하나의 특별한 인종으로 간주되었고, 유태인만 걸리는 병의 목록까지 따로 만들어져 있었다.(287쪽) 놀라운 일이다. 누가 보아도 차이가 뚜렷한 피부색으로부터 인종이라는 개념이 만들어진 게 아니라, 시작부터가 유태인을 차별하기 위한 개념이었다는 사실이.

　　과학은 뿌리 깊은 편견을 좀처럼 바꾸지 못한다. 오히려 그 편견에 과학이라는 이름으로 정당성을 부여한다. 그리고 편견이 담긴 분류는 곧잘 차별로 이어진다. 과학은 그 차별을 더욱 공고하게 만들어 왔다. 룰루 밀러의 화제작 『물고기는 존재하지 않는다』는 바로 그런 차별을 지적하는 책이다. 과학적 분류가 세운 질서로 인해 억압과 폭력이 생겨난다는 것이다. 게다가 그런 분류가 그리 과학적이지도 못하다는 주장이다. 그러나 인간의 모든 활동에 분류는 불가피하다. 세심한 구별은 오히려 다양성을 이해하고 수용하게 해준다. 제대로 분류하지 않으면 차별은 더 커질 수도 있다. 어쩌면 이 모든 문제는 유전이 물리학의 대상이 아니라 생물학의 대상일 수밖에 없음을 말해 주는지도 모른다. 유전이란 단순히 흘러내려가는 물질과 분자의 현상이 아니다. 정상과 비정상을 나누고 의미를 부여하려는 가치 판단의 문제이다. 유전자에 인간의 욕망이 투영되기 쉬운 이유가 여기에 있다.

유전의 개념은 새로 정의되어야

멘델의 법칙은 수직적 유전을 설명하는 가장 성공적인 유전학적 개념이다. 그러나 저자는 이 법칙이 생물학의 역사에서 비교적 늦게 발견된 것일 뿐 아니라 실제로 진화적으로도 극히 최근에야 생겨난 유성 생식 동식물만을 대상으로 하고 있음을 상기시킨다.(190쪽) 뉴턴이 발견한 물리 법칙은 온 우주에서 예외 없이 적용되지만, 멘델이 발견한 유전 법칙은 모든 생물에게 적용되지 않는다. 멘델의 법칙은 특히 미생물에게는 무용지물이다. 미생물들은 수평적 유전*을 통해 필요한 유전자를 주변 동료들과 나눠 갖는다.

유전은 개인의 문제이지만 동시에 집단의 문제이기도 하다. 생물학의 많은 개념은 사실 물질이 아닌 사회적 개념이다. 인간이 만든 사회의 속성과 경험이 투영된 인위적인 가치이다.(264쪽) 우리는 마땅히 인정해야 할 곳에서는 유전의 역할을 무시하는 경향이 있다. 유전은 수평적으로도 일어날 뿐 아니라, 심지어 우리의 몸속에서도 계속해서 진행되고 있다. 저자는 유전체 모자이크(12장)와 키메라(13장) 현상을 증거로 제시한다. 게다가 나 자신의 세포가 아니면서 몸속에 들어와 함께 사는 수많은 미생물 군체(microbiome, 14장)도 우리의 유전과 정체성에 크게 기여하고 있다. 이러한 미생물 군체의 존재는 주어진 운명에 따라 단독으로 살아간다고 믿는 개인이 의미하는 바가 과연 무엇인지 돌아보게 한다.

모든 생명은 자신을 끝없이 증식해 늘려 가려는 유전자의 욕망을 실현해 줄 '생존 기계'에 불과하다고 주장한 리처드 도킨스

---

* 수평적 유전(horizontal gene transfer)이란 개체와 개체 사이에서 유전형질이 이동하는 현상을 가리키는 유전학 용어이다. 미생물에서는 수평적 유전자 전달을 통해 병원성 유전자나 항생제 내성 유전자를 서로 주고받으며 환경 변화에 적응하는 기전이 존재한다.

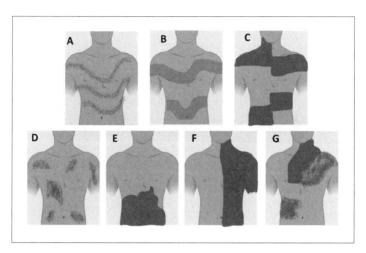

멘델의 법칙을 벗어나는 유전체 모자이크와 키메라 현상은 우리 몸속에서도 여러 가지 경로로 계속해서 일어나고 있다.(출처: researchgate.net)

의 『이기적 유전자』는 출간된 지 50년이 다 되어 가도록 여전히 베스트셀러의 자리에서 내려올 줄 모른다. 유전자라는 핵심 부품을 강조해 생명을 환원주의적 시각으로 설명하려는 시도가 매력적이기도 하지만, 현대인의 개인주의와 이기심을 변호해 주는 과학적 근거를 제공해 준다는 점에서 그 인기가 계속되는 듯하다. 덕분에 이 시대에 유전자는 우리를 구성하는 본질로 쉽게 받아들여진다. 유전이란 부모로부터 물려받아 태어나서 죽을 때까지 가지고 가는 무엇이라는 낡은 운명론이 시대를 거슬러 역주행하고 있다.

　　스티븐 하이네는 이를 '유전자 본질주의(genetic essentialism)'*라고 칭했다. 운명을 결정하는 본질을 알고 싶어 하는 사람들에게 과거에는 별자리가 가장 설득력 있는 정보였다면, 지금은 유전자가

---

* 스티븐 하이네, 이가영 옮김, 『유전자는 우리를 어디까지 결정할 수 있나』(시그마북스, 2018), 71쪽.

그 자리를 꿰찬 것이다. 이에 대해 짐머는 "우리는 유전이라는 어휘를 우리의 필요나 두려움이 반영된 정의가 아닌 유전의 본래 특성에 더 가까이 다가가 더 광범위하게 재정의해야 한다"(17쪽)라고 주장한다. 유전만큼이나 우리 존재에 중대하게 기여하는 환경의 역할을 빼놓을 수 없다.

유전의 통로는 유전자뿐일까

유전학의 역사에는 성공담보다는 실패담이 훨씬 많다. 연구 성과를 얻는 데 있어 실패는 사실 아무것도 아니다. 그것을 해석하고 적용하는 과정에서 너무나 많은 비극이 발생했다. 유전 현상에 관한 연구가 1905년 '유전학(genetics)'이라는 멋진 이름을 얻자마자 우생학을 지지하는 강력한 과학적 근거이자 도구로 전락한 것은 아이러니가 아니다. 그것은 당연한 수순이었다. 과학은 현상을 설명하는 강력한 근거를 얻는 순간 기존의 믿음을 대체한다.

저자는 환경 조건도 DNA에 각인되지 않을 뿐 유전되는 강력한 요소라고 지적한다.(290쪽) 이러한 환경적 요소를 해명하고 대안을 찾고자 어려운 작업에 매진하는 과학자들에게 시대에 뒤처진 유전자 결정론은 인종 개념과 마찬가지로 전혀 도움이 되지 않는다. 환경이 개인의 유전적 결함을 이겨 낸 사례는 얼마든지 있다. '높은 지능 유전자'나 '흉악 범죄 유전자' 등을 거론하는 것은 부정직한 동시에 사실을 호도하는 행위나 마찬가지다.

우생학의 그림자가 대부분 지워지고 없다고 믿는 오늘날에도 키나 지능에 대한 유전학적 집착은 거의 미신 숭배 수준이다. 저자는 이렇게 말한다. "키의 유전적 속성은 양자 물리학만큼이나 사람을 당혹하게 만드는 난제이다. 빛은 입자인 동시에 파동일 수 있다. 키는 유전에 의해 만들어지며 환경의 지배를 받는다."(344쪽)

2014년 10월 29일 YTN 〈사이언스투데이〉의 보도 내용. 과학자들은 살인과 같은 흉악 범죄를 저지른 범죄자에게서 '모노아민 옥시데이스 A(MAOA)', '카데린13(CDH13)' 등 2개의 유전자 변형체를 발견했다고 밝혔다. 이와 같은 무분별한 보도는 잘못된 유전자 결정론을 부추길 수 있다.(출처: YTN 〈사이언스투데이〉 캡처)

지난 수십 년간 천문학적인 비용을 들인 연구를 통해 알아낸 것은 여러 유전 형질 중 유전력(heritability)이 가장 크다고 믿어지는 키와 지능의 유전적 바탕에 암흑물질과도 같은 거대한 모호함과 불확실성이 놓여 있다는 사실이다. 웃음이 유전될 수 있다면 웃음을 자아내는 환경도 역시 유전될 수 있다.

　　유전적 결함으로 인한 페닐케톤뇨증(phenylketonuria) 때문에 정신박약을 앓는 딸 캐럴을 키워야 했던 펄 벅은 캐럴이 만약 평범한 아이였다면 『대지』를 쓸 일도 없었을 거라고 말했다.(156쪽) 펄 벅은 노벨 문학상을 받은 이름난 작가에 그친 것이 아니라 다섯 아이를 입양하고 고아들과 장애아들을 위해 헌신하며 여생을 보냈다. 박경리 작가 역시 『토지』를 완간하며 자신의 삶이 평탄했다면 글을 쓰지 않았을 거라는 소감을 들려준 바 있다. (미세스 '벅'은 『대지』를, 미세스 '박'은 『토지』를 쓰며 비슷한 심정을 공유했다.) 유전적 결함은 운명을 결정짓지 않는다. 유전적 한계는 도리어 능동적으로 환경을 바꾸고 운명을 새로 개척하는 원동력이 되기도 한다. 우리는 다음 세대에게 유전자만 전해 줄 것이 아니라 그 안에서 살게 될 새로운 환경 또한 정성껏 물려주어야 한다.

참고문헌을 제외하고도 760쪽에 달하는 묵직한 분량은 이 책을 집어 들기 어렵게 하는 거의 유일한 단점이다. 그러나 유전학의 역사와 그것이 바꿔 온 세계를 돌아보고, 통념을 벗어나 유전 현상을 새로운 시각으로 바라보며 해석하는 데 관심이 있다면 반드시 만나 봐야 할 책이다. 하루가 다르게 발전하는 유전자 조작 기술로 인해 급변하는 사회를 맞이하면서도 흔들리지 않을 가치관을 정립하는 데 큰 도움이 되리라 본다. 서리북

정우현

덕성여자대학교 약학과 교수이자 분자생물학자. 생화학, 분자생물학, 신경과학 등을 가르치고 있으며, 유전체 손상과 불안정성을 일으키는 여러 요인과 생명의 다양한 대응 기전을 연구한다. 생물학에는 다른 학문이 놓치고 있는, 무언가 아주 중요한 것이 숨어 있다고 믿는다. 저서로는 『생명을 묻다』가 있다.

📖 문화심리학자 스티븐 하이네는 유전학에 대한 폭넓은
이해를 바탕으로 유전자에 대한 각종 오해와 운명론적
사고를 경계해야 한다고 말한다. 보다 근본적인 설명을
찾으려는 인간의 본능이 유전자에 생물학적 본질이 존재하는
것이 틀림없다는 믿음을 만든 것이 아닐까?

"우리는 사건에 영향을 미치는 요소들이 얼마나 복잡하게
얽혀 있든 간에 숨어 있는 근본적인 내재적 본질에 원인을
돌리는 설명에 가장 매력을 느낀다."

"유전체는 우리 자신과 세상을 조망할 수 있는 멋진 전망대가
되어 준다. 그러나 그 전망대 망원경의 렌즈가 왜곡돼 있다면
우리는 실제와 다른 모습밖에 볼 수 없을 것이다."
— 책 속에서

『유전자는 우리를 어디까지
결정할 수 있나』
스티븐 하이네 지음
이가영 옮김
시그마북스, 2018

📖 과학철학자 이블린 폭스 켈러는 인간이 유전자에 새겨진
본성에 의해 만들어지는지, 아니면 환경과 교육을 통해
만들어지는지 생명과학의 최신 연구에 철학적 통찰을
담아 깊이 있게 파헤친다. 또한 유전의 역할에 관한 수많은
모호함과 불확실성은 유전학의 언어가 부족해 발생하는
것이라고 지적한다.

"생명체의 형질이 본성 혹은 양육에 의해서 얼마만큼
만들어지는지 혹은 유전자와 환경에 의해서 얼마만큼
만들어지는지 측정하려는 시도는 쓸모없는 일이다.
그것은 마치 멀리서 들려오는 드럼 소리가 연주자에 의해
만들어졌는지 그의 악기에 의해 만들어졌는지 질문하는
것과 마찬가지이다." — 책 속에서

『본성과 양육이라는 신기루』
이블린 폭스 켈러 지음
정세권 옮김
이음, 2013

『갑오경장연구』 유영익 지음, 일조각, 1990
『동학농민봉기와 갑오경장』 유영익 지음, 일조각, 1998
『친미개화파연구』 한철호 지음, 국학자료원, 1998

'친○ 개혁'의 주체성과 한국 근대사 서술

박훈

'친일 개혁' 서술의 애로

민족주의 사관이 강고한 한국 근대사 서술에서 '개화파'는 미묘한 존재다. '수구파와 개화파의 대결'이라는 프레임에서 개화파는 우호적으로 다뤄진다. 갑신정변과 김옥균에 관한 서술이 대표적이다. 그러나 '개화파와 반일 민족 운동'으로 프레임이 바뀌면 얘기가 달라진다. 갑오개혁에 관한 서술이 그렇다. 주지하듯 갑오 정부는 과거제·연좌제·노비제·서얼 차별을 철폐하고 과부의 재혼을 허가했으며, 근대적 재판 제도를 시행하기 시작했다. 중국 연호 대신 조선의 개국기년(開國紀年)을 사용했고, 강화도 조약과는 비교도 안 될 정도로 불평등한 조약인 조청상민수륙무역장정을 개정하려 했고, 교과서와 공문에 한글 사용을 결정했다. 내용만 보면 근대 한국, 혹은 현 대한민국 국제(國制)의 기점이라고 해도 과언이 아닐 것이다. 그러나 그간의 근대사 서술에서 갑오개혁은 무대 중앙에는 오르지 못한 느낌이다.

　'친일 정부'였기 때문이다. 갑오 정부는 청군에 이어 들이닥친 일본군이 경복궁을 점령(1894년 7월 23일)한 후 수립된 정부다. 일

1890년대 중반 서울 전경.(출처: 위키피디아)

본 정부(외무대신 무쓰 무네미쓰(陸奧宗光))는 왕궁 점령에 찬성하지 않았으나, 점령군을 지휘한 오시마 요시마사(大島義昌) 소장과 오토리 게이스케(大鳥圭介) 주한 일본 공사의 협의로 이뤄졌다. 갑신정변 때도 김옥균의 공작에도 불구하고 도쿄 정부는 그를 지원하지 않았다. 갑신정변에 가담한 것은 일본의 재야인사들과 서울의 일본 공사관이었다. 이런 현상은 당시의 불완전한 통신 설비 탓도 있지만, 기본적으로는 대외 정책에 적극적인 현지 기관들이 도쿄 정부의 소극책을 다분히 의도적으로 무시하면서 일어나곤 했다. 훗날의 만주사변·중일전쟁 발발도 같은 패턴의 반복이었다.

　　얘기를 다시 돌리자. 한국 개화파의 꿈은 '조선판 메이지 유신'이었으니, 개화파가 집결한 갑오 정부가 위와 같은 파격적 개혁 정책을 순식간에 쏟아 낸 것은 자연스러운 일이다. 그러나 메이지 유신과 다른 점은 외국 군대의 결정적 후원 아래에서만 그게 가능했다는 점이다. 해방 이후 미군의 주둔하에서 한국의 근대화가 진행되었지만(그게 청일전쟁 당시의 일본군처럼 '결정적 후원'이었는지는 별개로 치고), 미국은 한국을 병합하는 일은 하지 않았으므로, 대한민국 수립 후 전개된 '친미 개혁'은 그다지 공격의 대상이 되지는 않아 왔다. 그러나 일본은 청일전쟁 발발 16년 만에 한국병합을 자행했으므로 갑오 정부의 '친일 개혁'을 평가하는 것은 민족주의적 역사 서술에서 곤란을 일으켰다. 게다가 갑오 정부하에서 민비시해가 일어났고, 갑오개혁의 주역 중 한 명인 박영효를 비롯해 개혁에 관계했던 적지 않은 사람들이 훗날 일제가 준 작위를 받았다. 다 아는 대로 민비시해에 반발한 고종의 아관파천으로 김홍집은 타살되고 갑오 정부는 무너졌다. 이런 전개에서 갑오개혁의 역사적 의의를, 민족주의 사관의 근대사 내러티브가 담아내기는 어려웠을 것이다. 오히려 단발령 반대 의병, 아관파천 같은 '이상한 움직임'들을 반일 민족주의적 행동으로 '해석'하여 대서특필해 왔다.

한 사람만 사랑하기

그보다 더 결정적으로 갑오개혁의 평가를 주저하게 만든 것은 동학농민운동과 갑오 정부의 대립이다. 애초에 동학농민운동은 청일전쟁이 터지기 전에 민씨 정권의 학정을 규탄하며 일어난 것이었으나, 도중에 정권이 바뀌고 일본군이 들어오면서 반일 운동이 되었다. 일본군이 최신식 무기로 농민군을 몰살시킨 우금치 전투는 그 절정이었다. 그러나 농민군이 겨냥한 것은 일본만이 아니었다. 갑오 정부와 개화파 역시 그들의 적이었다. 전봉준과 흥선대원군의 연계(『동학농민봉기와 갑오경장』, 10-16쪽)는 이를 웅변한다.

　　그러니 황해도 개화파의 중진 안태훈의 장남 안중근이 동학농민군과 맞선 것은 당연한 일이었다. 농민군 진압 전투에서 안중

갑오개혁을 주도한 김홍집.(출처: 위키피디아)

근은 선봉 겸 정찰대 역할을 맡았고 안태훈 부대는 큰 전과를 올렸
다. 많은 한국 시민들은 이 지점에서 당황할 것이다. 안중근과 전봉
준을 동시에 사랑하기 때문이다. 기존의 민족주의적 근대사 서사
에서 이들이 대립할 여지는 없다. 하지만 실상은 정반대다. 안중근

은 동학당이 외국을 배척한다는 명분으로 포악한 행동을 하고 있는 점, 동학난이 청일 및 러일전쟁을 불러올 빌미가 될 수 있다는 점, 그리고 동학당이 일진회의 뿌리(일진회 회원 중 상당수는 동학도들이었다)라는 점에서 강경한 반대 태도를 보였다. 그의 이런 인식은 동학농민운동 당시뿐 아니라 '일진회의 뿌리' 운운에서도 알 수 있는 것처럼 뤼순 감옥에 있을 때까지도 변함이 없었다.* 안중근만이 아니었다. 뒤에서 보는 것처럼 독립협회의 기관지《독립신문》도 개화파 정부의 단발령 반대 의병 진압을 찬성했다.

그러니 우리는 개화파를 지지한 안중근과 동학농민운동을 지휘한 전봉준을 동시에, 모두 사랑할 수는 없다. 그럴 수도 있겠지만 역사 인식으로서는 지나치게 안이하다. 여기서 전자를 택한 연구자들은 갑오개혁의 주체성을 찾아내는 데 주력했다. 개혁 자체의 근대성은 너무 과격했다고 평가될 정도로 충분했다. 문제는 일본으로부터의 자립성을 어떻게, 얼마나 확보하느냐다. 유영익은 사학계의 주류가 갑오개혁을 등한시할 때 그 개혁의 역사적 의의를 집요하게 파헤쳐 왔다.(『갑오경장연구』) 그는 갑오개혁과 동학농민운동의 대립이라는 논점도 회피하지 않았는데, 그 결론은 1894년의 농민 봉기가 '혁명' 내지 '농민 전쟁'이 아니었고 오히려 유교에 바탕한 보수적 '의거'(『동학농민봉기와 갑오경장』, 5쪽)였다는 것이다.

얼마 전 작고한 유영익은 서울대 정치학과를 졸업하고 하버드대에서 박사학위를 취득한 후 연세대 정치외교학과에서 정년퇴임을 했다. 비록 그가 박근혜 정부하에서 국사편찬위원장을 지냈지만, 역사학계에서 보자면 아웃사이더인 셈이다. 그런 만큼 역사학계의 주류 해석에 대한 비판도 좀 더 자유로웠을지도 모르겠

---

* 황재문, 『안중근 평전』(한겨레출판, 2011), 61-66쪽.

다. 이런 일은 일본 학계에서도 볼 수 있는 일이다. 비슷한 시기인 메이지 유신에 대해 일본 역사학계 주류(강좌파와 그 후계자들)는 대단히 비판적이었던 데 비해, 문학계나 정치학계의 메이지 유신 연구자들은 사뭇 다른 시각을 보이곤 했다.*

　　그런저런 이유로 여기서 소개하는 책들은 그 중요성에도 불구하고 제대로 조명받지 못해 왔다. 이미 출판된 지 20년, 혹은 30년을 훌쩍 넘은 책들을 새삼 거론하는 이유다.

갑오개혁의 자율성 확보하기

갑오개혁의 근대성을 거론하는 것은 손쉬운 일이다. 어려운 것은 그 주체성, 자율성의 평가 문제인데 유영익은 제1장을 할애해, 일본 정부가 7월 23일 경복궁 점령 이후 9월 16일 평양 전투 승리 때까지 갑오 정권에 대한 간섭을 될수록 삼가는, 대한 소극 정책을 취했다는 점을 강조하며 이 기간 동안의 개혁이 자율적으로 이뤄진 측면을 강조했다.(『갑오경장연구』, 제1장) 그에 따르면 갑오 정부에 가장 깊게 간섭했을 법한 주한 일본 임시대리공사 스기무라 후카시(杉村濬)가 군국기무처의 활동에 적극 개입한 증거는 찾을 수 없고, 일본 외무대신 무쓰 무네미쓰의 '사설공사(私設公使)'격인 오카모토 류노스케(岡本柳之助)는 정변 직후 귀국하여 이듬해 4월에야 다시 내한했으며, 갑오 정부의 일본인 고문 파견 요청을 오토리 게이스케 주한 일본 공사가 일본 정부에 전한 것이 8월 28일, 그리하여 일본인 고문관이 실제로 도착한 것은 협의의 갑오개혁이 일단락된 1895년 초였다. 따라서 군국기무처를 중심으로 급진적

---

* 박훈, 「'연속하면서 혁신': 幕末정치사와 明治維新을 보는 시각」, 《일본역사연구》 40, 2014, 119-138쪽.

서울 종로에 위치한 전봉준 장군 동상.(출처: pexels.com)

인 개혁이 시도되었던 이 두 달간은 일본 개입이 비교적 약한 상
태에서 개혁을 추진할 수 있었다는 것이다. 그는 이를 "갑오경장
의 자율론적 재평가를 준비해 주는 소극적 작업에 불과하다"고 했
다.(『갑오경장연구』, 13-21쪽)

　　그러나 유영익은 그로부터 8년 후에 낸 『동학농민봉기와 갑
오경장』에서는 평양 전투 승리 후에도 갑오 정부가 자율적 성격을
갖고 있었다고 주장한다. 특히 오랜 망명 생활 후 귀국한 박영효는
1894년 말부터 1895년에 걸쳐 약 200여 일 동안 내무대신과 총리
대신 서리를 맡아 213개 항의 개혁안을 발포했다. 유영익은 "일본
인들은 1894년 12월 중순과 1895년 4월 중순에 공포된 개혁안 가
운데 극히 일부분의 작성에만 관여하였고, 나머지 대부분은 주로 개

혁 운동에 참여했던 조선인 개혁파 관료들이 입안·제정"(『동학농민봉기와 갑오경장』, 98쪽)했다며 그중 박영효가 가장 적극적이어서 213개의 개혁안 중 적어도 68개에 스스로 서명했다고 했다. 특히 68개 개혁안 중 과반수는 1895년 5월 말부터 7월 초까지, 즉 박영효가 일본 간섭을 배제하고 개혁 주도권을 장악했던 시기에 발포된 점을 강조했다.(『동학농민봉기와 갑오경장』, 제3장)

　　1895년 5월 성립한 새 내각(유영익은 박정양이 총리대신에, 박영효가 내부대신에 취임한 이 내각을 '박영효 내각'이라고 부른다)과 군사·경찰 책임자 20명의 평균 연령은 42세(이 중 적어도 9명이 30대)였고, 적어도 9명이 상당 기간 미국에서 유학 내지 직장 생활을 했고, 출신 가문은 잡다했으며 최소한 4명이 서자 내지 서손이었다.(『동학농민봉기와 갑오경장』, 87쪽) 유영익은 박영효가 "1895년 초부터 일본의 꼭두각시 역할에 만족하지 않고 나름대로의 야심적인 개혁을 추진하기 위해 독자적인 권력 기반을 구축하는 데 몰두했다. 무엇보다도 그는 군대와 경찰 기관의 요직에 자신의 측근 인사들을 대담하게 기용했다"(『동학농민봉기와 갑오경장』, 81쪽)며 박영효와 일본의 갈등에 주목했다. 결론에서 유영익은 전작에서 보였던 '소극적 작업', '준비' 등의 소극적 어조를 버리고, 단호히 갑오개혁의 자율성을 강조한다. '박영효 내각'의 인사들은 친일파라기보다 친미파라고 할 수 있을 정도로 서구 지향적 색채가 강했다며, 자신의 연구는 갑오경장이 "단순히 일본에 의해 강요된 타율적 개혁 운동이 아니었음을 증명한다. 따라서 기왕의 갑오경장 타율성론은 수정되어야 마땅할 것이다. 조선의 개혁파 관료들은 오랜 개화 운동의 전통을 이어받아 갑오경장에 참여하였다. 이들은 (……) 외부로부터 경장에 뛰어든 일본인들보다 더 중요한 역할을 수행했다고 볼 수 있다. 특히 박영효의 야심 찬 개혁 노력은 비록 단명에 그쳤지만 1884년의 갑신정변과 1896-1898년의 독립협회 운동을 연결시켜 주는 역사적 고리로서 그 의의가 높이 평가되어야 할 것이다"(『동학농민봉기와 갑오경장』, 109쪽)라고.

'친일 혐의'의 돌파구 찾기

그러나 갑오개혁의 자율성이 지금까지 생각했던 것보다는 더 있었다 하더라도 그것이 일본의 강력한 군사적 영향력하에서 유지되던 정권이었던 것은 부인하기 어려울 것이며, 이것이 한국 근대사 서술의 애로다. 이런 이유에서 주목할 만한 것이 '친미 개화파(정동파)'의 존재와 활동이다. 이 명칭을 선택한 한철호는 '친미'에 대해 박정양 등이 미국을 개혁의 모델 내지 독립을 지원해 줄 최적의 외교 대상국으로 삼았다는 의미이지, 이 개혁의 외인론에 입각한 것은 아니라며 신중하게 의미 규정을 하고 있다.(『친미개화파연구』, 10쪽) 이 세력은 당시에는 '미국당', '친미파', '개화당', '영어파', '구미파', '아미당(俄美黨)', '왕비파', '왕실파' 등으로 불렸다. '왕비파', '왕실파'라는 명칭이 눈길을 끄는데, 일본 공사관 서기관 히오키 에키(日置益)는 "왕비 스스로가 당치(黨幟)를 세운 것이 아니라 오히려 외국파(친미 개화파―필자)의 권세가 반대로 왕비를 달라붙게 만든 것이라고 단언"(『친미개화파연구』, 99쪽)했다. 이 증언은 '친미 개화파'란 고종-민비의 왕당파가 아니냐는 혐의에 대한 유력한 보호막이다. 핵심 멤버로는 박정양·이완용·이채연·이하영·이상재·윤치호·서광범·서재필 등이 있는데, 이들 중에는 서자·평민 등 양반 출신이 아닌 자가 많으며, 또한 과거를 거치지 않고 관직에 진출한 자가 다수 포함되어 있었다.

　1887년 최초의 미국 공사로 파견됐던 박정양과 그의 참모 이상재를 중심으로 한 이들은 갑오개혁 추진 세력 중 하나였으나 일본의 내정 간섭과 이권 독점, 일본인 고문관 파견에 반발하는 '반일적 색채'를 띄었고, 박영효 등 친일 그룹과 갈등했다가 삼국간섭으로 일본 세력이 약화되자 친러 그룹과 함께 정동구락부를 결성했다. 갑오 정부, 특히 박영효 등이 고종·민비와 강하게 불화했던 데 비해 이들은 고종·민비와 양호한 관계를 유지하여 춘생문(春生門) 사건과 아관파천을 주도했다. 그러니 이들은 '친일 혐의'에서 자유롭다. 정동파라는 이름을 처음 붙였다고 여겨지는 스기무라 후카시는 본국에 "그들의 목적은 각국과 골고루 교제하여 각국 공동의 보조에 의해서 어느 한 나라의 강제를 피하려는 데 있다"(『친미개화파연구』, 79쪽)고 보고했다.

한철호는 이 세력을 이와 같이 규정한 후 한 걸음 더 나아가 민간의 독립협회와의 관계를 새롭게 보려고 한다. 기존의 연구에서는 독립협회와 정부의 대립만을 강조해 왔지만, '친미 개화파'로 정부가 구성되었을 때에는 양자가 깊은 협조 관계에 있었다는 것이다. 즉 아관파천기에 집권한 정동파는《독립신문》창간을 지원했고, 독립협회의 창립을 주도했으며 수구파의 구제(舊制) 복구 시도를 저지하고 근대적인 개혁을 추진했다. 특히《독립신문》창간 과정에서 서재필의 역할이 과대평가되어 왔다며, 서재필에 대한 정동파의 적극적 지원이 창간 성공에 결정적이었다고 지적한다. 독립협회 결성도 정동파의 역할이 컸다. 임원진의 대부분은 현직 관료였으며, 결성식은 외부관사(外部官舍)에서 열렸고 상당액의 보조금이 정부 쪽에서 조달되었다. 이에 호응해 독립협회 측도 정동파 정부의 의병 진압 정책을 높이 평가했고, 1896년 4월 14일 자《독립신문》은 "지난 10년 동안보다도 지난 3개월 동안에 더 실질적인 진보가 이루어졌다"(『친미개화파연구』, 199쪽)며 정부를 응원했다는 것이다.

　　아래로부터의 동학농민운동이나 위로부터의 광무개혁을 강조하는 역사 서술이 한국 근대사의 '개화'와 대한민국의 성취를 해명하는 데 부적절 혹은 불충분하다면 '갑오개혁→친미 개화파+독립협회'로 이어지는 '개화' 내러티브를 구성해 보는 건 어떨까. 이때 '친일 혐의'를 씻기 어려운 갑오개혁과는 달리, '반일'의 움직임까지 보인 '친미 개화파'의 위치 부여는 지금까지 우리가 알고 있던 것보다는 훨씬 중요한 일일지도 모르겠다.

외세 이용의 주체성?

전근대에서 근대로 이행하는 시기에 '근대화'와 민족주의의 행복한 결합을 이룬 일본에 비해, 양자의 충돌과 긴장으로 가득 찬 한국 근대사의 내러티브 구축은 그만큼 애로(隘路)였다. 역사가들은 어느 하나를 선뜻 내버리지 못했으나, 양자가 충돌할 때에는 후자를 선택하는 경향이 있었다. 20세기 후반 마르크스주의와 민족주의가 결합한 이른바 '민중사학'의 근대사 서술이 그 대표이고, 그 역사 서술은 한국 시민들의 상식으로 자리 잡아 왔다. 그러나 민족민중운동의 추동력과 그 좌절을 중심축으로 한 이 역사 서술이 21세기 초 G8 운운하는 선진국이 된 대한민국의 역사적 경위(經緯)를 제대로 설명할 수 있는가 하는 점에 많은 시민들이 의구심을 품기 시작한 것도 사실인 것 같다.

　　한국과 같은 규모와 지정학적 위치를 갖는 국가의 역사 서술에서 외세를 '차단'하려는 자세는 과연 바람직한 것일까. 그것은 혹시 또 하나의 '외세 콤플렉스'의 표현은 아닐까. 한국사에서 기어이 '주체성'·'자율성'·'내재적 발전'을 찾아내야만 하는 것일까. 외세의 작용이 그 어느 나라보다 심한 상황에서, 그 외세를 역이용해 개혁과 발전을 이루려 했던 선인(先人)들의 사정과 노력에 좀 더

겸허하게 다가가야 하는 것은 아닐까. 그것이야말로 한국사의 등신대(等身大)의 '주체성'이 아닐까. 그걸 주목하면 저 악명 높은 '타율성론'에 빠지는 것일까. 해방 후 대한민국의 성취가 미국을 모델로 한 '친미 개화파'의 꿈이 어느 정도 달성된 것이라고 볼 수 있다면, 19세기 말 '친일 개화파'와 '친미 개화파'의 노선을 근대사 서술의 중심 무대로 올려 보는 것은 어떨까. 물론 그 시도는 철저히 실패했지만, 사람 살다 보면 실패도 있고 성공도 있는 법이다. 하물며 역사에서랴. 서리북

박훈

본지 편집위원. 서울대 동양사학과에서 일본 근대사를 가르치고 있다. 메이지 유신, 동아시아의 정치문화 등을 연구해 왔고 한일관계사에도 관심을 갖고 있다. 주요 저서로는 『메이지유신과 사대부적 정치문화』, 『메이지유신을 설계한 최후의 사무라이들』, 『메이지유신은 어떻게 가능했는가』가 있다.

📖 저자는 머리말에서 갑오개혁의 이념이 외래적이고
타율적인 것이 아니라 주체적인 조건에서 나온 것이며,
그 개혁 논리의 토대는 조선 후기 사회 개혁론의 변통 논리에
기초하고 있다는 점, 비록 불충분했지만 갑오개혁에서 입헌
논의와 근대 국가 형성을 위한 기초적인 작업이 이뤄졌다는
점, 일제의 침략과 그 영향이 과장되어 있다는 점 등
세 가지를 이 책의 논지로 미리 제시한다.

"갑오 정권 수립이 곧바로 일본의 보호국으로의 전락을
의미할 수는 없었을 것이다. 따라서 향후 갑오개혁의 추진
방향과 성과에 의해 조선이 독립 주권 국가와 근대 국가로의
개혁으로 나아가느냐, 아니면 보호국으로 전락하느냐 하는
문제가 결정(될 것이었다.)" ― 책 속에서

『한국 근대국가의 형성과
갑오개혁』
왕현종 지음
역사비평사, 2003

📖 '외세를 역이용한 한국사의 진전'이라는 관점에 선
한 탁월한 전략가가 역사와 현실을 얼마나 깊게 이해하고
있었는가를 보여 주는 책이다. 어떤 민족의 '주체성'이란
비현실적인 외세의 배격이 아니라, 외세의 불가피한
영향력에 대해 깊이 공부하고 활용 방안을 찾아내려는
고투에서 비롯될 수도 있음을 생각하게 하는 책이다.

"이제 미국의 사명은 명확해졌다. 중국의 개방 정책
원칙은 고수되어야 하며, 동양에서 미국의 조약상 권리는
보장되어야 하며, 일본의 태평양에서의 팽창의 꿈은
제한되어야만 한다. 만약 미국이 어떠한 결과라도 감수하고
확고한 의지로 이러한 정책을 추진하리라는 것을 일본이
확신하도록 한다면, 총 한 방 쏘지 않고도 목적을 이룰 수
있을 것이다." ― 책 속에서

『일본의 가면을 벗긴다』
이승만 지음
류광현 옮김
비봉출판사, 2015

우리말이 국어가 되기까지

대화로 읽는
국어 만들기의 역사

김민수 구술
최경봉
김양진
이상혁
이봉원
오새내
지음

푸른역사

『우리말이 국어가 되기까지』
김민수 구술, 최경봉·김양진·이상혁·이봉원·오새내 지음,
푸른역사, 2023

한 국어학자가 경험한,
우리 말과 글에 대한 연구와 정책의 역사

박진호

맞춤법에 대한 젊은 세대의 인식과 태도

요즘 젊은이들에게 맞춤법을 잘 아는지, 평소에 신경을 많이 쓰는지 물어보면, 대개 잘 모르고 별로 신경을 쓰지 않는다고 대답한다. 그래도 맞춤법에 신경을 쓸 때가 가끔은 있을 텐데 어떤 때에 신경을 쓰느냐고 물어보면, 좋아하는 이성, 썸 타고 있는 이성에게 메시지를 보낼 때라고 대답하는 젊은이가 꽤 여럿 있다. 이는 현재 한글 맞춤법이 처한 이중적인 상황을 잘 보여 준다. 많은 젊은이들은 맞춤법을 잘 모르고, 그렇기 때문에 지인에게 메시지를 보내거나 SNS에 글을 올리거나 할 때 맞춤법에 크게 신경 쓰지 않는다. 하지만 맞춤법을 잘 모르는 것에 대한 자격지심이 전혀 없지는 않으며, 남에게 잘 보이고 싶을 때는 맞춤법을 틀리는 사람으로 비춰지고 싶지 않은 마음도 있다. 즉 맞춤법을 잘 안다는 것이 교양, 학식, 품위의 상징으로서 갖는 의미가 완전히 사라지지는 않은 것이다. 미국에서도 대통령이 철자를 틀린 것이 언론에 보도되기도 하고, 일본에서도 총리가 한자어를 잘못 읽은 것이 가십거리가 되는 것을 보면, 맞춤법 내지 그와 비슷한 것이 지식인이나 높은 지위에 있는 사람의 기본 소양으로서 인식되는 것은 어느 나라든 꽤 보편적인 현상인 것 같다.

젊은 세대로 갈수록 맞춤법에 약해지고 신경을 덜 쓰게 된 것은 종이 매체의 쇠퇴 및 인터넷의 부상과 서로 밀접한 관계가 있는 것 같다. 인터넷이 나오기 전에 대중이 주로 읽는 것은 신문, 교과서, 출판된 책들이었는데 이런 종이 매체는 맞춤법 등의 어문 규범에 대한 꽤 철저한 교열을 거쳐서 간행된다. 따라서 이런 글을 매일같이 읽으면서 생활하다 보면, 어떤 표기가 맞춤법에 맞는지에 대한 감각이 자연스럽게 생긴다. 반면에 인터넷, 모바일 메신저, SNS 등에 일반인이 작성하는 글은 어문 규범에 대한 교열을 전혀 또는 거의 거치지 않고 작성되므로, 종이 매체는 별로 안 접하고 이런 전자 매체의 글을 주로 접하는 사람들은 맞춤법에 대한 감각이 발달하기 어렵다. 어문 규범에 대한 교열을 거치지 않은 매체를 주로 접해 왔기 때문에 맞춤법에 약해졌고, 맞춤법에 약하기 때문에 전자 매체에 맞춤법이 틀린 글을 써서 올리고, 이 두 가지가 상승작용을 해서 오늘날과 같은 결과를 낳았다고 할 수 있다.

맞춤법, 사전 편찬, 문법 제정의 구술사를 알 필요

맞춤법의 현재 실태가 어떤지, 앞으로 어떻게 전개될지, 정부나 국어학자들은 이에 대해 어떤 정책을 마련해야 할지 등도 중요한 문제인데, 이에 대해 더 현명하게 생각하고 대처하기 위해서는 맞춤법이 과거에 어떻게 만들어지고 오늘날까지 변해 왔는지를 아는 것도 도움이 된다. 한글 맞춤법은 1930년대에 조선어학회에서 통일안을 만들었고, 해방 후에 그것이 국가 차원에서 받아들여져 큰 변화 없이 오늘에까지 이르고 있다. 따라서 해방 전 조선어학회의 이와 관련된 활동, 해방 후에 국가가 이를 승인하고 공포하여 공식적인 규범이 된 과정, 이와 관련된 논란들을 알아볼 필요가 있다.

학술과 문화가 발달한 선진국들의 어문 생활을 보면, 대개 맞춤법뿐 아니라 좋은 사전과 문법도 갖추어져 있으므로, 우리나라에서 한국어와 한글을 사용한 어문 생활이 더 원활하게 영위되고 선진화되기 위해서는 맞춤법, 사전, 문법이라는 세 요소가 잘 갖추어져야 한다는 생각으로 해방 전후의 국어학자들은 이 셋을 위해 상당한 노력을 기울였다. 맞춤법, 사전, 문법은 어문 생활, 어문 정책의 가장 핵심적인 세 요소인 것이다.

어문 생활사, 어문 정책사뿐 아니라 역사 전반이 그렇지만, 공식적인 기록이나 사료를 바탕으로 역사를 살펴보는 것은 꼭 필요하고 나름의 가치가 있기는 하지만 한계도 있다. 당시를 살았던 사람들이 어떻게 느끼고 생각했는지에 대한 생생한 감각을 얻기가 어렵다. 그 시대를 살면서 여러 일들을 직접 경험했던 사람으로부터 생생한 증언을 들음으로써 그 점을 보완할 수 있다. 그래서 구술사(口述史, oral history)가 각광을 받게 되었다. 시간이 너무 많이 흘러서 그 시대를 경험한 사람이 모두 사망했다면 구술사의 방법을 쓸 수 없겠지만, 비교적 가까운 시기의 역사는 구술사적 접근이 가능하고 또 소중하다. 『우리말이 국어가 되기까지』는 김민수라는 국어학자의 목소리를 통해, 해방 직전부터 1950-1960년대까지 우리 말과 글에 대한 연구와 정책이 어떻게 변모해 왔는지를 생생히 들려주는 소중한 책이다.

조선어학회와 한글 맞춤법 논쟁

이 책을 통해 가장 생생하게 드러나는 것 중 하나는 조선어학회의 위상이다. 조선이 일본의 식민지가 되어 학교 교육에서 일본어가 '국어'로서 중시되었고 조선어는 그 가치나 지위가 격하되었다.

젊은 시절 김민수 선생의 모습.
서울대 국어국문학과 합동연구실 조교로 근무할 당시의 사진이다.
(출처: 『우리말이 국어가 되기까지』, 188쪽, 푸른역사 제공)

그래도 우리 민족, 우리 말과 글에 대한 애정을 지닌 뜻있는 국어
학자들은 한글 맞춤법에 대한 연구를 열심히 했다. 조선어를 한글
로 표기할 때 사람마다 제멋대로 아무렇게나 쓰는 것보다는 규범
내지 규칙을 만들어서 이에 맞게 쓰는 것이 좋다고 생각했다. 신
문, 잡지, 서적 등의 출판물이 점점 더 증가하고 있었기 때문에, 한
글 맞춤법의 필요성은 더욱 증대되고 있었다. 조선어와 한글에 대

한 연구에 조선총독부가 의심의 눈초리를 보내고 있었고 자칫하면 감옥에 가거나 곤욕을 치를 수도 있는 상황에서, 우리말과 한글에 대한 연구와 교육에 열정을 쏟은 당시 국어학자들의 용기는 높이 평가받아야 할 것이다. 실제로 조선어학회의 여러 사람들이 해방 직전에 옥고를 치렀고, 감옥에서 사망하여 해방을 보지 못한 이도 있다.

그런데 1930년대에는 '한글 맞춤법 통일안'을 만든 조선어학회 외에 박승빈이 주도하는 조선어연구회에서도 맞춤법과 문법에 대해 연구했고, 조선어학회의 통일안과 상당히 다른 맞춤법 안을 내놓기도 했었다. 그래서 이 두 학파 사이에 격렬한 논쟁이 벌어졌고,《동아일보》같은 언론에서 토론회를 개최하여 크게 보도하기도 했다. 조선어학회의 통일안은 어법에 맞게 쓰는 것을 중시하는 입장인 데 비해, 박승빈 학파의 안은 발음대로 표기하는 것을 중시하는 입장이다. 예컨대 전자는 '밥이', '높은'처럼 체언과 조사, 용언 어간과 어미를 구분해서 분철하자는 입장이고, 후자는 '바비', '노픈'처럼 소리 나는 대로 적자는 입장이다.

어느 한쪽이 절대적으로 옳은 것은 아니고, 양자가 각각 일장일단이 있다. 전자는 논리적·이론적이라면, 후자는 실용적이다. 전자는 '밥' 같은 체언, '높-' 같은 용언 어간의 모양을 고정시킴으로써 시각적으로 독서 효율을 높이는 장점이 있지만, 표기와 발음의 괴리가 생기기도 하여 쓸 때 어려워지는 단점이 있다. 또한 '얼음', '죽음', '믿음' 같은 경우에는 어법에 따라 어원을 밝혀 적지만, '거름'(걸+음), '주검'(죽+엄), '무덤'(묻+엄), '미덥다'(믿+업+다) 같은 경우에는 어원을 밝히지 않고 소리 나는 대로 적고 있으며, '더워'(덥+어), '물어'(묻+어) 같은 불규칙 용언의 활용형도 어간을 밝히지 않고 발음대로 적고 있어서, 일관성이 없다는 비판을 받을 소지가 있다.

해방 후 맞춤법 제정 과정

해방 후 미군정이 새로운 제도를 정비할 때, 미국 군인들은 한국어와 한글에 대해 전문성이 없었기 때문에, 한국인 국어학자들의 의견을 존중해서 정책을 세울 수밖에 없는 상황이었다. 이때 대중의 신망을 가장 많이 받고 있던 것은 조선어학회 사람들이었다. 1930년대에 만든 통일안이 이미 널리 퍼져서 사용되고 있기도 했고, 해방 직전에 옥고를 치렀다는 것도 작용하여 민족의 영웅으로 추앙되고 있었다. 그래서 미군정 시기 및 그 이후의 이승만 정부에서 어문 정책은 조선어학회 사람들이 주도하게 되었다. 조선어학회에서도 특히 최현배의 영향력이 컸다. 그는 문교부 편수국장으로 수년간 재직하면서, 당시의 어문 정책에 큰 힘을 발휘했다.

그런데 최현배는 한글 전용(즉 한자 폐지)과 우리말 순화 운동(즉 일본어 잔재의 제거)에 너무나 깊이 빠져 있었다. 그래서 이 두 가지 일을 위해 자신의 권력을 남용했다는 혐의를 강하고 받고 있다. 게다가 한글학회(조선어학회가 이름을 바꾼 단체)의 종신 이사장이 되어 학회 및 학계에서의 자신의 권력을 영구화하려고 한 것도 좋은 평가를 받지 못한다.

최현배는 맞춤법에 대해서, 자신이 핵심 인물로 활동하던 조선어학회의 통일안을 당연히 신봉했고, 해방 후의 맞춤법 제정에서도 이를 관철시켰다. 이 역시 권력 남용이라는 비판의 소지가 있다. 해방 전에 조선어학회와 박승빈 학파 사이에 대대적인 논쟁이 있었으므로, 해방 후의 맞춤법 제정 과정에서도 국어학자들의 다양한 의견을 수렴하고 토론하여 중지를 모으는 절차가 있었어야 했는데, 그런 과정을 생략하고 자신이 신봉하는 학설을 밀어붙인 것이다. 당시에 조선어학회의 통일안이 어법을 중시하는 철학 때문에 대중에게 너무 어려우므로, 박승빈 학파의 표음주의적 요소를 적극 또는 일부라도 수용하여 맞춤법을 좀 더 쉽게 하는 게 좋겠다는 생각을 가진 사람들도 꽤 있었다. 한글 맞춤법이 좀 더 쉽고 대중 친화적인 방향으로 전환될 수도 있는 기회를 놓친 셈인데, 그 책임의 상당 부분은 최현배와 한글학회에 있다고도 할 수 있다. 『우리말이 국어가 되기까지』에서는 김민수 선생이 직접 목격하고 경험한 세세한 과정이 서술되어 있고, 이 과정의 문제점에 대한 비판도 그의 목소리를 통해 들을 수 있다. 일반 대중과 국어학자 모두 경청할 가치가 있다.

조선어학회와 사전 편찬, 한글 강습

한편 조선어학회 및 그 후신인 한글학회는 훌륭한 업적도 냈는데, 『큰사전』(전 6권. 제1권이 처음 출간되었을 때의 제목은 '조선말 큰사전')의 간행이 대표적이다. 맞춤법이나 표준어를 제정한다고 해도, 그 문건에는 조항마다 몇 개의 사례밖에 실을 수 없다. 그 문건에 나오지 않는 말은 맞춤법 조항의 내용을 바탕으로 어떤 표기가 맞는지를 유추할 수밖에 없다. 그런 유추가 쉬운 경우도 있겠지만 그리 간단치 않은 애매한 경우도 얼마든지 있다. 따라서 가급적 많은 단어의 옳은 표기를 보여 주는 사전이 필요하다. 조선어학회는 해방 전부터 사전 편찬을 위해 노력했는데, 조선어학회 사건으로 많은 인사가 투옥되고 학회가 풍비박산이 나면서 사전 원고도 일제에 압수되는 우여곡절을 겪기도 했다. 해방 후 한국전쟁이라는 참화를 겪으면서도 사전 편찬 작업을 꾸준히 해서 1957년 전 6권으로 완간되었다. 이는 한국어 사전의 역사에서 가장 돋보이는 존재이다. 김민수 선생은 이 『큰사전』 편찬에 직접 참여하여, 이 대단한 업적의 산 증인이 되었다.

　맞춤법을 만들고 사전을 만들어도 이것이 널리 보급되지 않

No. 27

가동[家僮](名) 집안의 부리는 아이.

가동[歌童](名) 정재(呈才)할 때에 노래하는 아이.

가동[呵凍](名)

가동가동[感](名) 어린 아이에게 가동질을 시킬 적에 하는 소리. ──=하다[自,여불].

가동=가서[可東可西](名) "가이동가이서"의 준말.

가동거리다[自]=가동질을 자꾸 하다.[他] 몸피 작은 사람이 엉덩이섯을 하다.(=가동대다. 가동다)

가동=관절[可動關節](名)[生理]

가동=교[可動橋](名)[土] 선박(船舶)이 지나가게 하기 위하여 교체(橋体)가 움직일 수 있는 교량(橋梁).

[揷圖] 国民百科大辞典
卷三, 1978

ㅇ가동그떠리다[他]=가동그뜨리다.

ㅇ가동그뜨리다[他]"가동그리다"의 힘준 말.(<거둥그뜨리다).(가동그떠리다. 가동그터리다

ㅇ가동그리다[他] 헤어진 물건을 가전하게 거두어 싸다.(<거둥그리다).(가동그리다. 가둥그리다).

ㅇ가동그터리다[他]=가동그뜨리다.

ㅇ가동그트리다[他]=가동그뜨리다.

ㅇ가동대다[自,他]=가동거리다.

『큰사전』 원고 일부.(출처: 『우리말이 국어가 되기까지』, 311쪽, 푸른역사 제공)

으면 별 소용이 없다. 해방 전은 물론이고 해방 직후에도 한글을 전혀 읽고 쓸 줄 모르는 문맹이 매우 많았다. 조선어학회에서는 한글 강습회를 전국에서 개최하여 문맹을 퇴치하는 데 크게 공헌했다. 우리나라가 비교적 짧은 시간에 문맹률이 크게 낮아지고 보통 교육이 확산되는 데 조선어학회의 이런 활동이 큰 공헌을 했다. 김민수 선생은 젊은 시절 이 한글 강습회의 강사로 봉사하여, 이 뜻 깊은 사업에도 참여했다.

학교 문법 통일안 제정 및 그 배경

사전 편찬 사업은 매우 높이 평가할 일이고, 맞춤법 제정은 공과 과의 양면이 있다면, 문법과 관련된 국어학자들의 활동은 가장 낮은 점수를 받아야 할 것 같다. 한국어에 품사가 몇 개 있는지(예: '이다', '아니다'를 지정사라는 별도의 품사로 볼지, '있다', '없다'를 존재사라는 별도의 품사로 볼지 등)부터 해서 한국어 문법의 여러 문제에 대해 국어학자들의 의견이 분분했다. 학문적 이슈에 대해 학자들의 의견이 다양하고 서로 논란을 벌이는 것은 이상할 것이 없다.

　　그런데 여기에 '한글 전용이냐 한자 병용이냐'라는 완전히 다른 문제가 개입되었다. 최현배 등의 한글 전용파는 '이름씨, 움직씨, 그림씨' 같은 순우리말 문법 용어를 사용할 것을 주장했고, 이희승 등의 한자 병용파는 '명사, 동사, 형용사' 같은 한자어 문법 용어가 이미 많은 사람들에게 익숙하니 이를 그대로 사용하자고 주장했다. '학교 문법 통일안'을 정하는 위원회에서 다수 위원들이 후자 쪽으로 기울자, 최현배파는 격노하여 회의장을 박차고 나가 버렸다. 자신의 견해뿐 아니라 타자의 견해도 존중할 줄 아는 아량과 타협의 정신이 좀 더 있었으면 하는 아쉬움이 있다.

　　그런데 문법에 대한 학자들의 여러 견해를 그냥 내버려 두지 않고 '학교 문법 통일안'을 제정하게 된 배경을 보면 더 서글픈 생각이 든다. 대학 입시에서 각 대학의 국어 문제를 출제할 때, 그 대학에 재직하고 있는 교수가 자신의 학설을 바탕으로 해서 본고사 문제를 내는 일이 종종 있었다. '이것은 좋은 새 책이다'라는 문장에 단어가 몇 개 들어있느냐는 식의 문제를 낸 것인데, 이에 대해서는 학자에 따라 4개부터 7개까지 다양한 답이 가능하다. 그런데 이런 다양한 답을 인정하기보다는, 채점하는 학자의 학설만을 정답으로 고집했던 모양이다. 그래서 학생과 고교 교사들 사이에서 입시 준비를 하기가 너무 어렵다는 불만이 터져 나왔고, 5·16 군사정변 직후에 박정희 군사 정부에서 이런 불만을 잠재우기 위해 학교 문법을 통일하라는 지시를 내리게 된 것이다. 독재 정권이 문법에 대한 학설을 하나로 통일해서 교과서를 만들고 학교에서 가르치라고 지시한 것부터가 학문의 자유에 어긋나는 야만적인 처사이지만, 대학 입시에서 논란의 여지가 있는 문제를 내고 특정 학설만을 정답으로 한 교수들의 처사도 한심하기 짝이 없다. 학문의 자유를 누릴 자격을 스스로 깎아 먹는 행위이다.

구술사의 한계와 위험

『우리말이 국어가 되기까지』는 이런 흥미로운 역사에 대해 역사의 산증인의 입을 통해 직접 생생하게 들을 수 있다는 것이 큰 미덕이다. 그리고 방대한 분량의 인터뷰 내용에 체계를 세우고 구조를 입혀서 이렇게 반듯한 형태로 만든 최경봉 교수 등 인터뷰어 겸 저자들의 노고에도 박수를 보내고 싶다. 이 책이 구술사의 모범 사례로서 많은 사람들에게 읽혀서, 다양한 분야에서 유사한 성과가 계속 많이 나오기를 바란다.

다만 이런 구술사가 지니고 있는 한계나 문제점도 분명히 인식할 필요가 있다. 어느 특정 개인의 증언은 그가 직접 목격하고 경험한 일에 대한 더할 나위 없이 생생한 자료가 되지만, 사람의 기억은 누구나 시간이 지남에 따라 취사선택되고 편집되고 때로 왜곡되기도 하기 때문에 주의를 요한다. 해당 사건들에 대한 다른 자료 및 다른 사람의 증언과 교차 검증이 필요하다.

특정 개인의 구술사가 지닐 수 있는 위험을 예시하기 위해 내가 직접 경험한 사례를 소개하겠다. 1930년대에 훈민정음을 연구한 대표적 학자로 방종현과 홍기문이 있다. 방종현은 경성제대에서 조선어학을 정식으로 전공한 학자이고, 홍기문은 가학으로 한학을 공부하여 한문에 대한 상당한 학식이 있었지만 신식 학문을 제대로 전공한 사람은 아니었다. 그런데 이 두 사람이 1930년대에 협력하여 '훈민정음 해례'에 대한 역주를 내기도 하고 이에 대한 공동 연구도 꽤 했던 모양이다. 그런데 홍기문이 『정음발달사』라는 책을 집필하여 1946년 출간하자, 방종현은 적잖이 충격을 받았던 듯하다. 1930년대에 자기와 홍기문이 공동 연구를 수행할 때 (방종현의 생각에) 자기가 홍기문에게 알려 줬던 내용들이 이 책에 상당 부분 실려 있어서 자신의 아이디어를 도용당했다는 느낌을 받았던 것이다. 그래서 방종현도 부랴부랴 『훈민정음통사』라는 비슷한 성격의 책을 내게 되었다. 홍기문에 대한 방종현의 피해의식은 동료 이숭녕과 제자 이기문에게도 전달되어, 이 두 사람은 방종현의 말을 그대로 믿은 듯하다. 이숭녕의 『혁신국어학사』에 이 이야기가 방종현의 주장에 입각하여 실려 있고, 나도 이기문의 강의에서 거의 같은 이야기를 들은 적이 있다.

그런데 강영주의 치밀한 일련의 연구에 따르면, 『정음발달사』는 홍기문이 1940년대에 창동에 은거하던 시절에 혼자서 연구한 결과를 담은 것이고, 방종현의 영향은 별로 찾아볼 수 없다는 것이다. 방종현은 훈민정음에 대해 자기가 홍기문에게 가르쳐 준 것이 많다고 생각했던 모양이지만, 한학에 대한 학식은 홍기문 쪽이 훨씬 높아서 '훈민정음 해례'에 대한 해석이나 연구에서도 오히려 방종현이 홍기문한테서 배운 것이 더 많았으리라고 생각하는 것이 더 합리적인 추측일 것이다. 백 보 양보해도, 방종현과 홍기문 사이의 학문적 교류나 영향 관계에 대해서는 논란이 있을 수 있다. 그런데 만약 이에 대해 구술사적 연구를 했다면, 월북한 홍기문의 증언은 듣기 어려웠을 것이고, 방종현이나 그의 동료, 제자들의 증언만 듣는다면 꽤 편향된 인식을 갖게 될 가능성이 높다.

　　김민수 선생은 매일같이 신문 스크랩을 열심히 하고(내가 그의 자택을 방문했을 때도 방대한 스크랩 자료에 놀랐다) 자신이 관여한 일에 대한 자료와 메모를 꼼꼼하게 남기는 습관이 있었기 때문에 그런 위험이 덜하기는 하지만 전혀 없지는 않을 것이다. 이 책의 인터뷰어 겸 저자들은 김민수 교수의 증언과 다양한 자료를 교차 검토함으로써 그런 위험에 경종을 울리기도 하고 객관적 진실에 한 걸음 더 다가가기 위해 상당히 노력한 점이 돋보인다. 서리북

박진호
본지 편집위원. 언어학자. 서울대학교에서 가르치고 있다. 공저로 『한국어 통사론의 현상과 이론』, 『현대 한국어 동사 구문 사전』, 『인문학을 위한 컴퓨터』 등이 있다.

📖 조선어학회의 해방 전 활동을 다룬 책이다. 저자 정재환은 대중에게는 방송인으로 유명하지만, 일찍부터 국어에 관심을 갖고 꾸준히 공부해 왔으며, 조선어학회의 활동에 대한 연구로 박사학위를 받기도 했다. 대중에게 친숙하게 다가가는 문체로 조선어학회의 사전 편찬 등의 여러 활동을 잘 서술했다.

"조선어학회는 어문 운동을 통해 조선의 독립을 꿈꾸었다. 학술 단체였기에 사전을 편찬하고 민족어 3대 규범을 마련하고, 잡지《한글》을 발행하면서도 일제의 탄압을 피할 수 있었다. 그러나 전쟁이 장기화되는 국면에서 일본은 다급했다. 완벽한 동화의 실현을 위해 조선적인 것은 모조리 박멸해야 하는 상황에서 조선 민족의 정수인 조선어를 지키는 학회를 일망타진하고자 했다. 그렇게 1942년 10월, 조선어학회 사건이 터졌다." — 책 속에서

『나라말이 사라진 날』
정재환 지음
생각정원, 2020

📖 『큰사전』을 비롯한 근대적 한국어 사전 편찬의 역사를 조선어학회 중심으로 서술한 책이다. 이 주제에 대한 저자의 오랜 연구의 공력을 엿볼 수 있으면서도, 일반 대중이 이해하기 쉽게 서술했다.

"1929년 조선어사전편찬회의 결성은 식민지 조선에서 일대 사건이었다. 이에 대한 언론의 관심도 컸다. 조선어 신문들은 조선어사전편찬회 결성 소식을 대대적으로 다루면서 조선어사전 편찬의 의미를 집중적으로 조명했다. 그렇다면 조선어사전편찬회가 신문의 집중 조명을 받은 것은 어떤 이유에서였을까? 신문이야말로 언어 사용의 지침이 될 만한 사전이 절실히 필요했기 때문이다." — 책 속에서

『우리말의 탄생』
최경봉 지음
책과함께, 2019

『장하준의 경제학 레시피』
장하준 지음, 김희정 옮김
부키, 2023

입문자에게는 자극적인, 정치적인 미식

박선영

2023년 6월 27일 초판 48쇄 발행.『장하준의 경제학 레시피』에서 가장 먼저 눈에 띄는 문구이다. 3월 30일에 초판 1쇄를 찍었는데 3개월도 안 되어 대단히 많이 팔렸구나 하는 감탄과 함께 장하준과 이 책의 영향력에 대해서 생각해 본다.

먼저 장하준에 대해서 알아보자. 왜냐? 이번 책은 하나의 주장을 논증하는 책이라기보다 그가 평생 가져 온 경제학계에 대한 생각을 대중을 위해 음식과 녹여 낸 책이기 때문이다. 그에 대해서 이해해야만 이 책을 온전히 이해할 수 있다. 1963년생인 장하준은 1986년 영국으로 유학을 떠난 지 4년 만에 27세라는 젊은 나이에 한국인 최초로 케임브리지 대학교 교수로 임용되었다. 민주당 계열로 3선 국회의원과 김대중 정부의 산업부 장관을 역임한 아버지를 두고 있으며, 문재인 정부의 정책실장 장하성과 노무현 정부의 여성가족부 장관 장하진과 사촌 관계이다. 동생인 장하석도 케임브리지 대학교 과학역사철학과 교수로 재직 중이라 명문가 출신이라는 점이 항상 함께 언급되곤 한다. 그는 케임브리지대학교에 32년 근무 후, 2022년부터 런던대학교에 재직 중이다.

2023년 3월 26일, 『장하준의 경제학 레시피』 출간을 앞두고 저자가 뉴스에 출연해
인터뷰하는 모습.(출처: 〈KBS 뉴스〉 캡처)

　　장하준에게 세계적인 명성을 가져다준 책은 2002년 출간된
『사다리 걷어차기』이다. 선진국들은 자국 산업이 경쟁력을 얻을
때까지 보호 무역주의를 채택했으면서, 현재 후진국들에게는 보
호 무역의 사다리를 걷어차고, 자유 무역을 강제하고 있다는 것이
핵심 주장이다. 이후 2007년 『나쁜 사마리아인들』, 2010년 『그
들이 말하지 않는 23가지』, 2014년 『장하준의 경제학 강의』를
출간했다. 그의 책들은 전 세계적으로 44개국에서 41개 언어로
번역되었다. 흥미로운 사실은 장하준이 영어로 집필을 하면, 그의
아내가 한국어로 번역하여 책을 출간한다는 점이다.

경제학을 더 잘 먹는 법: 균형 있게 차려진 밥상인가?
그는 더 많은 시민이 경제학을 균형 있게 이해하는 것이 중요하기
때문에 이 책을 집필했다고 밝힌다. 경제학이 우리의 정체성과 사
회를 바꾸기 때문에, 깨어 있는 시민들이 경제 원리를 제대로 이
해하지 않으면 민주주의가 제대로 작동하지 않는다는 것이다. 따

라서 일반 대중이 딱딱한 경제학에 쉽게 접근할 수 있도록 음식이라는 친근한 주제를 접목했다고 이야기한다. 영문 제목은 "Edible Economics", '먹을 수 있는 경제학'이고, 맺는말의 제목 또한 '경제학을 더 잘 먹는 법'이다. 영문판에는 "A Hungry Economist Explains the World(배고픈 경제학자가 세상을 설명한다)"라는 부제가 달려 있는데, 실제로 독자를 위해 많은 유머를 담으려고 노력하여 유쾌하게 읽을 수 있다.

　　장하준은 비단 한국 경제학계뿐만 아니라 세계 경제학계에서도 독창적인 목소리를 내는 경제학자이다. 그는 자신의 홈페이지에서 다음과 같이 밝히고 있다. "많은 사람들이 저를 경제학이라는 지적 세계에서 어디에 위치해 있는지 파악하는 데 어려움을 느낍니다. 제가 왼쪽의 카를 마르크스부터 오른쪽의 프리드리히 폰 하이에크에 이르기까지 다양한 경제학자들의 영향을 받았기 때문에 이는 놀라운 일이 아닙니다." 또한 그는 프리드리히 리스트, 조지프 슘페터, 허버트 사이먼 등에게 기술 진화와 부의 창출 과정, 그리고 그 과정을 둘러싼 정치적 투쟁에 대한 생각에 영향을 받았다고 말한다. 또한 아마르티아 센, 조지프 스티글리츠와 같은 신고전학파 경제학자들에게서도 복지, 세계화, 금융 위기 등에 대한 주제에 영향을 받았다고 이야기한다. 그는 '제한된 합리성'이라는 개념으로 1978년 노벨 경제학상을 수상한 심리학자이자 경제학자인 허버트 사이먼을 이 시대의 마지막 르네상스인(the Last Renaissance Man)이라고 칭송했는데, 그가 궁극적으로 지향하는 바가 사이먼 같은 연구자일 것이라는 생각이 든다. 르네상스형 연구자라는 지향점은 방대한 역사적 지식, 요리와 음식의 생물학적 특징과 기원, 지리학적 확산 경위, 정치적 상징성과 사회적 의미 그리고 경제학을 버무려서 서술한 이번 책에서도 잘 나타나고 있다.

이 책의 핵심은 "경제학의 다양한 관점이 존재한다는 것을 인식하고 이해하는 일은 다양한 요리법으로 만든 다양한 음식을 골고루 먹는 것과 마찬가지로, 경제학 섭취를 더 풍요롭게 할 뿐 아니라 더 균형 잡히고 건강하게 만들 것이다"(336쪽)라는 문장에서 잘 드러난다. 그가 전작들에서 지속적으로 주장해 온 세계 경제학계의 주류인 신고전학파에 대한 비판이 이번 책의 저변에 깔려 있다. 그는 1980년대 이후 경제학계가 신고전학파에 독점되어, 1990년대 이전 영국 음식처럼 단조로워졌다고 주장한다. "음식은 천국이 되었지만, 경제학은 블랙홀로 빠져들고"(26쪽)라는 문장이 그가 생각하는 현재 경제학계의 현실인 듯하다. 그는 신고전학파의 경제학자들이 시장 관계 설정의 근간이 되는 사회, 정치적 질서를 당연한 것으로 받아들이고, 정치와 경제는 분리될 수 있다고 주장하는 오류를 범하고 있다고 본다. "기존의 소득과 부, 권력의 분배 등에 대해 신고전학파가 침묵을 지킨다는 사실이 기득권 엘리트의 입맛과 딱 맞아떨어졌다는 점"(31쪽)이 신고전학파가 주류가 된 외부적 요인이라고도 평가한다.

과연 그런가? 나는 경제학을 23년째 공부하고 있다. 솔직히 고백하건대 주류 경제학이 무엇인지, 신고전학파 경제학이 무엇인지 잘 모르겠으며, 의식하지도 않는다. 미국 대학에서 박사학위를 받고, 한국에서 연구하는 나는 주류일까 아니면 비주류일까? 나는 동료 연구자들이 데이터에 기반한 엄밀한 계량 분석 방법론을 사용하고 있다는 점을 인지할 뿐, 경제학계가 자유 시장을 맹목적으로 옹호한다거나 특별히 기성 질서 체계를 정당화하는 데 사용되고 있다고 느낀 적이 없다. 오히려 경제학계에서 발전시킨 계량 분석 방법론은 정치학, 사회학, 심리학 등에 널리 확산되어 사회과학 분야의 실증 분석 수준을 한 단계 높임으로써 우리 사회 담론을 진보시키는 데 기여했다고 생각한다.

장하준과 애쓰모글루: 과연 베이크드 포테이토 피자인가?

장하준의 주장은 현재 세계 경제학계의 슈퍼스타인 MIT 경제학
과 교수 대런 애쓰모글루의 연구와 자연스럽게 연결된다. 애쓰모
글루는 장하준과 마찬가지로 영국에서 박사학위를 받았고, 26세
에 MIT 교수로 임용되었으며, 40세 이하 최고의 경제학자에게
주는 존 베이츠 클라크 상을 수상했다. 그는 정치와 제도가 경제의
핵심이라는 문제의식으로 정치경제학 연구를 진일보시켰다고 평
가받는 주류 경제학자(?)이다. 그의 가장 유명한 저서인 『국가는 왜
실패하는가』(2012)는 포용적 제도와 정치 시스템이 성공적인 경제
발전으로 이어진다는 주장을 하고 있으며, 한국과 북한을 대표적
인 사례로 들고 있다. 방법론을 떼놓고 바라보면 장하준과 애쓰모
글루의 주장은 근간을 같이한다. 실제로 다음 문단은 장하준이 썼
다고 해도 이상하지 않을 내용이다.

> 영국 산업혁명 초기의 직물 공장은 소수의 사람들에게 막대한 부를
> 창출해 주었지만 노동자들의 소득은 100년 가까이 증가하지 않았
> 다. 직물 노동자 본인들이 절절히 잘 알고 있었듯이, 되레 노동 시간
> 이 늘었고 공장의 노동 여건과 인구가 밀집한 도시의 생활 여건 모두
> 가혹하게 악화되었다.*

> 역사가 말해 주는 교훈에도 아랑곳없이, 오늘날의 지배적인 내러티
> 브는 250년 전 영국에서 지배적이었던 내러티브로 놀랍도록 가깝

---

* 대런 애쓰모글루·사이먼 존슨, 김승진 옮김, 『권력과 진보』(생각의힘, 2023), 16쪽.

게 되돌아간 듯 보인다. 아니, 우리는 제러미 벤담, 애덤 스미스, 에드 먼드 버크의 시대보다 테크놀로지에 대해 더 엘리트주의적이고 더 맹목적으로 낙관하는 시대를 살아가고 있는 듯하다.*

두 사람의 문제의식은 놀랄 만큼 동일하다. 하지만 한 명은 주류 경제학이 신고전학파에 독점되어 선진국, 기업, 금융 자본에 봉사하고 있다고 비판하고, 다른 한 명은 주류 경제학계의 슈퍼스타 중 한 사람으로 정치와 제도가 경제에 미치는 영향에 대한 연구를 하고 있다. 따라서 한 명은 균형 잡힌 시각을 위해 다양한 경제 이론을 조합해야 한다고 주장하고, 다른 한 명은 기술 발전의 과실이 더 많은 사람들에게 공유되기 위해 어떻게 제도를 설계해야 할지 고민해야 한다는 주장을 주류 경제학계에서 하고 있다. 나는 제도나 정치의 개념들이 주류 경제학에 충분히 흡수되어 가고 있다고 생각하지만, 장하준은 "융합이 아니라 베이크드 포테이토를 올린 피자처럼 단순히 추가"(31-32쪽)된 것이라고 주장한다.

경제학에 대한 독자들의 심도 깊은 미식 탐험을 바라며

장하준이 제시하는 불평등과 같은 문제의식에 공감하며, 그의 높은 명성과 영향력으로 경제학에 대한 대중의 관심을 불러일으킨다는 점도 감사하다. 다만 현재 경제학계에 대한 그의 비판적인 진단이 자칫 대중의 오해를 불러일으킬 수 있다는 점은 우려스럽다. 그의 주장은 경제학적 논증으로 쓰여졌다기보다 사상가적인 측면으로 쓰여졌다고 보기에 적합한 부분이 존재하기 때문이다.

예를 들어 그는 금융 자본주의에 특히 비판적이다. 그러나 그

---

* 같은 책, 19쪽.

의 책의 서술에는 논리적 비약이 존재한다. 예를 들어 다음 문장을 보자. "지난 수십 년에 걸친 금융 규제 완화로 인해 주주들은 자기네가 법적으로 소유한 기업에 장기 투자를 할 필요가 없어졌다."(296쪽) 이 한 문장에서도 검증을 통해 테스트해 보아야 하는 가설이 여러 개 있다. 그의 주장이 사실이라면 주주 중심의 자본 시장이 가장 발달한 미국에서 혁신 기업이 나오는 것은 왜일까? 주주들은 단기 이익에 골몰해야 할 텐데 말이다. 올해 가장 큰 화두인 챗GPT 같은 생성형 인공지능(Generative AI)의 경우 막대한 장기 투자가 필요하다. 과연 그가 말한 대로 "금융 규제 철폐와 참을성 없는 주주들이 판치는 환경(……)에서는 이 제도가 경제 발전에 동력이 되기보다는 장애물로 작용"(299쪽)하고 있는가? 이 문장은 경제학자의 언어와 논증 방식이 아님이 분명하다.

나의 문제의식은 간단하다. 이 책은 경제학을 접하기 어려워하는 초심자들을 위해 쓰여졌다기에는 편파적인 부분이 존재한다. 어떤 대상에 대한 비판은 그 대상에 대해 온전히 이해한 사람에게 더욱더 의미가 있다. 대상을 전혀 모르는데 비판부터 접하면 잘못된 선입견이 생기기 마련이다. 경제학 입문서로서는 자극적이다. 현재 주류 경제학계에서도 제도와 정치의 중요성에 대해서 충분히 인지하고 연구를 하고 있으며, 1970년대 밀턴 프리드먼식의 시장주의적 주장에 동조하는 경제학자는 드물다. 불평등은 현재 경제학계의 가장 중요한 주제 중 하나이다.

이와 더불어 더욱 우려스러운 점은 그의 주장이 국내에서 정치적으로 이용될 가능성이 존재한다는 것이다. 이미 그런지도 모르겠다. 문재인 전 대통령은 페이스북에서 이 책을 추천하면서 "경제학을 전문가에게만 맡겨두면 우리의 운명은 신자유주의와 같은 지배 이데올로기에 휘둘리게 됩니다"라고 언급했다. 또한 저자가 실제로 이번 책을 홍보하기 위해 나온 방송에서 현 정부 정책에 대한 비판을 숨기지 않았다는 점만 보아도 그렇다. 출판사의 홍보대로 '세계적 석학 장하준'이 현 정부의 경제 정책을 비판한다는 맥락만으로 정치적으로 이용될 공산이 크다. 오해하지 마시라. 나는 국내 정치의 보수 진영과 진보 진영 모두 구시대적인 착각 속에서 낡은 언어를 반복하고, 현재 국내 문제를 해결하는 데 무능의 극치를 보여 주며, 할 줄 아는 것이라고는 대립 구도를 만들어 갈라치기하는 것밖에 없는 백해무익한 집단이라고 생각하는 보통 사람이다.

이번 책은 재미있고, 유쾌하며, 진입 장벽이 낮다. 하지만 "최고의 경제학자는 최고의 요리사와 마찬가지로 더 균형 잡힌 시각을 갖추기 위해 다양한 이론을 조합할 수 있어야 한다"(339쪽)라는 서술대로 저자의 시각은 균형 잡힌 것인지 다양한 문헌을 참고해 볼 필요가 있다. 부디 저자의 바람대로 독자들이 이 책에 멈추지 말고 경제학에 대한 심도 깊은 미식 탐험에 빠져들길 바란다.

서리북

박선영
경제학자. 경제학을 사랑한다. 현재 동국대학교 경제학과로 재직 중이다. 이전에 카이스트, 자본시장연구원에서 근무했고, 우리 사회를 위한 경제 정책을 만드는 데 관심이 많다. 잘못된 통념을 바꾸고, 내러티브를 변화시킴으로써 올바른 의제 설정에 기여하고자 한다.

📖 대런 애쓰모글루의 책은 모두 추천한다. 그는 정치와 시민사회 역량의 중요성, 지속적인 경제 발전을 위해 공유된 번영이 왜 필요한지 지적으로 아름답게 논증한다.

"국가와 사회가 상호작용하면서 서로를 통제하는 방식이 우리의 국가 역량과 정부 정책들, 우리의 회복력과 번영, 안전, 그리고 궁극적으로 자유의 정도를 결정한다." — 책 속에서

『좁은 회랑』
대런 애쓰모글루·
제임스 A. 로빈슨 지음
장경덕 옮김
시공사, 2020

📖 더불어 신자유주의와 같은 용어가 얼마나 두리뭉실한지 살펴보기 위해 『당신이 지금껏 오해한, 세상을 지배한 단어들』을 골랐다.

"오늘날 문화, 정책, 경제 전쟁에서 일종의 탄약으로 발사되는 단어들(자본주의, 사회주의, 민주주의, 포퓰리즘, 세계화, 신자유주의)은 그 의미가 명료하지 않아서 교환을 용도로 사용되지는 않고, 대신 논점을 흐리게 하거나 다른 생각을 가진 사람들을 비난하는 데 사용된다. (……) 이제 이들은 더 이상 정확한 분석 도구가 아니다." — 책 속에서

『당신이 지금껏 오해한,
세상을 지배한 단어들』
해롤드 제임스 지음
안세민 옮김
앤의서재, 2022

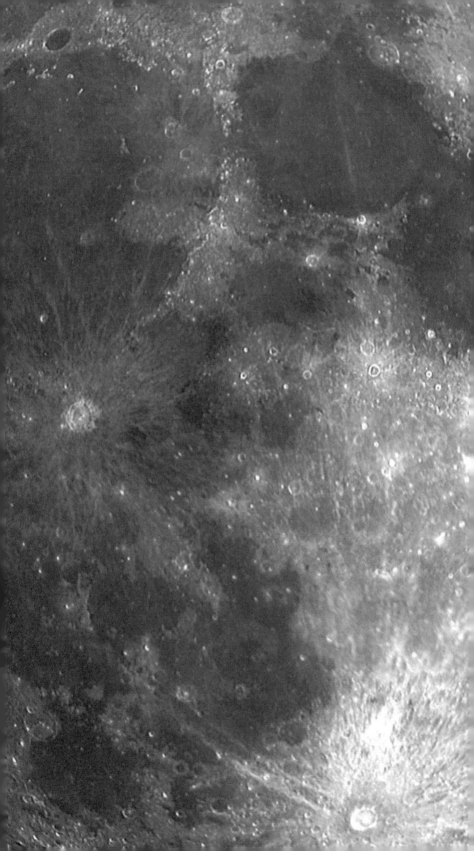

서울
리뷰 오브
북스

술병과 찢어진 책들

진은영

나의 삶은 처음에는 괜찮았다,

삶은 나를 따뜻하게 감싸고, 내게 용기를 주었다.

삶이 모든 아이들에게 똑같이 베푼다는 사실을

그 시절에 내가 어떻게 알 수 있었겠는가.

나는 삶이 무엇인지 알지 못했다.

한 해 두 해 지나면서 언젠가 삶이 갑자기

더 이상 좋지도, 더 이상 새롭지도, 더 이상 놀랍지도 않게 되었다,

마치 한중간이 두 쪽으로 쩍 갈라진 것 같았다.

그것은 그 사람의 책임도, 내 책임도 아니었다.

우리 둘은 참는 도리밖에 없었다,

그러나 죽음은 참을성이 없었다.

나는 죽음이 오는 것을 보았다(죽음은 야비하게 왔다),

나는 이것저것 챙겨가는 죽음을 바라보았다.

문학 · 에세이

내 것이란 하나도 남기지 않았다.

도대체 내 것이라고 할 만한 것이 있었던가?

나의 비참함까지도 운명이 내게

잠시 빌려준 것이 아니었던가?

운명은 행복뿐만 아니라,

고통과 비명까지도 되돌려달라고 하며,

낡아빠진 쇠망을 사간다.

운명은 와서 무(無)를 주고

내 얼굴의 모든 표정과

걸음걸이까지도 사갔다.

그것은 매일매일 하는 떨이였다,

내가 텅 비게 되자, 운명은 나를 포기하고

나를 텅 빈 모습으로 세워두었다.

— 라이너 마리아 릴케, 「과부의 노래」*

「과부의 노래」는 2006년에 할머니가 돌아가신 지 한참 뒤에 릴케를 읽다 만난 시이다. 어린 시절, 할머니가 만취한 상태로 살림을 부수거나 부엌칼을 휘두르던 기억이 난다. 내 머릿속에 남아 있는 할머니의 이야기는 황해도 어디의 부잣집 딸이었고 가난한 양반댁에 시집와 6·25 전쟁 뒤 30대의 나이로 청상과부가 되었다는 정도였

---

* 라이너 마리아 릴케, 김재혁 옮김, 『릴케 전집』2(책세상, 2000), 101-102쪽.

다. 그걸로는 할머니의 행동을 납득하기 어려웠기에, 나는 첫 시집에서 그녀를 '읽히지 않는 책'이라 표현했다.

할머니는 식구들이 집을 비운 사이 깡소주 몇 병을 드시고 거동이 불편한 몸으로 기어 나가 현관의 차가운 바닥에 엎어져 있다 몇 날을 앓은 뒤 돌아가셨다. 곁에 식사가 차려져 있을 뿐, 아무도 없는 빈집에서 할머니가 12월 마지막 날 얼음처럼 차가운 시멘트 바닥에 종일 뺨을 댄 채 무슨 생각을 했을까 가끔 생각해 본다. 새해가 다가오는 것을 원치 않았던 것 같다. 나는 그 죽음이 술을 이용한 일종의 자살처럼 느껴졌고 할머니가 그런 선택을 한 데는 노년의 견딜 수 없는 고독이 큰 몫을 했다는 것을 알고 있었다. 그리고 그 가혹한 고독을 내가 방조했다는 것에 심한 죄책감을 느끼기도 했지만 그렇다고 할머니가 완전히 이해되는 것도 아니었다. 그녀는 내가 태어나기 전부터 술꾼이었고 술을 마시기만 하면 자신과 가까운 이들의 인생을 아수라장으로 만들었다. 전쟁으로 고향과 재산을 잃은 실향민이나 남편 없는 모든 이들이 그렇게 살지는 않는다.

하지만 할머니의 폭력이 지금의 나에게 중요한 문제는 아니다. 리오타르는 어린아이를 절멸의 존재로 보면서 아이는 제공될 수 있는 어떤 약속도 만성적으로 박탈당하는 존재라고 규정한다.* 아이는 때리면 맞아야 하고 굶기면 굶어야 하고 버리면 버려져야 한다. 그가 기대하는 약속의 실행은 아주 소박하고 단순한 것조차 어른의 변덕에 의해 좌절될 수 있다. 그러나 나는 더 이상 아이가 아니고,

---

* 아비탈 로넬, 염인수 옮김, 『루저 아들』(현실문화, 2018), 75쪽.

누군가의 기분에 의해 좌지우지될 만큼 약한 존재도 아니다.

　그러나 이 시는 내게 고통을 준 사람의 생으로 나를 데려갔다. 내 의사와 무관하게 나는 그녀와 다시 연결되었다. 시 속에서 나는 어린 시절 진지하게 물었으나 더 이상 묻지 않게 된, 이제는 쓸모없게 느껴지는 질문, '할머니는 도대체 왜 저러는가?'에 대한 때늦은 답변을 들었다. 릴케의 시는 사랑하는 사람을 상실한 이의 기분과 고독에 가닿게 만들었다. 누군가에게 통 속의 물이 몇 도냐고 물었더니 그가 대답 대신 내 손가락을 채어 가 물속에 넣는 것만 같았다. 그리고 깨닫게 되었다. 나는 물의 정확한 온도를 알고 싶었던 것이 아니라 그것을 마실 수 있을지, 혹은 거기에 몸을 담글 수 있을지 궁금했던 것이다. 손가락을 넣고 나서야 그걸 알았다.

　어린 시절 마당 한 켠에 세워져 있던 술병들, 매일매일 늘어나던 그 빈 병들이 떠오른다. "내가 텅 비게 되자, 운명은 나를 포기하고/나를 텅 빈 모습으로 세워두었다"라는 시구들을 읽으면서 나는 텅 빈 곳을 채우려고 매일매일 그 많은 술이 필요했던 우리 할머니와 세상의 술꾼들을 떠올렸다. 구멍 난 항아리를 가득 채우려는 간절하고 어리석은 어떤 사람. 물론 그 이미지로 인해 그들이 더 이상 어리석지 않은 사람이 된 것은 아니었다. 하지만 그 간절함을 생각하니 술꾼 할머니가 더는 밉지 않았다. 시의 감각적 알고리즘을 통과하고 나니 간절함이 강렬해서 어리석음에는 눈길이 가지 않았다. 어린 시절, 나는 어리석은 술꾼 때문에 무서워서 울었지만 이제 다른 이유로 글썽이게 되었다. 충만함을 향한 텅 빈 자의 헛된 간절함이 가여웠다. 도대체 술 따위로 구멍 난 항아리가 채워지겠는가.

그런 절박함과 간절함은 내게도 익숙한 것이다. 내 안에 있는 구멍 난 항아리를 채우려고 무엇인가 헛되이 쏟아붓던 날들. 열심히 채울수록 빠르게 구멍으로 콸콸 흘러내리는 것을 보는 야속함과 당혹감. 이런 기억은 내 안에도 가득했다. 그래서 할머니의 슬픔을 몸으로 이해할 수 있었다. 그것은 술꾼의 고통이라고 표현된 '텅 빈 자의 고통'에 대한 공감이었다. 할머니의 고통을 이해한다는 것, 그것은 내가 술꾼 공동체의 일원이 아니라 '텅 빈 자들의 공동체'의 구성원으로서 그와 감각을 공유한다는 의미였다.

이미 지나간 일들을 '책을 통해' 다시 체험하면서 새롭게 수용한다는 것은 어떤 의미일까? 그 일들이 더 이상 내게 영향을 미친다고 느껴지지도 않는데 말이다. 할머니는 내 유년을 부숴 놓은 난폭한 파괴자이지만 나는 용서할 필요를 느끼지 못했다. 지금에 와서는 그 피해액이 사소하게 느껴지기 때문이다. 잃어버린 몇천 원은 아이에겐 대성통곡할 일이지만 어른에게는 푼돈에 불과하니까. 나는 더 이상 부서진 유년의 장소에 살지 않는다. 또 어떤 의미에서 그곳은 기묘하게 부서진 장소였다. 폭력만이 계속되었다면 망각의 포크레인으로 그곳을 완전히 밀어 버렸을 것이다. 그러나 늘 그런 건 아니었다. 우린 사이가 좋을 때도 있었다. 칼로 자해를 하고 종종 나를 굶기고 내 소중한 동화책을 찢고 학교에 안 보내겠다고 협박을 했지만, 아침마다 내 필통에 예쁘게 깎은 연필을 가지런히 넣어 준 사람도 할머니였다. 난생처음 먹어 보는 천국의 맛이라고 느꼈던 프렌치토스트를 만들어 준 사람도, 취기의 리듬을 따라 장구를 두들기며 어린 내가 보기에도 그럴싸한 춤사위를 보여 주던 흥 많은 여자도 우리 할머니였다. 그래서 유년의 기억이 내가 떠나야 하는 장소인지 머물러야 하는 장소인지 결정할 수가 없었다.

　노인이 된다는 것은 아이가 된다는 것이다. 아이처럼 그들은 때리면 맞고 굶기면 굶어야 하고 방치하면 방치될 수밖에 없다. 벤자민 버튼의 시간만 거꾸로 가는 것이 아니었다. 늙는다는 것은 아주 조그마해진다는 뜻이니까. 절멸의 존재였다가 다시 절멸의 존재로 돌아가는 인간에 대한 슬픔. 그렇구나, 할머니는 내 아이가 되었구나. 누군가의 돌봄 속에서만 제대로 생존할 수 있는 존재로 되돌아가야 하는 운명이 우리 모두에게 남아 있다는 것을 나는 가까운 이의 죽음을 통해 배웠다. 사람들이 호상(好喪)이라고 할 만큼 할머니는 오래 사셨다. 그렇지만 나는 돌려줄 것이 있었다. 거동마저 불편해진 말년의 할머니가 집에 누워 혼자 벌 받는 시간은 충분했으니 가끔은 나 때문에 즐거워도 괜찮았을 텐데……. 나는 할머니가 어린 나를 방치했던 것보다 훨씬 더 오랜 시간 할머니를 내버려 두었다. 할머니의 장수는 그저 더 오래 버려져 있다는 뜻이었다.

　나는 항상 궁금했었다. 말썽부리지 않고 얌전히 책만 읽는 아이를 왜 때렸을까? 이제 알 것도 같다. 자기 혼자 내팽개쳐진 느낌. 자기만 두고 어린 나마저 책 속으로, 다른 세계로 떠난 느낌. 현상학자 밴 매넌에 따르면 독서하는 사람 곁에서 우리는 상실을 경험한다. 독서하는 사람에 대해 '책에 빠져 있다(lost in a book)'고 표현하는 것은 무엇을 말해 주는가? 그는 책에 빠져서 시간, 공간, 신체 등의 감각을 잃을 수도 있지만 진정한 의미에서 무언가를 잃은 것이 아니다. 오히려 무엇인가를 잃은 사람은 그의 곁에서 '완전히 책에

미쳐 있군'이라고 중얼거리는 다른 사람이다. 그 사람은 "상실, 즉 책에 주의를 기울이고 있는 동료의 현존을 경험"*한다.

내가 기억하지 못하는 시간 동안 할머니는 가게를 하는 엄마를 대신해 아기인 나를 업고 안고 먹이고 재웠다. 할머니에게 오랜 세월, 육체적으로 가장 친밀했던 사람은 나였을 것이다. 글자를 읽기 시작한 나는 동화책 속에 있느라 할머니의 목소리를 거의 듣지 못했다. "책에 미친 것! 왜 아무리 불러도 대답이 없냐." 곁에 있어도 손 닿기 힘든 곳에 가 있는 나를 보며 할머니는 릴케의 과부처럼 "도대체 내 것이라고 할 만한 것이 있었던가"라고 한탄했구나. 그래서 내 책을 뺏어 원수를 대하듯 멀리 패대기치곤 했구나. 책을 읽는 동안 나는 문자 그대로 할머니의 말을 안 '듣는' 아이였으니까. 할머니에게는 항상 혼자만 텅 빈 채 세상 한구석에 세워져 있는 듯한 그 느낌이 문제였던 것인지도 모른다. 그렇게 생각하니 어린 시절의 동화책을 갈기갈기 찢던 할머니의 만행을 눈감아 줄 수 있을 것 같다. 지독하게 고독한 자들은 테러리스트가 되기도 하는데 아이의 동화책이나 몇 권 찢고 말다니 그 정도면 애교가 아니겠는가. 존재의 이 서글픈 귀여움. 예전에 읽었던 시를 나는 이제야 이해하게 되었다.

눈이 안 보여 신문을 볼 땐 안경을 쓰는
늙은 아버지가 이렇게 귀여울 수가.

---

* 밴 매넌, 신경림 외 옮김, 『체험연구』(동녘, 1994), 87쪽.

박씨보다 무섭고,

전씨보다 지긋지긋하던 아버지가

저렇게 움트는 새싹처럼 보일 수가.

내 장단에 맞춰

아장아장 춤을 추는,

귀여운 아버지,

오, 가여운 내 자식.

— 최승자, 「귀여운 아버지」*

---

* 최승자, 『내 무덤, 푸르고』(문학과지성사, 1993), 46쪽.

진은영

시인. 한국상담대학원대학교에서 문학상담을 가르치고 있다. 시집으로 『일곱 개의 단어로 된 사전』,
『우리는 매일매일』, 『훔쳐가는 노래』, 『나는 오래된 거리처럼 너를 사랑하고』가 있다.

카프카의 새벽

윤경희

읽기는 자유낙하가 될 수 있다.*

— 앤 카슨

서울 북동쪽의 집에서 남쪽의 대학까지는 가장 빠른 경로를 택하더라도 전철과 좌석버스를 갈아타고 한 시간 반 남짓 걸렸다. 특히 일과를 마무리할 때가 문제였다. 버스전용차로 제도가 시행되기 전이어서, 오후 수업을 듣고 학교에서 빠져나오는 시간과 직장인의 퇴근 시간이 겹치기라도 하면, 한강을 지나 복잡한 업무 지구를 통과하는 버스의 주행 시간은 한없이 늘어지곤 했다. 몸집 큰 버스는 퇴근 차량으로 빽빽한 도로에 갇혀 느린 포복과 서툰 당김음 같은 정거를 거듭했고, 버스 안 공기는 말 잃은 승객들이 내뿜는 울적한 조바심과 권태로 둔중하게 포화되었다. 겨우 귀가하면 학교를 떠난 지 두 시간이 훌쩍 넘어 있기도 했다.

---

* 앤 카슨, 신해경 옮김, 『플로트』(봄날의책, 2023).

초년생의 어리바리함으로 감내했던 통학길의 피로는 가을에 이르자 더 이상 그럴 만한 수준을 넘어섰다. 떠나온 곳에서 이미 멀어졌고 당도해야 할 곳까지도 아득한 길 위 어딘가에서, 점점 무겁게 내려앉는 어둠과 도심의 자극적인 불빛 속에, 거의 정지에 수렴하는 시간과 거의 부동에 수렴하는 운행의 압력으로, 나는 매일 내파(內破)할 것 같았다.

집으로 어서 돌아가기를 차라리 포기한 것은 그즈음이었다. 환승 정류소에서 내리는 대신, 나는 버스에 실려 최대한 멀리까지 가기로 했다. 시간을 감각하는 스위치를 둔탁하게 내리고, 버스가 모든 승객을 토해 낼 때까지 난민처럼 웅크리고만 있었다.

버스 종점은 광화문이었다. 집에 도착하려면 종각역에서 전철을 타야 했지만, 곧장 다른 교통수단 속으로 투신하기에는 피로가 지나치게 눅진했다. 쉼이 간절했다. 그리하여 당시 내가 택한 방책은 버스에서 굴러 나오자마자 광화문 교보문고나 종각 영풍문고로 향하는 것이었다. 환하게 쏟아지는 조명 아래 넓은 매장의 서가 사이를 떠돌다 보면, 몸에 묻은 하루치의 어둠과 텁텁한 공기 입자가 깨끗하게 씻기는 것 같았고, 집으로의 길을 다시 떠날 기운이 차오르곤 했다. 서점 들르기는 매일 저녁의 일과가 되었다.

특정한 책을 구하려는 게 아니었으므로, 서점에서 내 발걸음은 어떤 목표점을 향해 최단 거리의 동선을 긋기보다는 서가를 잘 깎은 덤불 미로의 벽이라 상상하며 아무렇게나 배회하는 편에 가까웠다. 매장의 분위기와 도서 분포 체계가 익숙해지자 점차 더 자주 들르고 오래 머무는 구역이 생겼다. 특히 범우사 비평판 세계 문학선이 쌓인 매대가 그러했는데, 당시 이 책들에는 권당 2,000-3,000원 선에서 할인 판매 도장이 찍혀 있었다. 초록, 주황, 빨강, 검정, 연보라, 청록, 파랑, 갈색, 쑥색…… 72색 크레파스 상자처럼 다채롭고 선명한 색감의 표지 덕분에 범우사의 세계 문학 번역서들은 멀리서도 눈에 띄었고 피로한 심신에 생기를 북돋았다. 당일의 기분에 따라 한두 권씩 신중하게 골라서 귀가하는 날이 늘어났다.

가을이 깊어지며 내 방에는 책의 성벽이 구축되기 시작했다. 미겔 데 세르반테스, 단테 알리기에리, 프란츠 카프카, 표도르 도스토옙스키, 에밀리 브론테, 제인 오스틴, 막심 고리키, 토마스 만, 귄터 그라스, 요한 볼프강 폰 괴테…… 즉흥에 마음을 내맡겨 두서없이 사들인 두툼한 염가본들이 책장을 메우고도 남아 책장 옆 벽에 담장을 쌓았다. 하지만 가을이 지나고 겨울에 접어들고도 단 한 페이지나마 펼쳐 본 것은 없었다. 막연히 언젠가는 읽게 되리라 여겨서 사기는 했지만, 당시 나에게 진실로 중요했던 것은 읽기가 아니라 몸의 쉼과 마음의 트임에 소용된 장소 들르기와 사물 뒤지고 건져 오기였으므로. 책은 그런 쉼과 트임이 간절했던 나날을 입증하는 다소간 크고 무거운 유류물에 가까웠다. 휴가철 지난 한적한 바닷가에서 축축하고 서늘한 바람에 얼굴을 씻다가 문득 주워 오는 조약돌 같은 것이었다.

겨울 방학을 맞이했다. 대학에서 첫해를 보내는 동안 내 안에 점차 딱딱하게 누적된 무언가 부정적인 감각의 덩어리는 그저 통학길의 피로에서 비롯된 것만은 아니었다. 나는 바깥으로부터 차단되고 싶었다. 방학이 되자마자 외출을 멈추었고, 집의 창문으로만 날이 밝고 저무는 것을 알았다.

연말이었다. 밤이었다. 이불 속으로 들어가 베개에 등을 받치고 앉았다. 잠들기에는 다소 아까운 시각이었다. 딱히 무엇을 하고자 하는 의욕이 없어 시선은 멍하니 앞을 향했다. 색색의 세계 문학선 더미가 눈에 들어왔다. 문득 한 권을 골라 읽고 싶은 충동이 일었다. 이불에서 나와 그동안 사 모은 책들의 제목과 작가 이름을 새삼스럽게 하나씩 훑었다. 새빨간 표지. 카프카의 『성』을 빼내어 다시 이불 속으로 들어왔다.

중심인물의 이름이 K라는 것 외에 아무런 지식을 미리 갖고 있지 않았다. 페이지를 넘기며 나는 점진적으로 책 안으로 이끌려 들어갔다. 나는 측량사와 함께 어리바리하게 마을에 당도하고, 우호적인 기색이 없는 마을 사람들의 이야기를 애써 귀담아듣고, 맥락이 모호하거나 상충하는 말들을 이해하려 고심하고, 행여 그가 성에 불려 갈 날이 오리라 기대하며, 이불 아래 웅크려 읽기를 어쩐지 멈추지 않았다. K의 모험 아닌 모험, 여행 아닌 여행, 직무 이행 없이도 발생하는 사건들의 가상 세계에 나 역시 있었다. 동행자로, 외따로운 배회자로, 말 없는 관찰자로, 무슨 일이 어떻게 돌아가는지 제대로 파악하지 못하지만 어디든 쫓아다니는 바보로, 여관의 밀가루 자루로, 짚방석 의자로, 누군가의 모자로, 공기 입자로. 마침내 마지막 페이지에 이르렀을 때, 더 이상 나아갈 수 없는 궁지이자 어디로든 추락할 수 있는 무한하고 광대한 출구에 이르렀을 때, 미완

성작이라는 사실을 전혀 알지 못했으므로 더더욱, 밤새 종이 위의 줄글을 훑으며 부지불식간에 내 안에 쌓아 올린 성채의 벽돌들이 갑자기 한꺼번에 와르르 무너지는 것 같았다. 나는 원인 불명의 충격으로 온통 흔들렸다. 따뜻한 이불 속에 있었음에도 무연한 나락으로 끝없이 하강하는 것 같았다. 그렇게 어느 겨울날의 새벽을 새로 맞이했다.

다음 날, 책더미에서 카프카의 책을 전부 골라냈다. 내게 없는 카프카를 사들였다. 이상한 열정과 끈기로 매일 줄기차게 읽었다. 철야의 『성』 독서로부터, 그리하여 이 주일이 지난 다음, 나는 카프카를 전혀 몰랐던 자에서 한국어로 번역된 카프카를 전부 읽은 자로 탈바꿈해 있었다. 다른 자가 되었다.

비교문학을 공부하기로 결심하고 나서 처음 들은 조언은 외국어를 더 배워야 한다는 것이었다. 사설 학원에서 독일어 수업을 듣기 시작했다. 내게 필요한 것은 텍스트를 독해하는 능력이었으므로, 기초 문법을 어느 정도 배운 다음, 어서 문학 작품을 읽어 보고 싶다는 마음이 들었다. 어떤 작품이 초보자에게 적당한 수준인지 모르는 상태로, 알아볼 생각을 하지도 않고, 무작정 카프카를 읽기를 욕망했다. 도서관에서 카프카의 원서를 찾아 단편 몇 편을 복사했다. 「시골 의사」, 「법 앞에서」, 「가장의 근심」, 「가수 요제피네」…… 내 독일어는 지극히 초보적인 수준으로 통사 구조를 숙지하지 못한 단계여서, 사전은 물론이고 기존 번역의 보조 없이는 아무리 짧은 텍스

　　　　　　문학 · 에세이

트여도 제대로 읽을 수 없었다. 책상에 복사물과 번역서를 같이 펼쳐 놓고 가운데에는 사전을 둔 채, 복사물의 독일어와 번역서의 한국어를 대조하며 천천히 읽기 시작했다.

몇 년 전 나에게 그토록 신비스러운 읽기의 체험을 하게 해준 작가의 언어를 그가 쓴 그대로 읽는다는 설렘은 잠시, 한 단어 한 단어 전진할 때마다 나는 몇 년 전과는 양상이 다른 충격과 혼란에 다시 흔들렸다. 작가의 언어와 번역자의 언어 사이에 의미의 희미한 연결 외에는 너무나 커다란 간극이 있어서, 원본과 번역본을 대조하며 읽기란 그러한 간극을 거듭 목도하는 일이어서, 그동안 내가 번역에 대해 갖고 있던 막연한 선입견이 완전히 파괴되었기 때문이다. 두 언어는 이야기 줄거리의 가장 범박한 차원에서는 유사한 정보를 전달하지만, 문장의 차원으로, 그리고 낱말의 차원으로 더 미세하게 쪼개 내려갈수록, 이상한 척력으로 서로를 밀쳐내며 맞물림 없이 덜그럭거렸다. 내게는 그 소음이 두 언어보다 더 크게 들렸다. 소음은 번역의 불가피한 배음이었다. 두 언어는 광범위한 차원에서는 가까운 관계를 유지하는 것처럼 보일지라도, 아마도 번역자가 통제하지 않은 번역어의 반항적인 생동으로 인해, 미소한 차원에서는 오히려 더 광대하게 멀리 떨어져 생존했다. 두 언어 사이에서 읽기란 이처럼 점점 멀어지는 말들 사이의 어딘가, 아득한 혼란 속에, 바닥이 보이지 않는 소음의 근원으로 천천히 하강하는 것이었다. 그것에 사로잡혔다.

윤경희
문학평론가. 비교문학 연구자. 한국예술종합학교 강사. 산문집 『그림자와 새벽』과 『분더카머』를 쓰고, 앤 카슨의 『녹스』 및 그림책과 그래픽 노블 여러 권을 번역했다.

비교 불가 시네이드 오코너

송지우

**"삶은 거꾸로, 삶은 거꾸로, 사람들은 돌아선다,
집이 타오른다, 집이 타오른다, 아이들은 떠났다"***

1994년 나는 방과 후 동네 음반 가게를 구경하는 게 취미였다. 음악 서적 코너까지 갖추었던 동네 타워레코드점에서는 특히 오랜 시간을 보냈다. 진열된 책을 모두 보고 나면 《롤링 스톤(*Rolling Stone*)》이나 《스핀(*Spin*)》지의 신보 리뷰를 읽었는데, 그러다가 시네이드 오코너(Sinead O'Connor)의 1994년 작 《Universal Mother》를 사게 되었다. 복잡한 수작이라는 음반 평이 흥미로웠고, 당시 내가 좋아한 너바나(Nirvana)의 〈All Apologies〉를 커버한 게 궁금했다. 그 외에는 오코너를 잘 몰랐다. 그의 1990년 히트곡 〈Nothing Compares 2 U〉를 여기저기서 들었고 그가 텔레비전에 나와 교황의 사진을 찢

---

* "Life's backwards, Life's backwards, People turn around, The house is burned, The house is burned, The children are gone", 〈Fire on Babylon〉, 《Universal Mother》(1994).

었다는 정도를 알았을 뿐이다.

《Universal Mother》는 낯선 경험이었다. 당시 나와 또래들이 즐겨 듣던 장르—그런지와 얼터너티브 록, 힙합—도 아니었고, 라디오에서 늘 흘러나오던 R&B풍 팝이나 (그때는 몰랐지만 돌이켜 보면 시작이었을 뿐인) 스웨덴 팝 유행과도 동떨어진 음악이었다. 한 앨범 안에 록과 랩, 켈트 음악의 느낌이 어지럽게 섞여 있었고, 주제도 아일랜드 정치, 어머니의 학대, 아들을 향한 사랑까지 방향성 없이 오갔다.

어떤 노래들은 어딘가 만족스럽지 못했다. 가령 아일랜드 기근의 정치적 원인을 랩으로 성토한 〈Famine〉은 잘 안 듣게 되었다. 1994년이면 스눕독(Snoop Dogg)의 유려함과 투팍(2Pac)의 리듬감이 이미 대중적으로도 널리 알려졌고, 나스(Nas)가 《Illmatic》을 발표한 때였으니, 이들의 플로우와 비교했을 때 오코너의 랩은 그저 성실하게만 들렸다.* 오코너의 〈All Apologies〉는 너무 차분했고, 〈Red Football〉은 심각한 가사와 응원가 같은 멜로디의 조합이 어설펐다.

그렇지만 하나의 앨범으로서 《Universal Mother》는 묘하게 매력적이었다. 오코너는 청소년 성가대에서 날아오른 것 같은 고운 목소리를 지녔지만, 목소리를 곱게 쓰는 가수는 아니었다. 《Universal Mother》는 대중음악에서 좀처럼 듣기 어려운 문

---

* 하지만 음악가로서 오코너가 힙합에 대한 이해나 존중이 부족한 것은 아니었다. 그의 장르 애정이 성공적으로 구현된 예로 초기 히트곡인 〈I Want Your (Hands on Me)〉의 MC 라이트(MC Lyte) 리믹스가 있다.

제, 감정, 이야기를 이 드물게 뛰어난 목소리로 들려준다. 어머니를 향한 분노, 변화의 갈망과 두려움이 혼잡하게 충돌하는 〈Fire on Babylon〉의 날카로운 울부짖음은 물론, 헌신으로 시작해서 조용한 집착으로 끝나는 〈In This Heart〉의 경건한 아카펠라까지, 곡마다 남다른 꿈틀거림이 느껴진다. 《Universal Mother》의 모든 가사를 외울 즈음 나는 오코너의 1990년 작인 《I Do Not Want What I Haven't Got》도 사서 들었다.

"무슨 일이 일어나든 나는 내 신념대로 살 거야, 나는 맑은 양심으로 잘 거야, 평화롭게 잘 거야"*

《I Do Not Want What I Haven't Got》은 앨범의 훌륭함이 싱글의 성공에 가려진 대표적인 작품이다. 〈Nothing Compares 2 U〉의 유명세에 앨범의 다른 수록곡은 조명을 덜 받았지만, 기득권에 대한 경멸과 반항심이 꿈틀거리는 〈The Emperor's New Clothes〉, 결별의 지리멸렬한 현실을 애도하는 〈The Last Day of Our Acquaintance〉, 오코너 목소리의 한 축인 슬픔이 극적으로 배어나는 〈Three Babies〉, 그리고 아일랜드 시를 힙합 비트에 절묘하게 얹은 〈I Am Stretched on Your Grave〉는 저마다 하이라이트이다.

---

* "Whatever it may bring, I will live by my own policies, I will sleep with a clear conscience, I will sleep in peace", 〈The Emperor's New Clothes〉, 《I Do Not Want What I Haven't Got》(1990).

영국의 경찰 폭력을 고발한 〈Black Boys on Mopeds〉는 샤론 밴 이튼(Sharon Van Etten), 피비 브리저스(Phoebe Bridgers) 등 21세기 인디 스타들의 커버로 다시 각광받는 중이다.

돌이켜 보면 《I Do Not Want What I Haven't Got》은 《Universal Mother》 그리고 사실 오코너의 모든 음악을 관통한 화두들—모성의 복잡함, 아일랜드 정치에 뿌리를 둔, 부정의에 대한 의문, 부조리한 세상에서 있는 그대로 존재하고자 하는 자아의 열망—을 응집하고 있다. 데뷔작인 《The Lion and the Cobra》(1987)에 비해 자신감 넘치고, 《Universal Mother》 이후 앨범들에 비해서는 덜 심란한, 더 선명한 목소리가 들린다. 《I Do Not Want What I Haven't Got》과 《Universal Mother》 사이에는 악명 높은 교황 사진 사건이 있었다. 대중 가수에게 미국 예능 생방송 〈Saturday Night Live(SNL)〉 출연은 문화계의 주류로 인정되는 계기이다. 오코너는 1992년 이 무대에서 밥 말리(Bob Marley)의 〈War〉를 아동 학대에 관한 노래로 개사해 부른 후, (어린 시절 자신을 학대한) 어머니의 유품이었던 교황의 사진을 찢고는 "진짜 적에 맞서라(fight the real enemy)"고 호소했다. 방송 이후 오코너는 가톨릭교회의 아동 학대 문화를 지목한 것이라고 설명했지만, 시기상조였다. 교황은 세기를 넘겨서야 가톨릭교회의 아동 성폭력 문제를 인정했고, 그사이 오코너는 폭력적인 비난에 시달리며 활동 반경이 크게 제한됐다. 바로 다음 주 〈SNL〉 호스트로 출연한 배우 조 페시(Joe Pesci)는 오코너가 앞에 있었으면 "한 대 쳤을 것"이라고 선언하여 관객의 환호성을 받았고, 얼마 후 프랭크 시나트라(Frank Sinatra)는 오코너를 "멍청한 계집(one stupid broad)"이라며 비난했다.

　오코너는 꾸준히 음악 활동을 하며 아일랜드와 유럽에서 이따금 반응을 얻었지만, 〈SNL〉 사건을 기점으로 대중음악의 중심인 미국에서는 조용히 잊혀지는 듯했다. 매일 음반 가게를 뒤지는 음악 너드 정도는 되어야 그의 신보 소식을 접할 수 있었고, 이따금 '기행'이 보도될 뿐이었다. 이후 오코너는 여러 번 결혼하고 이혼했고, 아이 셋을 더 낳았으며 정치적 발언을 자제하지 않았다. 제대로 된 기독교 정신을 찾아 독립 가톨릭교회에서 성직자로 임명받았고, 최근에는 이슬람으로 개종했다. 유년 시절부터 불안정하던 정신 건강이 악화되어 광장 공포증에 시달렸고 경계성 성격 장애, 복합 외상 후 스트레스 장애 진단을 받기도 했다. 생애 후반의 상당한 시간을 더블린의 한 정신병원을 드나들며 보냈고, 혼자 지내기를 선호했으나 소셜 미디어에서는 비교적 활발하게 활동했다. 2022년에 17세였던 아들 셰인이 자살로 생을 마감했을 때는 깊은 절망을 숨기지 않았다.

"그들이 웃는 건 자신들을 건드릴 수 없단 걸 알아서이지, 내가 틀려서가 아니야"*

셰인을 잃었을 때 오코너는 널리 재평가받는 중이었다. 이제는 아

---

* "They laugh 'cause they know they're untouchable, Not because what I said was wrong", 〈The Emperor's New Clothes〉, 《I Do Not Want What I Haven't Got》(1990).

무도 가톨릭교회의 아동 학대 역사를 외면하거나 부정하지 못하고, 오코너는 비극적 선구자로 인정받게 되었다.* 달라진 공기를 마시며 오코너는 새 음반을 녹음했고 다시 음악 활동에 박차를 가할 듯했지만, 결국 얼마 전 셰인의 뒤를 따랐다.

폭발적인 애도 물결에 모리시(Morrissey)는 "살아서 당신들을 필요로 할 때는 용기 내지 못했으면서 이제 죽으니 칭찬한다"며 경멸을 드러냈다.** '침울함의 교황(pope of mope)'다운 반응이지만, 어쨌든 이번에는 모리시의 평가가 정확하다는 인상을 지울 수 없다. 오코너는 1990년대의 시대적 부당함을 겪어야 했지만, 그가 지금 살아서 새로운 논란에 논쟁적인 목소리를 냈던들 덜 외롭지는 않았을 듯해서이다. 페시나 시나트라의 충격적인 폭력성을 용인하던 시절은 지났지만, 오코너처럼 정제되지 않은 생각을 솔직하게 말하는 이들에게는 여전히 억압적인 세상이다. 오코너가 1991년 그래미상을 보이콧하며 비판한 음악계의 상업주의는 더 두드러졌을 뿐이며, 이제 대중 가수는 동시에 사업가가 되어 팬덤을 관리하고, 팬들에게 그리고 팬들을 동원하여 음반, 음원, 콘서트, 온갖 '굿즈'를 영업하는 게 '정상 모델'이 되었다. 팬들은 가수가 세련된 상품으로서의 역할을 하길 요구하며 소비의 가성비를 따진다. 오코너처럼 실속과

---

* 정작 그는 2021년 출간한 회고록 『기억들(Remembering)』에서 〈SNL〉 사건이 자신을 팝스타의 길에서 해방시켜 줬다고 평가했는데, 동시에 이 사건이 긴 트라우마를 남겼다는 점도 건조하게 인정했다.

** Morrissey, "YOU KNOW I COULDN'T LAST", MORRISSEY CENTRAL, July 26, 2023, https://www.morrisseycentral.com/messagesfrommorrissey/you-know-i-couldn-t-last.

는 거리가 멀고 생각하는 대로 가공 없이 말해 버리는 인물에게는 결코 우호적이지 않은 환경이다.

무엇보다 변하지 않은 건, 정치적 발언은 안전한 수위에서만 해야 하는 문화일 것이다. 〈SNL〉 사건 후 오코너는 어린 시절 우상이었던 밥 딜런(Bob Dylan)의 30주년 기념 콘서트 무대에 올랐지만, 관객의 야유로 제대로 노래하지 못했다. 얼마 후 딜런의 반응은 어땠냐는 인터뷰 질문에 오코너는 "내게 하던 대로 하라고 말했다. 하지만 나에게 이 말을 하는 건 소용이 없다. 왜 그들(관객)에게 말하지 않는가? 왜 자신의 책임을 다하지 않는가?"라며 서운함을 드러냈다.* 최근 정치 철학의 개념을 활용하자면, 오코너는 딜런이 '제3자 대항 표현(third-party counterspeech)' 대신 방관을 택한 게 실망스러웠던 것이다. 당시 딜런뿐 아니라 대부분의 사람들이 마찬가지였다. 가톨릭교회의 부정의에 대한 도덕적 진단이 사회적으로 선명해지기 전, 굳이 나서서 피곤한 일을 겪고 싶지 않았을 것이다. 이미 사안의 핵심은 가톨릭교회의 실상이 아니라 신념을 표현한 한 사람의 집단 따돌림이었지만 말이다.

하지만 매끄러운 이미지 관리의 시대에 이런 실속형 침묵의 문화는 더 발달했을 뿐이지 않은가. 얼마 전, 미국 로스앤젤레스의 호텔 노동자들이 테일러 스위프트(Taylor Swift)에게 로스앤젤레스 콘서트를 미뤄 달라는 공개 요청을 보낸 일이 있었다. 노조와 지역 호텔들의 임금 협상이 결렬돼 노동자들이 불안정한 조건에 처했으

---

* Janice C. Simpson and Sinead O'Connor, "People Need a Short, Sharp Shock: SINEAD O'CONNOR", *Time*, November, 9, 1992.

문학·에세이

니, 생활 임금(living wage)을 보장하는 새로운 계약이 체결되기 전에는 수십만 명의 팬을 호텔 투숙객으로 불러와 사측에 호사를, 노동자들에게 혹사를 안기지 말아 달라는 것이었다. 스위프트는 노조의 요청에 코멘트 없이 콘서트를 강행하는 동시에 자신의 투어에 고용된 노동자들에게 거액의 보너스를 주는 '선행'을 베풀었다. 노조의 요청과 호텔 노동자들의 열악한 처우에 관한 보도는 미담 기사에 묻혔고, 스위프트는 여섯 차례의 스타디움 공연을 성공적으로 마무리했다. 팬덤 관리형 대형 기업가-가수의 정석인 스위프트다운 대응이라 생각하며, 오코너였다면 어떻게 했을까 떠올려 봤다. 사실 노조의 요청은 만만치 않은 것이었는데, 오코너였다면 팬들의 원망을 감수하며 공연을 연기했을까? 아니면 소셜 미디어로 노조와 토론을 벌이다가 공연한 말실수를 해서 또 한 번 논란에 휘말렸을까? 그러다가 예전에 시도한 어설픈 랩이 소환돼서 문화 도용(cultural appropriation) 논란까지 일지는 않았을까? 뭔가 매끄럽지 못하게 끝났을 것 같다는 생각, 그리고 아무튼 오코너의 가장 정직한 생각을 실시간으로 볼 수 있었을 것이란 생각이 들었다. 말하자면, 아무래도 세상은 여전히 오코너에게는 난이도가 높은 곳이었을 듯하다.

"극심하게 병든 사회에 잘 적응한 건 건강의 척도가 아니다"*

어쨌든 오코너는 마지막까지 선구자의 길을 걸었다. 교회 비판에 비해서는 덜 알려졌지만, 그에게 중요했던 또 다른 정치적 화두는 정신 건강이었다. 정치적 발언을 할 때마다 '미쳤다'는 소리를 듣고는 했던 오코너는 실제로 정신 질환을 앓았고 그에 따른 편견과 억압을 극복하고자 목소리를 냈다. 스스로 경험을 솔직하게 털어놓음으로써 사회적 금기에 저항하고자 했고, 그의 선택은 역시 시대를 앞서갔다. 유명한 일화는 2013년 마일리 사이러스(Miley Cyrus)에게 공개편지를 보낸 사건이다. 사이러스가 〈Nothing Compares 2 U〉 뮤직비디오를 오마주한 듯하면서도 묘하게 성적 은유가 강한 뮤직비디오를 발표하자, 오코너는 사이러스에게 성적 대상화를 경계하라는 공개편지를 썼다. 사이러스의 반응은 오코너의 정신 질환 병력이 드러나는 과거 트윗을 캡처해 조롱하듯 공유하는 것이었다. 역시 시간이 지난 지금은 상상하기 어려운 폭력적 반응이지만, 이런 변화가 오기까지는 오코너와 같은 사람들의 용기가 필요했는지 모른다. 오코너가 이 문제를 얼마나 깊이 고민했는지는, 자신을 다룬 2021년의 한 기사에 단 댓글에 드러난다. "극심하게 병든 사회에 잘 적응한 건 건강의 척도가 아니다."

《Universal Mother》 이후 오코너의 음악은 갈수록 불균형해졌고, 내게는 한 앨범에서 건너뛰는 노래가 두어 곡인 가수에서

---

* Amanda Hess, "Sinead O'Connor Remembers Things Differently", New York Times, May 18, 2021, 온라인 기사 댓글("IT IS NO MEASURE OF HEALTH TO BE WELL ADJUSTED TO A PROFOUNDLY SICK SOCIETY").

건질 노래가 두어 곡인 가수가 되었다. 손꼽히는 곡인 〈This is to Mother You〉(1997)에서 오코너는 실제 어머니의 사랑을 제대로 받지 못한 상대에게 그 사랑을 대신 주겠다고 다짐한다. 뮤직비디오에서 오코너는 한 남성*을 안은 채 "네가 겪은 모든 고통, 네 영혼의 모든 폭력 (……) 고통에서 저지른 모든 실수, 너의 모든 불행"**을 감싸겠다고 노래하지만, 나는 이 노래를 오코너가 자기 자신에게 불러 주는 곡으로 듣는다. 오코너가 바라보는 세상을 그의 음악으로 함께 느끼고 나면 나도 어딘가 슬프고, 그가 노래로 스스로 치유하는 법을 찾았다고 생각하는 게 내게도 위안이 된다.

---

* 연인 역할로 출연한 크리스 크리스토퍼슨(Kris Kristofferson)이다. 크리스토퍼슨은 〈SNL〉 사건 후 오코너를 공개적으로 옹호한 몇 안 되는 동료 가운데 한 명이었고 2009년에는 오코너의 용기를 따뜻한 시선으로 묘사하는 〈Sister Sinead〉라는 노래를 발표하기도 했다.

** "All the pain that you have known, All the violence in your soul, (……) All mistakes made in distress, All your unhappiness", 〈This Is to Mother You〉(1997).

송지우
본지 편집위원. 정치철학, 법철학, 인권학의 교집합에 있는 문제를 주로 연구한다.

지금
읽고 있습니다

[편집자] 이번 호 〈지금 읽고 있습니다〉에서는
출판사 편집인들의 '지금 읽고 있는 책'을
소개합니다. 참여해 주신 강민형, 김서영, 김지선,
박숙희, 박영서, 백지선, 사공영, 이해인, 정희정,
한의영 님께 감사의 말을 전합니다.

『다른 방식으로 듣기』
데이먼 크루코프스키
지음, 정은주 옮김,
마티, 2023

디지털 오디오 환경이
선사하는 말끔한
소리의 뒤편에 남은,
걸러지고 잊힌
소음들을 상기시키는
책. 이어폰을 빼고,
창문을 열고 소음이
품은 잡다함과
풍성함에 귀 기울여
보게 된다.

강민형(현대지성)

『전쟁 같은 맛』
그레이스 M. 조 지음,
주해연 옮김,
글항아리, 2023

침묵의 역사에
온몸으로 도전하며
써 내려간 강렬한
회고록. 전쟁 생존자,
성노동자, 이민자, 정신
질환자였던 엄마의
지옥을 추적하지만,
끝내 생에 대한
결연한 의지로 빛났던
강인하고 아름다웠던
한 여성을 만나게 된다.
음식, 조현병, 엄마,
딸의 서사가 이토록
조화롭게 엮이다니.

박숙희(메멘토)

『풀잎은 노래한다』
도리스 레싱 지음,
이태동 옮김,
민음사, 2008

뜨거운 계절에 이 책을
집어 든 건 신의 한
수였습니다. 더위와
붕괴, 무력함, 그리고
분노와 혐오까지
모조리 피부로
느껴지는 소설입니다.
미친 세상에서는 누가
정말 미친 걸까요?

김서영(생각의힘)

『인생, 예술』
윤혜정 지음,
을유문화사, 2022

미술 작품을 들여다볼
때처럼 정중하고도
호기심 어린 태도로
나의 삶을 대했더라면,
이라는 생각을 해보게
된다. 현대 미술
작가들의 생생한
작품을 통해 풀어낸,
예술보다 흥미로운
삶에 대한 예찬.

김지선(필로우)

『연수』
장류진 지음,
창비, 2023

시릴 정도로 집요한
현실 고증과 함께
현대인들의 초상을
가감 없이 그려 내는
장류진 작가의 소설.
늘 사는 게 버거운
주인공에게 몰입해
터지는 웃음들. 하지만
끝내 담담히 웃으며
덮을 수 있는 이야기들.
이 책과 함께한
출퇴근길은 짧은
여행길과도 같았다.

박영서(이콘)

『고립의 시대』
노리나 허츠 지음,
홍정인 옮김,
웅진지식하우스, 2021

초연결 시대, 점점
늘어나는 외로움과
고립은 개개인의
불행에서 그치지 않고,
극우주의의 토대가
되고 있다. '서로를
공격하는 외로운
생쥐'가 되지 않으려면
무엇을 해야 할까?

백지선(또다른우주)

『기획하는 일, 만드는 일』
장수연 지음,
터틀넥프레스, 2023

최근 2년간 대중에게
특별한 사랑을
받거나 트렌드를
이끈 프로그램을
제작한 PD와 작가
들의 인터뷰. 잘 만든
콘텐츠의 인사이트와
실무자의 태도에 관한
이야기가 들어 있다.
기획 및 진행의 과정을
세세하게 살필 수 있어
영상은 물론 다른
콘텐츠의 기획자에게도
좋은 영감을 준다.

사공영(유유)

『도둑맞은 집중력』
요안 하리 지음, 김하현
옮김, 어크로스, 2023

집중력 향상 비법을
알려 주는 책이라고
기대하지 말자. 우리가
겪고 있는 집중력의
문제는 개인의
문제보다 오늘날 사회,
특히 기업들의 이윤
활동에 기인한다.
현대인이라면
필수적으로 읽어 봐야
할 책.

이해인(아울북)

『새벽 세 시의
몸들에게』
김영옥·메이·이지은·
전희경 지음, 메이
엮음, 생태문화연구소
옥희살롱 기획,
봄날의책, 2020

질병과 돌봄의 문제가
어느 특정한 시기에,
특정한 이에게만
해당되는 이야기가
아닌, 어느 때고 찾아올
수 있는 우리 모두의
이야기임을 환기해
주는 책. 모두가 모두를
돌볼 수 있는 그날을
위해.

정희정(을유문화사)

『우린 춤추면서 싸우지』
한채윤 지음,
은행나무, 2023

성소수자 인권 활동가
한채윤은 혐오와
차별에 맞서 웃으면서,
춤추면서 싸우는 법을
자신의 삶으로 보여
준다. 어떤 상황에서도
꿋꿋이 길을 찾아내는
그의 이야기를 읽다
보면 저절로 용기가
샘솟는다. 웃으면서
춤추고 싶어진다.

한의영(오월의봄)

신간 책꽂이

이 계절의 책
2023년 가을

[편집자] 〈신간 책꽂이〉에는 최근 발간된 신간 가운데 눈에 띄는 책을 골라 추천 이유와 함께 소개한다. 이 책들의 선정과 소개에 도움을 주신 분들은 다음과 같다.

김경영(알라딘 인문 담당 MD),
김수현(교보문고 인문 담당 MD),
손민규(예스24 인문 담당 MD),
안찬수(책읽는사회문화재단 상임이사),
이현진(와우컬처랩 대표)
(가나다순)

[바로잡습니다]
《서울리뷰오브북스》 10호 238쪽,
〈신간 책꽂이〉에 소개된 『전사들의 노래』의
서지 정보 중 펴낸곳 '글항아리'를
'오월의봄'으로 바로잡습니다.
각 출판사와 독자 여러분께 사과드립니다.

『우리를 배반한 근대』 엄창호 지음, 여문책
근대 이후, 신분제 폐지로 자유와 평등이라는 가치를 얻었다. 물질적 부도 증대했다. 그런데 과연 자유·민주·법치가 지켜진 적이 있었나? 어쩌면 근대는 대사기극이 아니었을까?(손민규)

『난세일기』 김용옥 지음, 통나무
세상이 난세다, 김용옥 선생의 진단이다. 김용옥 선생의 유튜브 강연을 듣고는 곧바로 서점으로 발걸음을 옮겨 이 책을 구입했다. 책의 행간에서 울분이 섞인 김용옥 선생의 목소리가 들리는 듯했다. 이 난세를 어떻게 살아야 할까, 이 난세를 어떻게 살아 내야 할까.(안찬수)

『지금은 대체 어떤 세계인가』 주디스 버틀러 지음, 김응산 옮김, 창비
저자는 메를로 퐁티의 현상학으로 우리가 사는 세계를 분석하여 팬데믹의 정치적, 사회적, 생태적, 경제적 결과가 우리에게 가져다준 재난에 대한 감각을 재고하도록 한다.(이현진)

『누가 민주주의를 두려워하는가』 김민철 지음,
창비

김민철은 공화주의, 사회계약, 인민주권,
대의제 등 민주주의의 인접 개념과 홉스, 로크,
루소, 몽테스키외 등 사상가들이 이들 개념을
주창했던 맥락을 짚으며 우리에게 민주주의의
핵심을 일러 준다. 이 책을 읽으며 계속 질문하게
된다. 우리의 민주주의는 어디로 가고 있는
것일까.(안찬수)

―――――――――――

『인구 위기』 알바 뮈르달·군나르 뮈르달 지음,
홍재웅·최정애 옮김, 문예출판사

인구 위기는 단지 저출산의 문제가 아니다.
정치, 경제, 사회, 군사의 위기다. 출산과 양육의
사회화와 분배 정책의 재설계가 인구 위기의
해법이라는 생각의 뿌리가 담겨 있는 책이
드디어 번역되었다. 과연 이 책의 제안과 같은
과감한 사회 개혁 방안을 어떻게 실현할 수 있을
것인가.(안찬수)

『둔촌주공아파트, 대단지의 생애』 이인규 지음,
마티

국내 최대 아파트 단지가 어떻게 만들어지고
사라지게 되었는지, 그 40년간 주민들의
삶은 어땠는지를 꼼꼼하게 담아냈다. 애정과
관심을 바탕으로 집요하게 축적해 낸 경이로운
결과물.(김수현)

―――――――――――

『숫자 사회』 임의진 지음, 웨일북

부끄러움 없는 돈의 과시와 숭배가 일상이 된
사회. 전 세계 명품 소비 1위 국가로 등극해 버린
한국은 어디로 향하고 있나. 모두가 돈만을 향해
질주하는 지금의 한국을 톺아본다.(김경영)

―――――――――――

『망설이는 사랑』 안희제 지음, 오월의봄

이 책은 논란에 취약한 케이팝 아이돌과
팬덤 현상을 통해 덕질의 사회적이고
정치적인 가능성을 보여 주며 우리가 만들어
가는 온라인 공간의 문화와 공론장에 관해
이야기한다.(이현진)

『더티 워크』이얼 프레스 지음, 오윤성 옮김,
한겨레출판

인간 사회에서 필수적으로 발생하는
비윤리적이고 불결한 일들은 누구에 의해
조용히 처리되고 있는가. 청결한 삶이 빚지고
있는 삶들에 관하여. 오랜만에 둔중한 충격을
주는 사회과학서가 나왔다.(김경영)

『차별하는 구조 차별받는 감정』이주희 지음,
글항아리

'차별을 극복하는 힘은 차별이 구조의 문제임을
인지하는 데 있다'는 저자의 말이 본문 내내
차곡차곡 뒷받침된다. 구조와 감정이 동떨어져
있지 않음을 차분하게 증명해 낸 책.(김수현)

『가족각본』김지혜 지음, 창비

견고하게 유지되어 온 한국 사회의 가족각본,
그 틈을 예리하게 파고들어 해부하는 책. 변화는
당연하게 여겨져 왔던 것들에 대한 의심과
질문에서부터 시작된다.(김수현)

『잘하면 유쾌한 할머니가 되겠어』박에디 지음,
창비

혐오 세력 앞에서 활짝 웃는 트랜스젠더.
정상 사회를 향해 자신의 삶으로 자신의
존재를 증명하고자 하는 다양한 이력의
소유자 박에디의 젠더 찾기 여정을 따라가
본다.(이현진)

『인생샷 뒤의 여자들』김지효 지음, 오월의봄

납작한 사진에서 튀어나와 약동하는 날것의
목소리. 여성들이 '인생 사진'을 통해 누구와
어떻게 관계 맺고 있으며 무엇을 획득하고자
하는지, 당사자들의 언어로 생생하게 보여
준다.(김수현)

『페미니스트, 퀴어, 불구』앨리슨 케이퍼 지음,
이명훈 옮김, 오월의봄

페미니즘적 유토피아가 장애가 근절된
공간으로 그려지는 것은 당연한 일인가? 비장애
중심주의에 던지는 돌덩이 같은 질문들. 퀴어,
페미니즘, 장애 이론이 교차하는 지점, 전복적
사유의 치열한 전선.(김경영)

『재가 된 여자들』 에밀리 나고스키·어밀리아
나고스키 피터슨 지음, 박아람 옮김,
책읽는수요일
가부장적 규범 속에서 베푸는 인간으로 살며
소진되는 여성들에게. 우리가 겪는 것은
번아웃이에요. 이 책은 하얗게 불타 버린
여성들을 위한 실용적이고 과학적인 솔루션을
내어놓는다.(김경영)

───────────

『나의 사랑스러운 방해자』 줄리 필립스 지음,
박재연·박선영·김유경·김희진 옮김, 돌고래
도리스 레싱, 어슐러 르 귄 등 어머니로서의 삶과
창작자로서의 삶 사이에서 갈등한 기록. 비난,
죄책감, 모성이 얽히고설키는 중에도 창작을
포기하지 않은 피로 쓴 이야기.(손민규)
육아와 작업 사이, 양가적 감정 안에서 치열한
시간을 보낸 어슐러 르 귄, 도리스 레싱 등
여성 작가들의 이야기. 모성과 창조성이
얽혀 있는 작업을 통해 우리에게 용기를
북돋운다.(이현진)

───────────

『깨어 있는 숲속의 공주』 리베카 솔닛 지음, 아서
래컴 그림, 홍한별 옮김, 반비
『해방자 신데렐라』에 이은 솔닛의 두 번째 동화.
솔닛의 동화책을 읽은 이라면 누구나 그의 다음
동화를 들뜬 기대로 기다리게 될 것이다. 누구도
착취하지 않고 모두가 주체적인 새 시대의
동화.(김경영)
시대에 맞는 동화는 아이와 어른 모두에게
필요하다. 『해방자 신데렐라』에 이어 이번에도
리베카 솔닛은 동화에 새로운 상상력을
불어넣는다. 뻗어져 나가는 이야기의 힘을 느껴
보시기를!(김수현)

───────────

『맡겨진 소녀』 클레어 키건 지음, 허진 옮김,
다산책방
아일랜드의 한 가난한 집에서 어머니의 출산
기간 친척 집에 맡겨진 소녀. 다정한 보살핌과
여유로운 시간을 보내게 되는 짧은 이야기는
시적인 문장과 고요한 여백으로 채워져
있다.(이현진)

『사소한 일』 아다니아 쉬블리 지음, 전승희 옮김, 강

1949년 네게브 사막 니림에서 이스라엘 점령군에 의해 자행된 '3일 참사'의 시간을 그려 내어 폭력이 정상화된 21세기 팔레스타인 사람들의 일상적인 삶을 보여 주고자 한다.(이현진)

『범도』 1, 2 방현석 지음, 문학동네

작가의 말에서 방현석 작가는 이렇게 말하고 있다. "홍범도를 위대한 장군으로 그릴 생각은 조금도 없었다. 나는 홍범도를 통해 한 시대의 가치가 어떻게 새롭게 출현하고, 그 가치가 어떻게 낡은 가치를 돌파하면서 자신의 길을 가는지를 알고 싶었다."(안찬수)

『없음의 대명사』 오은 지음, 문학과지성사

제목에서부터 특별한 이 시집은 명명하기 모호한 것을 '대명사'로 전한다. 전반적으로 상실의 감각을 이야기하는 시들은 독자들에게 다양하게 읽힐 수 있도록 구성되었다.(이현진)

『전쟁과 죄책』 노다 마사아키 지음, 서혜영 옮김, 또다른우주

일본은 왜 반성하지 않는가. 일본의 전범들은 왜 자신의 잔혹 행위에 대한 일말의 죄책감도 없는가. 전범들의 정신 분석에서 시작한 책은 일본 사회의 정신 분석에까지 나아간다.(김경영)

『신의 역사』 카렌 암스트롱 지음, 배국원·유지황 옮김, 교양인

세계적인 종교학자 카렌 암스트롱의 대표작. 유대교, 기독교, 이슬람을 중심으로 인간이 어떻게 신을 사유하고 상상해 왔는지 탐구했다. 고대에서부터 미래의 신까지 조망한다.(손민규)

『이주하는 인류』 샘 밀러 지음, 최정숙 옮김, 미래의창

네안데르탈인에서부터 현대의 이주 노동자에 이르기까지, 인류사에서 과소평가되어 온 이주의 역사를 톺아보는 책. 우리는 모두 이주민의 후예라는 사실을 되새기게 만든다.(김수현)

『두루미의 땅, DMZ를 걷다』 박경만 지음,
사월의책

'코리아둘레길'이라는 길이 있다. 동·남·서해안과
DMZ를 한 바퀴 도는 여행길이다. 죽기 전에
이 길을 걸어 보는 게 꿈이다. 그래서인지 책
제목에 '걷기'와 관련된 것이 붙어 있으면 우선
눈길을 주게 된다. 박경만 씨는 신문 기자로서
10년 넘게 DMZ 곳곳을 취재하여 책으로 엮어
냈다. 이 책을 들고 DMZ를 걷고 싶다.(안찬수)

『한국 근대 도서관 100년의 여정』 송승섭 지음,
도연문고

이 책은 한국 도서관사 연구의 이정표가 될
듯하다. 나는 도서관 문화 운동의 현장에서
활동하면서, 현재 펼쳐지고 있는 도서관 문화
운동의 맥락과 좌표에 대해 항시 물음표를
가지고 있었다. 이 책은 그 물음표에 상당한
해답을 주고 있다. 이 책은 앞으로 더 많은,
그리고 더 깊은, 도서관사 연구를 촉발할
것이다.(안찬수)

『에세이즘』 브라이언 딜런 지음, 김정아 옮김,
카라칼

아일랜드의 에세이스트인 저자가 에세이란
무엇인지, 무엇까지 될 수 있는지, 걸출한
에세이스트들이 그들의 글에 무엇을 담아
왔는지 말한다. 폄하되거나 오독되어
왔던 에세이라는 장르의 진가를 짚어 내는
글들.(김경영)

『변두리의 마음』 서현숙 지음, 사계절

나는 이 책을 읽으며, 서현숙 선생이 앞서 펴낸
책들과는 사뭇 다른 호흡이 반가웠다. 여린
듯하면서도 따뜻한 시선이 녹아 있는 문장이
반가웠다. 이제는 문이 닫힌 갈남마을박물관,
그 마을의 작은 커피숍에서 바다를 바라볼 때가
떠올랐다.(안찬수)

 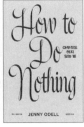 

『못 말리게 시끄럽고, 참을 수 없이 웃긴 철학책』
스콧 허쇼비츠 지음, 안진이 옮김, 어크로스
웃긴 철학책. 두 아이의 아빠이자 철학자인
스콧 허쇼비츠. 아이의 엉뚱한 질문에
유쾌하면서도 깊게 답한다. 육아서이기도 하다.
반항하는 아이에 속수무책으로 당하는 부모를
돕는다.(손민규)

『아무것도 하지 않는 법』제니 오델 지음, 김하현
옮김, 필로우
제대로 추천하지 못해 아쉬웠던 책이 리커버로
다시 나왔다. 24시간 우리를 압박해 오는
세상에서 우리가 주권을 되찾는 방법은
아무것도 하지 않는 것임을 설파하는 지적인
선언서.(김경영)

『두려움은 소문일 뿐이다』최현숙 지음,
문학동네
이토록 솔직하게 '낮고 낡은 곳으로부터' 자신을
당당히 드러내는 글은 매혹적이다. 또한,
이 책으로 "삶에 더 자유롭고 충실해지기를
욕망하며 늙어" 갈 용기를 얻는다.(이현진)

『그렇게 인생은 이야기가 된다』제임스 R.
해거티 지음, 정유선 옮김, 인플루엔셜
《월스트리트 저널》부고 전문 기자가 쓴 책.
저자는 삶과 죽음의 의미를 찾기 위해서는
부고만큼 좋은 형식이 없다고 깨달았다.
부고는 나를, 가족을, 주변인을 위해 꼭 써야
한다.(손민규)

『마지막 끈을 놓기 전에』로리 오코너 지음,
정지호 옮김, 백종우 감수, 심심
높은 자살률을 기록하는 대한민국에 꼭 필요한
책. 자살 원인부터 자살에 취약한 사람, 자살
예방법 등을 수록했다. 소중한 사람을 자살로
잃고 싶지 않다면, 책을 펼치자.(손민규)

『엄살원』안담·한유리·곽예인 지음, 위고
늘 꿋꿋하고 강해 보이는 활동가들을 초청해
엄살을 부려 달라 말하는 이곳, 엄살원에서는
웃음과 눈물이 끊길 일 없다. 좋은 기획, 터지는
에너지, 재치 있는 편집까지 고루 갖춘 멋진
프로젝트.(김경영)

『돌봄의 온도』 이은주 지음, 헤르츠나인

요양보호사 이은주의 돌봄 시리즈로 치매에
걸린 어머니를 돌보며 고립되어 가는
시간을 기록하고 있는 이 책은 지속가능한
돌봄을 위한 자기 돌봄의 회복 탄력성을
이야기한다.(이현진)

『보이지 않는 질병의 왕국』 메건 오로크 지음,
진영인 옮김, 부키

의학이 밝혀내지 못한 질병을 앓는 이들은,
내 아픔이 가짜가 아님을 입증까지 해야 한다는
이중의 고통을 떠안는다. 이름 없는 통증과 함께
살아가는 일에 대한 충실한 에세이.(김경영)

『나의 조현병 삼촌』 이하늬 지음, 아몬드

대한민국 조현병 환자는 50만 명이지만 아직
우리 사회는 조현병을 모른다. 이 책은 정신
질환·장애 목소리에 주목해 온 저자 이하늬의
신작으로, 조현병 당사자 가족 이야기를
들려준다.(손민규)

『아빠 반성문』 조영진 지음, 세이코리아

좋은 아빠, 훌륭한 아빠는 누구일까?
서울장신대 조영진 교수는 그저 아이 옆에 있어
주면 된다고 위로한다. 그리고 이해와 사랑으로
교감하자. 이 시대 아빠를 위한 필독서.(손민규)

『매우 예민한 사람들을 위한 상담소』 전홍진
지음, 한겨레출판

대한민국 예민함 전문가 전홍진 교수는 다수의
상담 사례를 바탕으로 예민함을 다스리고
긍정적인 에너지로 바꿀 수 있는 방법을 알려
준다. 예민함은 무기가 될 수 있다.(손민규)

『무엇이 우리를 성장시키는가』 에바
아셀만·마르티나 파르 지음, 박성원 옮김,
김영사

나와 타인의 성격에 대한 관심이 그 어느 때보다
높은 지금, 단순히 스스로의 성격 유형을 파악하는
것에 그치지 않고 그 이해를 바탕으로 보다
성장하고 싶은 이들에게 추천하는 책.(김수현)

『마음이 아니라 뇌가 불안한 겁니다』 다니엘 G.
에이멘 지음, 이은경 옮김, 위즈덤하우스
사람마다 뇌 유형이 다르다. 뇌 유형이 여러
가지라면 행복 공식도 달라져야 한다. 뇌과학에
기반해 다섯 가지 유형별 행복으로 가기 위한
생활 습관을 알려 준다.(손민규)

『자연이 우리를 행복하게 만들 수 있다면』 미셸
르 방 키앵 지음, 김수영 옮김, 프런트페이지
자연과 유리될 때 우리 삶이 얼마나
피폐해지는지 코로나19를 통해 배웠다.
자연이 주는 행복을 과학적으로 설명하는
이 책을 읽고 나면, 그 아름다움에 마음껏
경탄하게 될 것이다.(김수현)

『나무를 대신해 말하기』 다이애나 베리스퍼드-
크로거 지음, 장상미 옮김, 갈라파고스
저자는 자신이 리쉰스 계곡에서 배워 온 모든
것들을 아낌없이 나눈다. 나무와 사람, 세계를
다정하게 바라보고 촘촘하게 연결하는 그의
시선을 닮고 싶어진다.(김수현)

『자신의 존재에 대해 사과하지 말 것』 카밀라 팡
지음, 김보은 옮김, 푸른숲
자폐스펙트럼, ADHD 등의 진단을 받은
저자는 자신을 이해할 수 있는 과학이란 언어를
만나, 신경 다양성의 힘을 이용해 인간 심리가
어떻게 표준을 뛰어넘을 수 있는지를 보여
준다.(이현진)

『불확실성의 시대』 토비아스 휘터 지음, 배명자
옮김, 흐름출판
영화 〈오펜하이머〉를 재미있게 봤다면? 이 책을
읽을 차례다. 20세기 초, 놀라운 발견이 끊이지
않았던 천재 과학자들의 나날에 초대한다. 현대
물리학의 역사가 드라마로 펼쳐진다.(김수현)

지금 우리 앞에 당도한 거장의 대작
살아 있는 서사, 압도적인 감동!

『순이 삼촌』 작가 현기영의 필생을 건 역작

"우린 남도 아니고 북도 아니고 제주도우다!"

제
주
도
우
다

현기영
장편소설

이것이 제주의 현대사임을 증언하는 우뚝한 거봉(巨峯)으로 불쑥 솟아
올랐다. **유홍준 명지대 미술사학과 석좌교수**

현기영의 『제주도우다』는 그 무엇으로도 지울 수 없는 거대한 진실의
암각화를 새겨놓았다. **이창동 영화감독**

현기영이 4·3을 소설로 쓴 것이 아니라 4·3으로 죽어간 참혹한 영혼들
이 현기영을 선택해『제주도우다』를 쓰게 한 것이다. **도종환 시인**

진실을 외면할 수 없는 소설가이자 제주의 한을 옴팡 뒤집어쓰고 세상
에 나온 제주 사람 현기영의 평생에 걸친 역작이다. **정지아 소설가**

여기 그 영구한 의지를 알알이 새겨놓은 거비(巨碑)를 보라. **강요배 화가**

『제주도우다』는 이 역사가 잊을 수 없는 이유를 보여주고 있다. 4·3은
지금도 우리 삶의 일부이기 때문이다. **박태균 서울대 국제대학원 교수**

마침내, 남도 북도 아닌 '제주도'가 보인다. **최태성 역사 강사, 작가**

창비 Changbi Publishers

PL▷Y

국내 최고의 작가들이 만들어나가는
무수한 취향의 테마파크!

흥미진진하고, 몰입감 높으며, 독자의 마음에 감동을 남기는
웰메이드 장편소설의 퍼레이드가 펼쳐집니다.

더 게임
김인숙 장편소설

바캉스 소설
김사과 장편소설

달의 바다
정한아 장편소설

'읽는' 소설에서 **'보는'** 소설로　　문학동네 플레이 시리즈　　　

정교한 묘사에 올라탄 상상력이 착시를 일으킨다.
마치 머릿속에서 상영중인 영화를 숨가쁘게 읽어내려가는 기분. _황석희(영화 번역가)

스크린 위에서 연기하는 배우들처럼, 흰 종이 위의 활자들이 꿈틀거린다.
손에 땀을 쥐게 하는 게임을 '플레이'하는 듯하다. _장영환(영화 <기생충> PD)

장르 소설이 어디를 향해야 하는가에 대한 예상치 못한 영리한 대답. _임승용(제작사 용필름 대표)

사진과 글의 교차로 보는 세월호 참사
우리는 어떻게 재난을 기억하고 말할 것인가
한 권에 담은 김연수 소설가와 홍진훤 사진가의 픽션과 논픽션

사월의눈 aprilsnow.kr

우리가 인생을 다시 살 수는 없겠지만,
다시 쓸 수는 있다. 우리는 영문도 모르는 채
인생을 한 번 살고, 그 인생에 대한 이야기를 쓰면서
얼마든지 다시 살 수 있다. 조금 더 미래로 왔기
때문에 우리에게는 더 넓은 시야가 생겼고,
그래서 우리 인생의 이야기는 조금 달라졌다.
인생의 이야기가 달라지면 과거의 내가 달라지고,
그 변화는 지금 이 순간의 나를 즉각적으로
바꿔놓는다. 그리고 그 여파는 먼 미래까지 나아간다.
다시 쓰는 일은 과거의 나를 바꾸는 게 아니라
현재의 나와 미래의 나를 바꾼다.
— 김연수, 「2014년의 일기를 2023년에 다시 쓰는 이유」 중

2016년 4월 16일 오후 3시 8분
한 생존자 학생의 인터뷰를 본 기억이 있다.
언제 친구들이 가장 생각나냐는 질문에
벚꽃을 볼 때라고 했다. 그날부터 나도 벚꽃을 보면
바다가 생각난다. 벚꽃을 많이 찍어두기로 했다.
— 홍진훤, 「플래시 백」 중

아무도 대답하지 않았다
다만 한 사람을 기억하네 (특별판)
사진. 홍진훤
글. 김연수, 홍진훤
사진 97장, 256쪽, 값 38,000원

"서평은 그 자체로 하나의 우주이다"

서울
리뷰 오브
북스

Seoul
Review of
Books

2023 가을
11호 특집:
냉전과 신냉전 사이

책을 아끼고 좋아하는 분들과 함께 이 우주를 담고
싶습니다. 그리고 우리는 독자들과 공감하는 글을 만들기
위해 독자들의 의견을 수렴하고 반영하는 개방된 창구를
항상 열어둘 것입니다. 우리 역시 "계속 해답을 찾아
나가는" 존재가 되어 《서울리뷰오브북스》를
틀과 틀이 부딪치는 공론장으로 만들어 가겠습니다.

하루에도 수십 권의 책이 쏟아져 나오는 시대,
'어떤' 책을 '왜' 읽어야 하는가?
《서울리뷰오브북스》는 그 답을 서평에서 찾습니다.

:camera: @seoul_reviewofbooks

정기구독 및 뉴스레터 구독 문의
seoulreviewofbooks@naver.com
자세한 사항은 QR코드를 스캔해 주세요.

서울 리뷰 오브 북스

Seoul
Review of
Books
2023 가을

11

발행일	2023년 9월 15일
발행인	홍성욱
편집위원	강예린, 권보드래, 김두얼, 김영민, 김홍중, 송지우
	심채경, 박진호, 박 훈, 이석재, 조문영, 홍성욱
편집장	홍성욱
책임편집	심채경
출판PM	알렙
편집	장윤호
디자인	정재완
제작	(주)대덕문화사
발행처	(사)서울서평포럼
등록일	2020년 12월 4일
등록번호	서초, 바00195호
주소	서울시 서초구 반포대로13길 33, 3층 301호(서초동)
전자우편	seoulreviewofbooks@naver.com
웹사이트	www.seoulreviewofbooks.com
ISSN	2765-1053 33
값	15,000원

구독 문의	seoulreviewofbooks@naver.com
정기구독	60,000원 (1년/4권) → 50,000원(17% 할인)
	자세한 사항은 QR코드를 스캔해 주세요.

광고 문의	출판, 전시, 공연 등 다양한 영역에서 서울리뷰오브북스의
	파트너가 되어 주실 분들을 찾습니다. 제휴 및 광고 문의는
	seoulreviewofbooks@naver.com로 부탁드립니다.
	단, 서울리뷰오브북스에 실리는 서평은 광고와는 무관합니다.